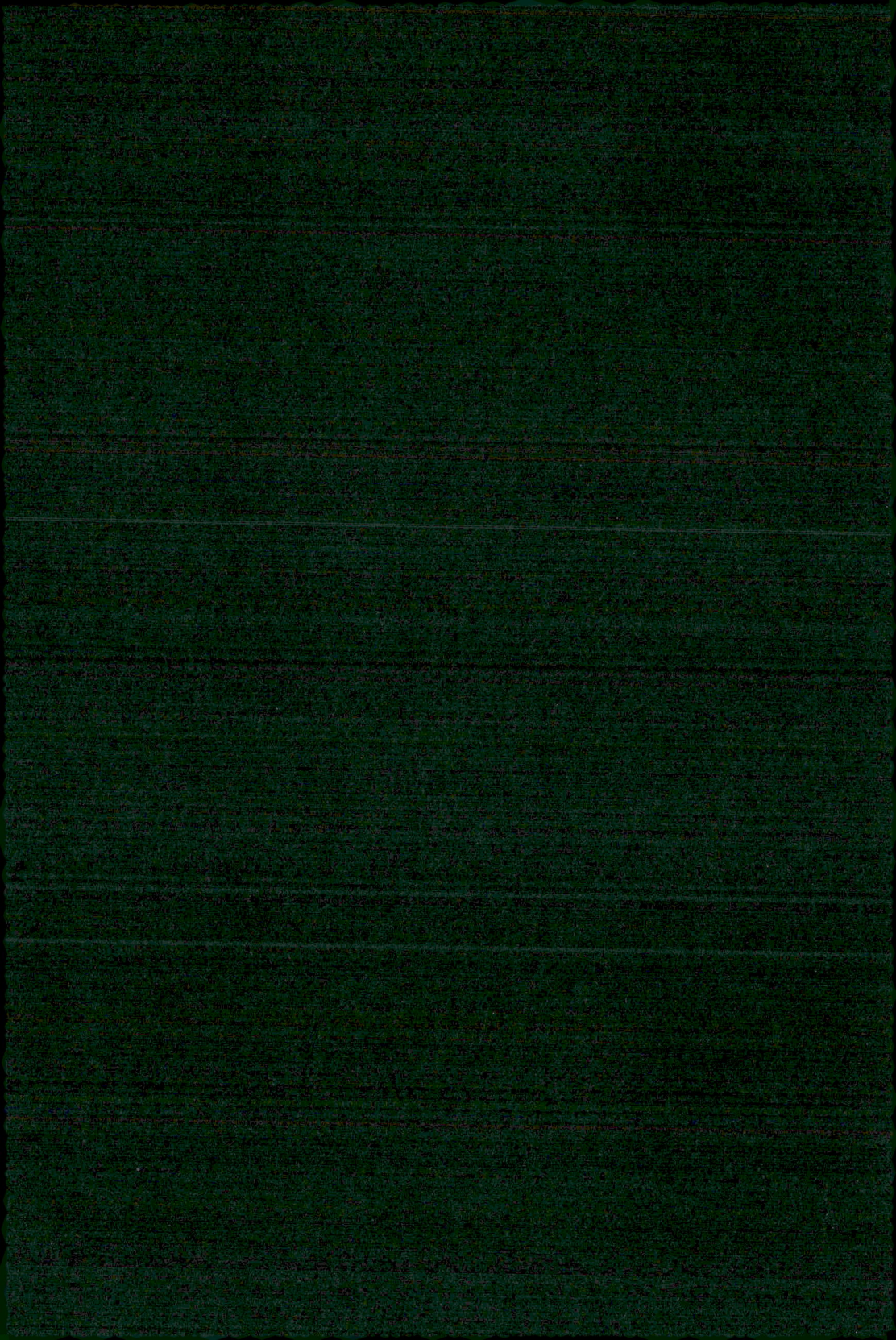

나에게는 **힘이 있다**

나에게는 힘이 있다

데이몬드존 지음 | 배영 옮김

초판 1쇄 인쇄 2007. 7. 12.   초판 1쇄 발행 2007. 7. 18.
발행인 | 고용석   발행처 | 다우출판사   편집 | 남미은
등록번호 | 제03-01192호   등록일자 | 1999. 7. 15.
서울시 용산구 청파2가 71-14 3층   대표전화 | 02-701-3443
팩스 | 02-701-3442   E-mail | onbook@korea.com

Display of Power by Daymond John
copyright ⓒ 2006 by Daymond John
Korean translation copyright ⓒ 2007 by Dawoo
All rights reserved. The Korean edition published by arrangement with
Thomas Nelson Inc. through YuRiJang Literary Agency, Korea

ISBN   978-89-88964-35-4 03320

나에게는
힘이
있다

데이몬드 존 지음
배영 옮김

DISPLAY OF POWER

Publishing
다우

FOR US BY US

우리를 위해, 우리에 의해!

흔히들 강한 남자 뒤에는 언제나 그보다 강한 여자가 있다고 한다. 그렇게 보자면 내 뒤에는 네 명의 든든한 여성이 버텨주고 있는 셈이다. 나는 이 책을 그 네 명의 강한 여성들에게 바친다. 내 삶에 없어서는 안 될 그녀들을 사랑한다. 우리는 함께 있어 힘이 되는 최강의 팀이다.

마고 존Margot John… 내 어머니… 나에게 생명을 주었고 용기와 신의와 자제심을 준 어머니. 당신은 당신의 꿈을 접고 나에게 투쟁의 기회를 만들어주었습니다. 나에게 어머니인 동시에 아버지가 되어준 사람이고, 나 스스로의 힘으로 옳은 길을 찾을 수 있도록 이끌어준 분입니다.

마리아Maria… 나의 아내… 언제나 내 곁에 있어준 당신은 나에게 진정한 사랑이 무엇인지 가르쳐주고 내가 방향을 잃고 흔들릴 때마다 나를 똑바로 일으켜세워 준 사람입니다. 내 주변의 수많은 '예스맨'들 사이에서 용감하게 반기를 들 줄도 알고, 요즘 세상의 부모답지 않게 아이들에게 헌신적으로 집중하는 당신. 내가 회사 일에만 온 신경을 쏟을 수 있는 단 하나의 이유는, 내가 걱정할 필요가 없도록 당신이 모든 일을 전담해주기 때문이오.

데스티니Destiny와 야스민Yasmeen… 사랑스런 나의 두 딸… 매일 아빠는 너희에게서 영감을 얻는다. 그 어떤 이유로도 너희는 내게 감사할 필요가 없지만 나로서는 무조건 감사할 뿐인 나의 두 딸아. 너희들은 하나님이 아빠에게 내려준 귀한 선물이다. 아빠는 정말 그렇게 믿고 있어. 너희들은 겸손하면서 재능 있고 내면도 외모도 눈부시게 아름답다. 너희들을 진심으로 사랑한다.

"지금 몇 시요?"

1997년이었다. 마침 돈을 좀 만지기 시작하던 나는 금색 렉서스(Lexus) GS400 신차를 자랑스럽게 몰고 다녔고, 롱아일랜드에서도 가장 돈 많은 백인들만 모여 사는 동네로 이름난 록빌 센터에다 집을 구해 여자 친구와 함께 살고 있었다. 시내에서 볼일을 마치고 기분 좋게 집으로 돌아가는 길, 차에 기름을 넣으려고 선라이즈 고속도로에서 잠깐 차를 세웠다. 꽤 늦은 시각이긴 했지만 한밤중은 아니었고, 주유소에서도 붐비지 않을 정도로 몇몇 사람이 기름을 넣고 있었다. 나는 특별히 누구를 쳐다보거나 하지 않고 내 할 일만 했다. 하지만 누군가의 시선이 뒤에 꽂히는 것은 느낄 수 있었다.

기름을 넣고 집에 돌아온 나는 평소처럼 강아지를 데리고 산책을 나섰다. 우리가 기르는 강아지 코코는 중국 혈통인 차우차우(chow chow) 종이었다. 여자 친구도 따라 나와서 우리는 2분 정도 집 앞에서 이런저런 이야기를 나누었다. 그때 우리 동네 사람 같지 않은, 어딘지 모르게 실직자 분위기가 풍기는 흑인 남자가 길을 따라 걸어내려오는 모습이 눈에 띄었다. 약간 의뭉스럽고 수상해 보이는 표정에 지저분한 행색, 언제 빗었는지 모를 정도로 엉클어진 머리카락… 남자는 당장이라도 무슨 일을 저지를 것처럼 기분 나쁜 인상이었다.

아차, 그런데 내가 지금 사돈 남 말하고 있는 건 아닐까? 백인들만 사는 동네에 끼어든 유일한 흑인 남자, 그렇다고 반질반질하고 말쑥한 신사 스타일도 아니고 강아지 한 마리 데리고 늦은 시각에 동네를 어슬렁거리는 사람, 그게 바로 나였다.

누가 알겠는가? 어쩌면 나 역시 그 동네에서는 수상해 보이는 사람 영순위였는지도 모른다. 하지만 나의 예리한 눈썰미로 봐서 그 남자는 분명 이 동네 사람이 아니었다. 이전에는 한 번도 본 적 없는 그가 내 앞을 지나 길모퉁이를 돌아 사라지는 순간 불길한 예감이 뇌리를 스쳤다.

여자 친구도 이 사내의 행색이 마음에 걸렸는지 뒤를 밟아보겠다며 차를 꺼내러 차고로 갔다. 이 동네 분위기와 너무나 동떨어진 외모를 가진 그였기에 혹시라도 무슨 짓을 할지 모른다고 생각했던 것이다. 하지만 그가 좀 수상쩍다는 이유만으로 경찰을 부를 수는 없었다. 나에게도 이런 비슷한 경험이 적잖이 있었기 때문에 더욱 그랬다. 때때로 버스비가 없어 집까지 걸어가야 했고 그러다 보면 이렇게 좋은 동네를 지날 수도 있었다. 혹은 자동차가 고장 났는데 마땅한 대중교통 수단이 없어서 집에 걸어가야 할 때도 있었다. 이런 일이야 곧잘 일어날 수 있으니까. 나는 이 사내를 질 나쁜 범죄자로 함부로 단정 짓고 싶지는 않았다.

그런데 갑자기 가던 길에서 뒤돌아선 남자가 집 울타리를 뛰어넘어 순식간에 내 뒤에 바짝 붙으며 묻는다. "이봐요, 지금 몇 시요?" 바로 그 순간 나는 앞으로 닥칠 일을 직감했다. 몇 초 후면 내가 이 남자 손에 죽게 될지도 모른다는 예감이었다. 이 사내는 아까 선라이즈 고속도로 주유소에서 날 눈여겨본 사람일지도 모른다. 아니면 내가 예전에 살던 동네에서부터 날 알고 있는 사람일지도 모르고, 요즘 나의 돈벌이가 꽤 괜찮다는 걸 알고 있을지도 모르며, 내 자동차가 종합보험에 들어 있어 설사 차를 도둑맞는다 해도 궁극적으로는 내게 큰 손해가 되지 않을 것이라는 사실까지 이미 간파하고 있는지도 모른다. 이 모든 추측이 불과 0.1초도 안 되는 시간 동안 머릿속을 스쳤다. 그렇지만 "지금 몇 시요?"라는 목소리가 나의 뒤통수를 때린 직후부터 내 머리를 짓누른 결론은 '이 남자는 분명 내 목숨을 노리고 있을 거다' 하는 생각뿐이었다.

다급한 와중이었는데도 그 순간 옛날에 겪은 비슷한 경험이 떠올랐다. 어린 시절 센트럴 파크에서 아버지와 낚시를 하고 있을 때였다. 밤 8시쯤 누군가 옆 걸음으로 슬금슬금 다가와서 아버지에게 시간을 물었는데, 그 다음 아버지의 행동이 너무나 뜻밖이라 나는 정말이지 깜짝 놀랐다. 아버지가 그 낯선 남자를 흠씬 두들겨 패는 것이다. 모르는 남자를 그렇게 죽도록 때려눕히는 아버지를 보며 나는 아버지가 완전히 정신이 나가버린 게 아닌가 하며 내 눈을 의심했다. 아버지는 워낙에 성미가 급한 편이었지만 아무리 그렇다 해도 이번에는 도가 지나치다고 생각했다. 그 후로도 오랫동안 나는 그때 아버지가 왜 그렇게 과민 반응을 보였는지 이해할 수 없었다. 그 사건 이후 지금까지는 한 번도 누군가에게 강도를 당하거나 그 비슷한 공격을 받은 적이 없는데, 이 흑인 남자가 록빌 센터 한복판에서 센트럴 파크의 그 사내와 똑같은 질문을 던진 것이다. "이봐요, 지금 몇 시요?"

사내는 난생 처음 보는, 엄청나게 큰 권총을 꺼내 들더니 나를 뒷마당으로 끌고 갔다. 내 머리에 총을 겨눈 그는 땅바닥으로 얼굴을 숙이라고 명령했다. 내 목에 걸려 있던 비싼 금목걸이도 즉각 그의 손에 넘어갔다. 주머니 속 물건들도 전부 그에게로 넘겨졌다. 당시 내 지갑 속에는 내 명의로 된 모든 신용카드와 1,000달러나 되는 현금이 들어 있었다. 사내는 돈은 세어보지도 않고 황급히 자동차 열쇠를 낚아챘다.

얼굴을 땅바닥에 댄 채 엎드려 있던 나는 이런 사건을 겪어본 사람들이 말해준 경험담을 떠올렸다. 그러자 다음 단계에서 어떤 일이 벌어질지 예상할 수 있었다. 철컥 하고 방아쇠 당기는 소리가 들렸다. "좋아, 다 끝났어요. 진정해요. 댁이 원하는 건 다 가졌잖아요? 절대 경찰에 신고 안 할게요. 못 믿겠으면 아예 내 신발을 가져가요. 그러면 내가 댁을 쫓아가서 붙잡지도 못할 거 아니오?"

하지만 그는 내 신발을 벗기는 대신 무릎으로 내 등을 누르고 내 뒤통수에 총부리를 겨눈 채 차가운 잔디 위에 내 얼굴을 처박았다. 어떤 일이 닥칠지 초조하게 기다리는 그 시간 동안 눈앞에선 나의 지난 삶이 주마등처럼 스치고지나갔다. 진부한 표현이라고 하겠지만 직접 당해보면 알 것이다. 정말 지나간 일생이 플래시 화면처럼 눈앞에 펼쳐진다. 나는 눈을 질끈 감아버렸다. 맙소사, 어쩌다 내게 이런 일이 생긴 걸까.

차 례

01

내 인생에서 사기꾼이
되지 않는 방법

어떤 시절에는 꿈을 꾸는 것만으로도 충분하다

"자신이 가장 사랑하는 일을 하는 것이 그 사람을 가장 풍요롭고 부유하게 만들어주는 거란
다. 어떤 때는 꿈을 꾸는 것만으로도 뭔가를 얻을 수 있게 된다. 데이몬드, 너도 크면 내 말
이 무슨 뜻인지 알게 될 거야."

스무 살 이전에 갑부가 되겠다는 인생 계획을 짰다. 당시 내가 생각한 갑부의 기준은 자산 100만 달러 이상의 부자였다. 하지만 난 그저 상상의 나래만 펼칠 뿐이었다. 100만 달러를 벌자, 100만 달러를 벌자…….

나는 뉴욕 퀸스의 흑인 빈민가 홀리스에서 어린 시절을 보냈다. 자세히 말하자면 홀리스의 파머스 거리에 있는 단독 주택이 우리 집이었다. 홀리스 출신 중에 유명한 사람으로는 나보다 두 살 위의 가수 LL 쿨 제이(LL Cool J)가 있는데, 그래서 그의 초창기 랩 가운데는 파머스 거리 이야기를 담은 것도 있다. LL의 노래에 나온 그 거리에서 내가 그와 같이 살았다는 것, 그 사실을 추억할 수 있다는 건 꽤 자랑스러운 일이다. 남성 3인조 흑인 힙합 그룹 런 디엠시(Run DMC)가 부른 '홀리스에서의 크리스마스' 역시 고향을 추억하게 하는 또 하나의 멋진 노래다. 아니, 단순한 노래라기보다는 자연스레 나를 감싸고 있는 공기 같은 것이다.

내가 현재와 같은 모습이 된 데는 무엇보다 이웃의 공이 컸다. 대다수의 사람들 역시 그럴 거라 생각하지만, 내 경우에는 특히 열정과 순발

력과 에너지를 키워나가는 과정에서 이웃의 영향을 많이 받았다. 사실 내 인생의 모든 것이 홀리스에서 출발했다 해도 과언은 아니다. 이곳에서 나는 세상 보는 눈을 떴고, 성공을 향한 의지를 키웠으며, 사람을 이해하기 시작했다. 또한 자동차와 돈과 옷 이외의 것에 대해 처음으로 흥미를 갖게 되었다. 비록 그 과정에서 몇 번의 출혈이 있기는 했지만, 홀리스에서 나는 옳고 그름을 구별하는 방법을 배웠다. 이곳이 내 삶의 일부가 되는 데는 어떤 노래나 광고 문구 같은 것도 필요 없었다. 앞서 표현했듯이 홀리스는 그저 편안한 공기처럼 나를 에워싸주었다.

내가 실제로 태어난 곳은 브루클린이지만 너무 어렸을 때 퀸스로 이사했기 때문에 내가 기억하는 한 나의 고향은 퀸스의 홀리스다. 나는 '양쪽 부모와 함께 살고 있다'는 이유 같지 않은 이유로 오랫동안 동네 친구들에게서 따돌림을 당했다. 초등학교 때만 해도 편부 또는 편모 슬하의 아이들이 그다지 흔치 않았는데 학년이 올라갈수록 그 비율이 점점 더 커지는 바람에 정상적인 가정에서 자라는 아이들이 오히려 비정상적인 것으로 취급받았다.

대부분의 경우 아이들을 양육하는 것은 어머니 몫이었고 아버지가 혼자 아이를 키우는 예는 드물었다. 아버지보다는 차라리 할아버지나 할머니 혹은 나이 지긋한 친척 손에서 크는 아이들이 많았다. 결국 우리 가족은 동네에서 아주 예외적이고 남다른 가족 형태였던 것이다. 정작 정상적인 가정에서 자라고 있는 사람은 나였는데도 사춘기 십대 소년으로서는 남과 다르다는 사실이 썩 달갑지만은 않았다. 심지어 우리 가족은 집까지 소유하고 있었으니 이런저런 이유로 인해 당시 홀리스의 전반적인 가족 형태와는 동떨어진 '미국 가족의 이상형'이었던 셈이다.

내 인생 최고의 멘토

내 어머니 마고 존은 아프리카와 미국의 피가 반씩 섞인 혼혈이다. 아버지 가필드 존(Garfield John)은 서인도 제도의 트리니다드(Trinidad) 출신이었다. 아버지는 십대에 혈혈단신으로 미국에 건너왔다고 했다. 이 사실만으로도 아버지가 어떤 사람인지 짐작할 수 있으리라 생각한다. 아버지는 의욕이 넘치고 모험심이 가득했으며 어디서든 자기 주장을 펼치는 데 주저함이 없는 사람이었다. 지금의 내 모습에서 아버지의 모습을 보는 사람도 있을 것이다. 내가 무모함을 기반으로 삼아 사업을 시작했듯이 젊었을 때의 아버지도 마찬가지였다. 우리는 완벽하게 다른 종류의 인간이지만 이런 면에서는 부전자전이란 말이 딱 맞았다.

아버지와 어머니가 처음 만난 것은 외할아버지 집에 아버지가 방 한 칸을 세 들어 살면서였다. 아버지는 평균 두세 개의 직업을 가지고 일했지만 내가 태어날 무렵의 주업은 컴퓨터 프로그래밍이었다. 내가 꼬마였을 1970년대 초반만 해도 컴퓨터는 일반인들과는 거리가 먼 거대하고 느릿느릿한 기계로 인식되었다. 그러다가 비교적 저가 CPU인 소형 마닐라 컴퓨터 카드 덕분에 차츰 널리 보급되었다. 내가 기억하는 아버지의 모습 중 그나마 멋진 모습은 컴퓨터를 만지는 옆모습이었다. 아버지의 작업에 사용되는 온갖 기호와 점들은 마치 아버지만이 이해할 수 있는 일종의 비밀 언어 같았다.

내가 아홉 살인가 열 살이 되던 무렵, 드디어 우리 가족 구조에도 커다란 변화가 생겼다. 아버지가 집을 나가고 어머니가 이혼 수속을 밟기 시작하면서 나도 비정상 가정이 아닌 평범한 정상 가정의 자녀 대열에 들어서게 된 것이다. 적어도 우리 동네에서 정해놓은 평범함의 기준으로 보면 그랬다.

그 무렵의 아버지에 대한 기억은 무척이나 단순하다. 나와 어머니에게 엄청난 허풍과 거짓말로 일관하던 모습, 바로 그것이었다. 그는 거짓말을 또 다른 거짓말로 막았으며 변명 뒤에 변명을 늘어놓는 식이었다. 그래서 나는 어느 날 "아버지를 다시 보고 싶지도 않고 말도 하고 싶지 않다. 다시는 내게 전화하지 마라"는, 결코 아이답지 않은 냉철한 선언으로 부자 관계에 종지부를 찍었다. 아버지도 그 말이 빈말이 아님을 감지했고 그래서 그것은 나와 아버지 사이의 마지막 대화가 되어버렸다. 그때가 내 나이 열두 살 되던 해였다. 비록 열두 살이었지만, 나와 어머니를 상대로 거짓말을 일삼고 기만하고 상처를 주는 아버지에게 당당히 맞설 정도로는 성숙해 있었다.

나는 아버지의 꼭두각시가 되고 싶지 않았다. 그 후 나도 아버지도 서로에게 연연하지 않았으며, 이 글을 쓰는 지금도 아버지에 관한 기억은 지나간 과거일 뿐이라 담담하기까지 하다. 내게 아버지는 이미 돌아가신 분이나 마찬가지이기 때문에 그에 대해서도 말하지 못할 게 없다. 가끔 들리는 소식으로는 그가 아직 어딘가에 살아 있으며 다른 누군가를 또 괴롭히고 있다고 한다. 그러거나 말거나, 내 알 바는 아니지만.

나는 나를 부양해줄 부모 중 한 사람을 과감하게 내 인생에서 밀어냈고, 아버지 쪽 친척들과도 일절 연락을 끊어버렸다. 고모, 삼촌, 사촌들, 할아버지와 할머니 등 스무 명도 넘는 친가 식구들과 한순간에 남남이 되었다. 그 결정이 앞으로도 내게 많은 쓰라림을 안겨줄지 모르지만, 지금까지도 나는 뜻을 굽히지 않고 있다. 성인이 되어 생각하니 아버지를 조금은 이해할 수 있을 것 같기도 하고, 그래서 아버지를 비롯한 친가 식구들과 관계를 회복해야 한다는 의무감이 드는 것도 사실이다. 만약 지금의 내가 그 당시의 나였다면 아버지에게 만회의 기회를 허락했을지도 모른다. 아버지로부터 배운 교훈이 하나 있다면, 어린 자식에게 절대로 거짓말을 하지 말라는 것이다. 부모의 그릇됨까지 이해하고 포용하려면 그 아이들에게도 짧지 않은 세월이 필요하니까 말이다.

아버지가 곁에 있건 없건 나의 생활은 별반 차이가 없었다. 아버지는 전형적인 서부 인디언의 사고방식을 갖고 있어서 가정적인 면과는 거리가 멀었다. 그는 언제나 바깥일에만 신경을 썼다. 드물게 주어지는 아버지의 휴가에는 롱아일랜드의 오크 비치로 함께 낚시를 갔는데 대화라곤 거의 없었다. 관심 끌기 경쟁을 할 다른 형제자매도 없었건만, 아버지는 내 숙제를 봐주거나 야단을 칠 때 외에는 거의 말을 걸지 않았다. 거기까지가 우리 부자 관계의 전부였다. 게다가 아버지는 나를 야단칠 때면 습관적으로 허리띠를 사용했다. 트리니다드에서 어린 시절을 보낸 그가 배우고 자란 방식이 그랬으니까. 내가 나이를 먹을수록 이런 일은 더 자주 일어났고 폭력의 강도도 세졌다. 어머니가 중간에 끼어들어 말리면 그제야 아버지는 흥분을 가라앉히고 담배를 꺼내 물곤 했다. 하지만 아버지는 결코 아동학대자가 아니었다. 트리니다드에서도, 홀리스에서도 아버지는 평범하고 일반적인 아버지들 중 한 사람에 불과했다.

160센티미터의 단신인 아버지는, 이제 와서 생각해보니 일종의 나폴레옹 콤플렉스를 가졌던 듯하다. 키가 좀 더 작은 것 빼고는 레게 가수 수퍼캣(SuperCat)과도 닮았다. 요즘 나는 수퍼캣의 노래를 듣거나 뮤직비디오를 볼 때마다 아버지를 떠올린다. 아버지는 항상 무언가에 미친 듯이 덤벼드는 성격인 데다 성질도 급했다. 벽에 금연 표지판이 커다랗게 붙어 있는 상점에서도 심지어 경비원 면전에서 담배 연기를 뿜어대는 행동으로 상대방을 자극하는 일이 비일비재했다. 그런 모습은 아버지를 더 거만하고 시건방져 보이게 했고 나는 그게 너무 지겨웠다. 아버지 손가락에서 담배가 떠날 날이 없었기 때문에 난 담배엔 절대 손을 대지 않았다. 누가 담뱃불을 붙이는 것만 봐도 아버지가 연상되어 고개를 돌려버릴 정도였다. 아버지에 대한 반감으로 나는 더 어머니를 따랐는데, 그것이 아버지가 내게 끼친 영향 중 유일하게 긍정적인 것이었다. 나는 무조건 아버지와 반대로 행동했으며 그래야 올바른 사람이 될 수 있을 거라 믿었다.

아버지의 서부 인디언식 생활 방식은 우리 가족과 내 어린 시절의 삶에서 아주 큰 비중을 차지했다. 작게는 가정 내의 엄격한 규율이나 쌀쌀맞은 아버지의 태도에서, 크게는 남자와 여자가 각기 다르게 세상을 보는 독특한 관점까지 그 영향력은 대단했다. 남자는 열심히 일하다가 해가 지면 술을 마시거나 카드놀이를 하거나 텔레비전을 보는 게 원칙이었다. 여자는 음식을 만들어 상을 차린 뒤 남자가 식사하는 동안에는 식탁에 앉지 않고 주방에 들어가서 남은 일을 했다. 하류층 가정이나 특별히 비굴한 주부만 그러는 게 아니었다. 아버지의 고향 트리니다드에 갔을 때 모든 가정이 이렇게 사는 것을 본 나는 그 시대착오적인 상황을 이해할 수 없었다.

친가 식구들 중 제대로 학교 교육을 받고 사회 경험이 있는 여자들도 같은 패턴으로 살고 있었다. 나는 왜 여자들이 남자들과 같은 식탁에서 식사할 수 없는지 의문이었다. 정오부터 저녁식사 준비를 시작해서 온종일 부엌에서 요리에 매달려 있다 보면 남자들이 집에 돌아온다. 그렇지만 여자들은 계속해서 이것저것 할 일을 만들어 부엌 안에서 이리 뛰고 저리 뛰고 할 뿐이다. 나는 할머니와 고모들에게 틈날 때마다 "왜 우리랑 같이 앉아서 식사를 안 해요?"라고 묻곤 했는데, 그러면 그들은 뭔가 이유를 대며 식탁에 앉기 전에 해야 할 다른 일을 만들었다. 남자들과 식사를 같이하는 걸 금기시한다는 이유에서가 아니라 저녁식사의 모든 과정이 원활하게 진행되는지 돌봐야 한다는 것이었다. 그러고는 남자들의 식사가 거의 끝나갈 무렵에서야 식탁에 앉아 약간의 음식을 들었다.

　내 눈에 비친 고모들과 여자 사촌들의 모습은 충분히 소외감을 느낄 법한 것이었다. 하지만 그들이 이런 생활 습관에 이미 익숙해 있고, 실제로도 아무런 불만 없이 살고 있다는 사실을 오래지 않아 깨닫게 되었다. 가까이서 관찰해보니 그들은 가족을 위해 음식을 만드는 일 자체를 즐기고 있었으며 남자들 뒷바라지에 대단한 보람을 느끼고 있었다. 함께 모여 음식을 만드는 시간 내내 그들은 너무나 즐거워했다. 섬에 사는 여자들 특유의 단순하고 순수한 모습이라고나 할까?

　반면 내 어머니는 그 문화에 속하기를 거부했다. 그녀는 시댁 식구들과 함께 있을 때만 그들의 방식을 따랐을 뿐 우리 세 식구만 있을 때에는 180도 다른 모습을 보였다. 어머니는 누가 봐도 정말 강한 여자였으며 지금까지도 마찬가지다. 어머니는 내 성장기에서 가장 큰 비중을 차지한 사람이고 긍정적인 측면에서 막대한 영향을 끼친 분이다. 고집이 세고 독립심도 강한 데다 대단한 수완가였다. 나는 어머니의 이런 모습을 닮았다. 어머니는 솔직하고 강인할 뿐만 아니라 아름다운 외모의 소유자이다. 때때로 어머니에게서 도나 서머(Donna Summer) 또는 다이애나 로스(Diana Ross)의 모습을 보게 된다. 참고로 둘 다 1940년대에 출생한 미모의 흑인 연예인이지만 어머니는 도나 서머를 닮았다는 말은 싫어하는 대신 다이애나 로스를 닮았다는 말에는 딱히 반대 의사를 표명하지 않는다. 내심 기뻐하는 눈치기도 하다.

어머니는 태생부터가 아버지와는 전혀 달랐다. 브루클린에서 자란 어머니는 잡지 〈블랙 엔터프라이즈(Black Enterprise)〉의 창립자이자 발행인인 얼 그레이브즈(Earl Graves), 뉴욕의 WBLS-FM에서 R&B 라디오 방송을 처음 시작한 프랭키 크로커(Frankie Crocker)를 위시하여 이름깨나 날리는 사람들과 한동네 출신이었다. 그러니까 어머니는 어릴 때부터 야심만만하고 목표가 뚜렷한 사람들에 둘러싸여 성장한 것이다. 남녀 공학 고등학교에 들어간 어머니는 재즈에 심취했고 춤을 즐겼다. 한때 뉴욕의 플레이보이 클럽에서 최초의 흑인 여종업원으로 일한 적도 있지만 그녀의 꿈은 더 높은 곳을 향해 있었다. 그녀는 호기심과 모험심으로 똘똘 뭉친, 정말 열심히 살고 싶어한 여자였다.

우리가 어렸을 때 살던 집의 한쪽 벽면에는 깡통따개 모양의 커다란 벽걸이 장식이 걸려 있었는데 거기에는 '싱크 빅(Think Big)', 즉 '야망을 가져라'라는 문구가 쓰여 있었다. 그것은 어머니의 인생철학이자 주문과도 같은 것이었다. 그녀는 큰일을 하는 사람이건, 그릇이 작은 사람이건 간에 결국 인생에서 사용하는 에너지는 같은 것이라고 입버릇처럼 말하곤 했다. 내가 무언가에 대해 조언을 구하려고 어머니에게 달려가면 그녀는 더욱 욕심을 부려보라고 말했고, 내가 뭔가를 하고 싶어하는 기미를 보이면 더 크게 일을 벌여보라고 부추겼다. 어머니 덕분에 나는 자연스럽게 더 많은 것을 원하게 되었고, 더 높은 곳에 목표를 두는 사람으로 성장할 수 있었다.

어머니는 판에 박힌 방법으로 교육하기보다는 좀 더 재치 있고 교묘한 방법으로 나를 이끌었다. 한 가지 예로 조각그림 맞추기 게임이 생각난다. 지금 생각하면 별것 아닌데 이 조각그림 맞추기가 우리 모자에게는 아주 큰 이벤트였다. 두 달에 한 번씩 새 퍼즐을 사서 어머니와 나는 그림 맞추기에 몰두했다. 학교에서 돌아오면 자연스럽게 자리를 잡고 퍼즐을 시작했는데, 그러다 보면 또 자연스럽게 이런저런 대화가 오갔다. 당시에는 눈치 채지 못했지만 어머니는 아마도 나의 속내를 알아내는 도구로 이 게임을 활용한 것 같다. 어머니가 사용한 애교 있는 속임수가 몇 개 있는데 이 방법 역시 그중 하나였던 것이다. 퍼즐 게임을 그렇게 자주 하면서도 나는 어머니의 의도를 전혀 몰랐고 어머니가 게임 중간 중간에 던진 말들이 얼마나 준비된 것이었는지도 몰랐다. 나중에서야 무슨 뜻인지 깨달았지만.

어머니는 늘 두세 가지 직업을 갖고 부지런히 일하느라 집에 돌아오기가 무섭게 또 다른 일터로 달려나갔다. 봉제 일도 했고 자동차 서비스나 출장 요리 일도 시도했다. 어머니는 어느 방면에서건 최고의 실력을 뽐냈고 모든 사람들을 만족시켰다. 하지만 어쩐 일인지 큰돈은 쉽게 모이지 않았다. 그랬는데도 어머니는 늘 밝게 웃으며 열심히 일했다. 직접 만든 옷을 내다 팔 때도 공들인 만큼의 대가를 받지는 못했지만 성취감 덕분에 피곤한 줄도 모르고 밤새워 바느질을 했다. 어머니는 이 일을 통해 돈보다 중요한 것을 얻고 있었다. "자신이 가장 사랑하는 일을 하는 것이 그 사람을 가장 풍요롭고 부유하게 만들어주는 거란다. 어떤 때는 꿈을 꾸는 것만으로도 뭔가를 얻을 수 있게 된다. 데이몬드, 너도 크면 내 말이 무슨 뜻인지 알게 될 거야."

어머니는 천부적인 바느질 솜씨를 가진 여자였다. 다른 일들에 신경을 빼앗기지 않았더라면 이 방면에서 크게 성공할 수 있었을지도 모른다. 어머니는 내 옷도 많이 만들어주었는데, 시중에서 파는 좋은 옷을 척척 사 입힐 정도로 주머니 사정이 넉넉지 않은 탓도 있었지만 더 큰 이유는 나한테 어울리는 멋진 옷을 직접 만들어주는 일을 진심으로 즐겼기 때문이다. 게다가 어머니는 내가 기뻐하고 감사하게 생각하는 것도 눈치 채고 있었다. 내가 기계를 다룰 정도의 나이가 되자 어머니는 재봉틀 사용법을 가르쳐주며 자신이 만든 옷들의 뒷마무리 작업을 시켰다. 얼마 안 가 나는 단추도 직접 달 수 있게 되었고 바짓단을 마무리할 수도 있게 되었다. 자신이 만든 옷들은 결코 싸구려 같아 보인다거나 집에서 만든 티가 나지 않는다는 사실에 어머니는 무척 자부심을 느꼈다. 실제로 다른 아이들은 자기 엄마가 만들어준 옷을 싫어했지만 내 어머니의 옷들은 엄청나게 근사했다.

어머니와 콘돔

나는 어머니에게서 자제력과 집중력, 추진력을 물려받았다. 주위의 다른 남자아이들과 마찬가지로 어머니의 교육은 내 인성 교육의 시작이자 마무리였다. 어머니는 정식으로 아동 교육에 대해 배우거나 책 속에서 가르침을 얻는 대신 자기만의 방식으로 나를 키워냈다. 그녀는 그 방식에 대한 믿음이 있었고, 때때로 모르는 것에 부딪히면 열심히 궁리해서 해결책을 찾아내곤 했다.

어머니가 나를 위해 한 일 중에서 가장 대단하다고 할 만한 사건은 내가 고등학교에 들어갈 무렵에 일어났다. 당시 어머니는 하던 일을 그만두고 집을 담보로 대출을 받았다. 그 당시 돈으로 8만 달러 정도 되는 무척 큰돈이었다. 혹시라도 예민한 시기에 접어든 내가 동네에서 나쁜 물이 들지 않도록 이후 3~4년 동안은 내 교육에만 신경을 쓰기 위해 일도 그만두고 대출받은 돈으로 생활비를 충당하기로 한 것이었다. 항상 한 번에 두세 개의 직업을 가지고 바쁘게 뛰어다닌 어머니였지만 그때만은 내가 잘못된 길로 들어서지 않도록 곁에서 지켜보는 일이 가장 중요하다고 여긴 것이다.

그렇다고 내 일거수일투족에 잔소리를 하진 않았다. 그저 옆에 있어줄 뿐이었다. 마치 비밀스럽게 집을 지키는 충실한 경비견처럼, 내가 어머니의 존재를 느끼지 못하는 순간에도 어머니는 늘 내 주위에 머물렀다. 그리고 어머니는 나에게 한 가지 조건을 제시했다. 내가 외모와 옷차림을 얼마나 중요하게 생각하는지 알고 있던 어머니는 학교 성적만 계속 상위권을 유지한다면 자신감 고취의 차원에서 항상 남부럽지 않게 옷을 준비해주겠다고 약속했다. 그렇게 어머니와 나 사이에 둘만의 협약이 체결되었다. 집안 살림이 윤택하지 않았는데도 어머니는 입버릇처럼 말하곤 했다. "데이몬드, 돈 걱정은 하지 마라. 할 수 있다면 나는, 내 몸이라도 팔 준비가 되어 있어. 너는 그저 앞으로 어떤 사람이 될지에 대해서만 고민하렴."

그녀가 지나치게 욕심 많고 극성스럽게 보일지도 모르지만 나는 어머니의 마음을 이해했다. 어머니는 지혜로운 여자였다. 내가 여름 캠프 때문에 처음으로 집을 멀리 떠나던 날 어머니는 나에게 콘돔을 한 움큼 건네주었다. 겨우 열두 살짜리 소년이 캠프를 떠나는데 웬 콘돔을 그렇게 많이 들려 보낸 걸까? 어머니는 현실적인 사고를 가진 분이었기 때문에 내 또래 남자아이들이 필요로 하는 물건이 뭔지 간파한 것이다. 물론 내가 캠프에 온 다른 아이들에게 그 콘돔을 팔아서 용돈을 두둑이 챙기게 될 것을 예상했던 것 같지는 않다. 다만 어머니는 그저 모든 것을 미리 알고 대처했을 뿐이다. 책이나 토크 쇼에서 얻은 지식은 하나도 없었다. 아니 어떤 교양 넘치는 엄마가 사춘기 아들에게 자기 몸을 팔아서라도 교육을 시키겠다는 말을 서슴없이 하겠는가. 게다가 여름 캠프에 가는 아들에게 콘돔을? 하지만 어머니는 돌려 말하는 법 없이 솔직하고 시원시원했으며 나를 뒷바라지하는 데 그 어떤 희생도 아끼지 않았다. 나 스스로 일해서 번 돈으로 충분히 옷을 사기 직전까지 내 옷장에는 항상 고급스런 바지에 깔끔한 셔츠, 그리고 비싼 구두가 떨어지지 않았다. 그리고 내 뒤에는 조용히 나를 지키는 어머니가 있었다.

조금 더 나이를 먹으면서 나는 친구들과 어울려 슬슬 술과 마약을 가까이하게 되었다. 하루는 어머니와 식탁에 마주앉아 함께 술을 마셨다. 한 번도 마약을 해보지 않은 어머니는 이렇게 말했다. "마약이든 뭐든 네가 경험해보고 싶은 게 있으면 이 엄마도 같이 해보자." 나는 속으로 어머니가 어떻게 된 게 아닌가 걱정하며 어찌할 바를 몰랐지만 어머니는 생각이 깊었다. 어머니는 내 입장에서 나를 이해하려고 노력한 것이고 나 역시 그런 어머니를 이해해야 했다. 물론 난 그 뒤로도 친구들이랑 술과 마약을 했지만 지나치게 빠져들지는 않았다. 심한 유혹이 있을 때마다 나는 어머니가 나와 똑같은 행동을 하는 장면을 머릿속으로 상상하게 되었고 덕분에 더 깊이 빠져들지 않을 수 있었다.

부자가 아니면 죽음을 달라

그러나 나 역시 우리 동네에 살던 대다수의 다른 아이들처럼 어머니의 기대에 부응하기까지는 시간이 좀 걸렸다. 가끔, 아니 실은 자주 성적이 떨어졌고 그 성적을 끌어올린다는 게 말처럼 쉽지가 않았다. 다들 성적에 신경 쓰지 않는 저학년 때조차 성적에 집착하던 나였다. 그런데 나이가 들수록 규칙을 살짝 비껴가는 기술을 알게 되었고, 공부보다는 다른 쪽에 더 관심을 두게 되었다.

나는 이미 초등학교 때 친구들에게 연필을 팔아 용돈을 챙기는, 나름대로 꽤 규모가 큰 밀거래에 눈을 떴다. 학교를 구석구석 뒤져 바닥에 뒹구는 연필을 주워 모으거나, 주인이 신경 쓰지 않는 틈에 몰래 슬쩍해서는 연필 깎는 칼로 바깥쪽의 노란 페인트 껍질을 깎아서 누구 연필이었는지 알 수 없게 변신시킨 후 그 위에 새로운 디자인을 입혀서 싼값에 되파는 사업이었다. 자기가 잃어버린 연필인 줄도 모르고 꽁꽁 숨겨둔 간식비를 나에게 바치는 친구들을 보며 나는 장차 유능한 사업가 아니면 수완 좋은 사기꾼이 되겠구나 하는 생각을 하곤 했다.

나의 사업가 기질이랄까 하는 걸 보여주는 일화는 또 있다. 우리 집 근처에는 유리 공장이 있었는데 그 뒷마당에 놓인 커다란 금속제 쓰레기 수집 용기가 다름 아닌 내 사업장(?)이었다. 유리 공장에서 버려지는 약간 이가 나간 거울이나 불량품들은 다 내 차지였다. 나는 거기서 쓸 만해 보이는 녀석들을 추려서 사포로 가장자리를 잘 고른 뒤에 1달러 정도에 팔아넘겼다. 주 고객층은 또래 여자아이들이었는데 의외로 인기가 좋았다. 매장은 우리 집 옆 길모퉁이 아니면 학교였다. 나 말고도 이 쓰레기통에 집착하는 남자아이들이 꽤 있었지만 그 애들은 오로지 유리를 주워 자신을 위한 장난감으로 사용할 뿐이었다. 내 최고의 자부심은, 여자애들에게 이 쓰레기를 팔아서 돈을 만들 생각을 한 사람이 그 많은 아이들 중 단지 나 하나뿐이었다는 것. 내게는 사업장인 쓰레기통이 다른 아이들에게는 오락실에 불과했던 것이다. 나는 그곳에 시장을 만들었고 그 애들은 단지 시끄러운 놀이터를 하나 얻었을 뿐이었다. 정말로 내겐 다른 아이들과는 차별화되는 사업가 기질이 있었던 게 아닐까.

우리 동네에서는 돈이 곧 힘이었기 때문에 나는 항상 뭔가 돈이 될 만한 일을 도모했다. 생활비에 보탤 잔돈이 아닌 진짜 목돈을 마련하는 게 내 목표였다. 그래야 힘 있고 가치 있는 사람으로 평가받을 수 있을 거라 생각했다. 또한 다른 사람들의 부러움을 얻을 수 있는 가장 중요한 척도는 바로 돈이라고 믿었다.

아홉 살 때인가 열 살 때인가, 기억은 잘 안 나지만 아무튼 그 무렵 나는, 사람들이 폐품 수거인들을 위해 길가에 버려둔 중고 자전거들을 모으기 시작했다. 아직 쓸 만한 부품이 있으면 그 자전거를 분해해서 모아두었다가 나중에 또 쓰레기로 버려진 자전거가 나오면 그것과 함께 잘 조립해서 성능 좋은 새 자전거로 만들려는 것이었다. 때로는 인근 대로변의 자전거포에 부품을 얻으러 다니기도 했는데 그때는 당시 어머니의 애인 스티브와 동행하곤 했다. 내게 아버지 역할을 해준 스티브는 내가 하는 일에 흥미를 가지고 도와주려고 노력을 많이 했다.

나는 아예 우리 집 뒤뜰을 작은 자전거 공장으로 바꿔버렸다. 매일 동네를 돌아다니며 적당한 크기의 타이어나 말끔한 시트, 핸들 같은 것들을 찾아냈다. 토니(Tony)라는 이름을 가진 두 살 아래 조수도 채용했다. 우리는 환상의 파트너였던 걸로 기억하는데, 그 애한테 월급을 두둑이 챙겨주지는 못했지만 가끔 수고비 명목으로 자전거를 한 대씩 주었던 걸로 기억한다. 그것은 우리가 벌이는 사업에 대한 애착이나 소속감을 잃지 않도록 하기 위한 조치였다. 나는 토니에게 지나치게 베푸는 대신 내가 해줄 수 있는 최소한을 해주었다. 세월이 흐르고 흘러 내가 후부(FUBU)를 출범시키자 그는 나를 위해 기사 겸 비서로 일해주었다. 그러고 보면 어린 시절의 나는 꽤 괜찮은 상사였지 않나 싶다. 그렇지 않았다면 그가 내 밑에서 다시 일할 생각을 했을까?

당시 내겐 학교 숙제보다 인생 설계가 더 중요했고 그렇기 때문에 늘 야심을 잃지 않았으며 최고가 되겠다는 꿈을 한순간도 놓지 않았다. 연필을 팔 때도, 유리 조각을 팔 때도, 자전거를 조립해서 팔 때도 내 꿈은 늘 돈을 많이 버는 최고의 사업가였다.

무면허 택시 영업

어머니는 서슴없이 새로운 일을 벌였다. 부업을 본업처럼 하는 데도 어느 누구 못지않았다. 일 년이 훨씬 넘도록 어머니는 밤마다 홀리스 근방에서 무면허 택시 영업을 했는데 어머니가 한 일 중에 가장 서부 인디언 가문의 며느리다운 행동이었다. 우리가 알고 지내는 섬 출신 사람들이 이 일을 많이 했기 때문에 어머니도 덩달아 용기를 낸 듯하다. 게다가 나름대로 간편한 사업인 것이, 차 한 대와 행선지를 가진 고객만 있으면 시작할 수 있는 일이었기 때문이다. 그 누구도 택시 면허나 관련 법규 문제로 겁을 먹지 않았다.

어느 날 나는 어머니가 운전대를 잡은, 우리의 가족용 자동차 엘도라도(Eldorado)의 조수석에 앉아 있었다. 러시아워가 거의 끝나갈 시각이었고, 우리는 179번 가와 힐사이드 거리가 만나는 지하철역 앞에서 밀려나오는 승객들을 태우려고 대기 중이었다. 한 사람당 50센트만 받고 홀리스를 순환하는 Q2 버스와 같은 직행 노선으로 그들을 집에 데려다주었다.

우리가 정식 영업 허가를 받았겠는가, 소속 회사가 있었겠는가. 그저 일을 마치고 퇴근하는, 피곤에 지친 사람들이 만원 버스에서 시달리지 않도록 편안하게 모셔다주는 일을 할 뿐이었다. 시작은 간단한 편이었지만, 그렇다고 이 일이 가욋돈을 벌기에 썩 좋은 방법은 아니었고 환경도 열악했다. 사실 늦은 밤 시간에 시내를 자동차로 누비고 다니는 게 안전한 일은 아니었으니까.

하지만 우리는 낯선 승객들을 집까지 태워다주는 일을 계속했다.

사람들을 태우고 내려주는 짬짬이 우리끼리 있게 되면 어머니는 사람에 대한 가르침을 주곤 했다. "데이몬드, 방금 내린 손님이 내리면서 고맙다고 한 거 들었지? 말투가 어떤 것 같던?" 또는 이런 말도 했다. "저 사람은 분명히 성공할 거다. 너랑 얘기할 때 눈동자를 보더구나." 어머니는 지치고 피곤한 몸으로 부업을 하는 그 상황마저도 나를 교육시키는 기회로 삼았다. 물론 더불어 식료품 값도 충당했고 말이다.

사업가 기질 혹은 사기꾼 기질?

이후로도 내 잔망스런 사기 행각은 계속되었는데 대부분은 합법적인 한도 내에서 이루어졌다. 나는 돈이 되는 일거리를 찾아 열심히 뛰어다녔다. 자메이카 대경기장 개장 안내 전단지를 돌리거나 라커웨이 대로의 벼룩시장을 배회하다가 경비원으로 고용되어 상인들을 위한 순찰을 돌기도 했다. 열 살 이후로 나는 한순간도 직업 없이 지낸 적이 없던 것 같다. 하지만 그중에서도 최고 일거리를 꼽으라면 뭐니 뭐니 해도 벼룩시장에서의 사기극을 들 수 있겠다. 벼룩시장 순찰대 사업은 꽤 흥미로웠다. 시장 안에서 도둑질을 하는 사람이 누군지 상인들에게 알려주고는 수고비 명목으로 5달러씩 받곤 했다. 의뢰인들이 많을수록 이익도 엄청나게 커질 것이라는 판단이 선 나는 될 수 있는 한 많은 시장 상인들에게 내가 하는 순찰 서비스의 필요성을 역설했다. 어차피 규칙적으로 순찰을 돌게 되면 같은 시간 동안 더 많은 상점의 보안을 책임져줄 수 있다는 명목이었다.

내가 이 아르바이트를 굳이 '사기극'이라고 부른 이유는 무엇인가? 그다지 오래가지 않은 이 아르바이트에 비리가 있었기 때문이다. 나는 친구들이 시장 물건을 훔칠 때 눈을 감아주고 그 애들에게서 일종의 사례비를 챙겼다. 다시 말해 상인들한테도 수고비를 받고 친구들한테도 사례비를 받은 것이었다. 일석이조의 소득을 챙길 수는 있었지만 양심이 허락하지 않는 바람에 곧 그만두고 말았다. 이 정도야 홀리스 같은 동네에서 자란 애들에겐 일상사였지만, 적어도 나는 이건 아니라는 생각이었다. 하지만 '부자가 아니면 죽음을 달라'는 것이 그 당시 우리에겐 종교에 가까운 인생 신조였기 때문에 머리가 커질수록 우리의 사기 행각은 순진함에서 벗어나 조금 더 복잡하고 범죄 가까운 수준으로까지 발전했음을 고백해야겠다.

나는 본격적으로 문제아 그룹에 가담하여 나보다 더 많이 버는 그들과의 동업을 시작했다. 그땐 그럴 수밖에 없었다. 그렇다고 해서 내 행동이 정당했다고는 말하지 않겠다. 그냥 상황이 그렇게 흘렀다는 변명 아닌 변명을 하는 것뿐. 내 고향에서는 남들이 다 하는 일이면 주저할 것 없이 다 같이 동참하는 식으로 일을 벌였다. 그렇지 않으면 뒤처진다는 생각이 들기 때문이었는데, 심지어는 스무 살까지 살아 있다면 모두들 감옥에 갇혀 있을 거라는 농담을 할 정도였다. 그래서 우리는 먼 미래에 관한 고민 자체를 하지 않았다. 눈앞에 닥친 현재에 대해서만 생각할 뿐 우리에게 미래는 중요하지 않았고 그에 대한 계획도 물론 없었다.

얼마 뒤 나는 사기극으로 벌어들이는 잔돈푼으로는 원하는 물건을 손에 넣거나 그 무렵 내가 관심을 갖게 된 것, 즉 '명예'를 얻을 수는 없으리라는 사실을 깨닫기 시작했다. 뭔가 혁신적인 변화가 필요했다. 나는 밑바닥부터 밟아 올라가야겠다는 결심으로 최저 임금의 노동직을 찾아나섰다. 쿠키 가게에서 일하기도 했고 팝콘 가판대에서 일하기도 했다. 프라이드치킨 가게의 튀김 냄비 앞에서 땀을 뻘뻘 흘리며 닭을 튀기기도 했다. 아마 남들이 쉽게 상상할 수 있는 것 가운데 가장 험하고 고역스러운 일들을 이맘때 다 해봤다고 해도 과언이 아닐 듯하다.

당시 최저 임금은 시간당 4달러 정도였다. 일부 업소에서는 5달러를 받기도 했지만, 이런 곳에서의 일은 정말이지 문자 그대로 고역이었다. 게다가 말도 안 되게 지루한 견습 기간을 거쳐야 했고 시스템을 익힐 만하면 매니저는 해고를 준비했다. 그때마다 나는 직장을 옮기며 근처 다른 가게들을 전전하기 일쑤였다. 가난하고 열악한 환경에서 이직까지 잦았으니 참으로 견디기가 힘들었는데도 나는 한동안 이 생활을 계속했다. 일자리 하나를 잃더라도 그 자리를 대신할 자리가 늘 있었고, 그때만 해도 내게 출세는 아직은 저 멀리 있는 것, 다른 사람들에게나 해당되는 이야기였으니까.

그러다가 처음으로 돈다운 돈을 만져본 것이 내 나이 열네 살, 틱시도라는 마을에서 열린 YMCA 캠프에서 주니어 카운슬러(junior counselor)* 자리를 얻었을 때였다. 사실 정직한 돈이라곤 할 수 없었지만 주머니가

---

*보통 14~17세 청소년들이 지원 가능하며, 일정 금액의 급여를 받으면서 캠프 참가자들을 관리하고 지원·상담하는 역할을 맡는 스태프의 하나―옮긴이 주(이후의 모든 각주도 옮긴이가 단 것이다).

두둑해질 정도로 큰돈을 벌어들였다.

어린 시절 나는 거의 매년 여름마다 어머니가 일정을 짜주는 대로 캘리포니아나 하와이 또는 버뮤다, 캐나다, 트리니다드 등지로 한두 달 정도 여행을 하곤 했다. 어머니가 쌈짓돈을 풀어 어렵지만 즐겁게 베풀어주는 일종의 기분 전환 프로그램이었다. 어머니의 의도는 내가 도심에서 벗어나 신선한 공기를 마시는 것과 함께, 내가 보고 배울 수 있는 더 넓은 세상이 바깥에 펼쳐져 있다는 걸 알려주려는 것이었다. 어머니는 내가 세상 보는 시야를 넓히고 더 큰 포부를 갖기를 진심으로 바랐다. 이미 어머니는 내가 문제아 그룹과 어울리게 되리라는 걸 짐작하고 있었기 때문에 나에게 긍정적인 세상의 이모저모를 경험시키면 좀 더 나은 선택을 하게 될 거라고 판단했다. 내가 여름 여행을 통해 정말 배운 점이 많았던 걸 보면 그 판단이 잘못된 건 아니었던 듯하다. 삶의 우선순위, 느림의 미학, 이해관계 등 모든 것이 홀리스 바깥의 세상에선 조금씩 달랐다. 어머니는 그 새로운 세상을 내게 열어 보일 정도로 현명했다.

내가 열두 살 되던 여름, 어머니는 나를 YMCA 캠프에 보냈다. 이때의 캠프 생활이 무척 마음에 들어 열네 살 되던 해에는 주니어 카운슬러로서 다시 참가한 것이다. 책임 있는 직책을 맡겨도 될 정도로 충분히 성숙한 아이라는 믿음을 주기 위해서는 어느 정도 나이가 있어야 했지만 나를 비롯해서 내 조수 칼(Carl)과 오마르(Omar)는 어른들이 전적으로 믿고 일을 맡기기에는 2% 부족한 면이 있었다. 하지만 우리는 성숙하고 책임감 있는 아이들이라는 인상을 심어주어 결국 주니어 카운슬러 직책을 따냈다. 그렇다고 하더라도 우리에게 집단생활에 어울리는 바른 품행만을 기대한 건 주최 측의 실수였다. 어른들이 정해놓은 캠프 규칙

가운데 마음에 들지 않는 규칙들을 어기는 건 기본이었고, 두 번이나 지방 자치 법규를 위반하는 등 우리 멋대로 캠프를 휘젓고 다녔다. 다만 이 모든 일탈 행동들은 반드시 주니어 카운슬러로서의 근무 시간이 끝난 뒤에 한다는 것이 내 나름대로 정한 규칙이었다.

나는 캠프에서 일하는 시간에는 장애아들을 돌보는 일을 맡았고, 이 일이 무척 멋진 일이라는 은근한 자부심도 가졌다. YMCA 캠프는 청소년 대상의 캠프이면서 몇몇 정신적·육체적 장애아들을 포함하고 있었는데 이 장애아 그룹이 내게 배정된 그룹이었고, 이 역할에 지극히 만족하고 있던 나는 이들과 함께 화기애애한 분위기에서 잘 어울리며 지냈다. 나는 한두 명의 아이를 개별적으로 상담하는 임무 외에 몇 가지 일반적인 일거리도 맡아 했다. 그중에 가장 큰 것은 바로 카운슬러들의 '역할 모델'이 되는 것이었다. 해석하기에 따라 많은 뜻이 내포되어 있는 이 모델이란 타이틀은 행동으로나 외모로나 모든 주니어 카운슬러들의 귀감이 된다는 뜻이었는데, 어쨌든 캠프 지도자들 모두가 인정한 사실은 내가 타의 추종을 불허하는 '모델' 카운슬러였다는 것이다. 특히 외모에 있어서는 더욱 그랬다. 카메라만 들이대면 소위 "그림이 된다"는 말을 많이 들었고 나 역시 그 말을 부정하지 않았다.

급여나 팁 자체는 그다지 충분한 수준이 아니었기 때문에 대다수의 주니어 카운슬러들은 집에 챙겨갈 목돈을 마련하기 위해 최소한 두 가지 비책 정도는 따로 마련하는 편이었다. 여름을 네다섯 학기로 나누어 2주마다 캠핑 참가자들이 바뀌는 시스템에서 내가 캠프에 대해 전반적인 탐색을 끝내는 데는 첫 번째 학기면 충분했다.

그 뒤로부터 나는 캠프를 쥐락펴락하는 중심인물로 떠올랐다. 레크리에이션 룸에서 내기 당구를 쳐서 다른 카운슬러들과 캠프 참가자들의 주머니를 다 털어버리고 나면, 여름이 끝나갈 무렵에는 꽤 많은 돈이 모였다. 이외에도 저녁 자유 시간을 틈타 마을로 내려가서 담배랑 맥주를 잔뜩 사다가 캠프 참가자들에게 엄청난 가격으로 되파는 일 또한 쏠쏠한 수입원이 되었다. 내가 얼마나 힘들게 그것들을 구해왔는지를 늘어놓았기 때문에 아무리 높은 이윤을 붙여 팔아도 캠프 참가자들과 카운슬러들 누구나 수긍하며 기꺼이 지갑을 열었다. 뉴욕에서 공수해온 귀한 마리화나 두 봉지 역시 한순간에 날개 돋친 듯 팔려나갔다. 내 관점에서 그것은 거래가 아닌 공유였다. 나는 사람들에게 내 마리화나를 나누어주었고 그들은 나에게 그들의 돈을 나눠준 셈이다. 그렇게 나는 캠프에서 훌륭하게 부수입을 올렸다.

나의 탁월한 사업 수완은 시간이 지날수록 그 빛을 발했다. 우리는 캠프 참가자들의 갖가지 물건들을 훔쳐낸 뒤 그것을 차기 캠프 참가자들에게 팔아서 돈을 버는 사기극을 꾸몄다. 우리 패거리는 내가 정해놓은 도덕적 방침에 따라 장애아들의 물건에는 절대로 손을 대지 않았지만 그 밖의 모두에게는 공평한 규칙을 적용했다. 캠프의 일반 그룹에 속한 아이들은 모두 손전등, 배터리, 휴대용 게임기 등 되팔기에 용이한 아이템을 공평하게 도둑맞았다. 아이들이 사물함 단속을 철저히 하고 세상의 때가 묻은 우리 카운슬러들을 조금이라도 경계할 정도로만 똘똘했어도 우리의 사업 계획은 수포로 돌아갔을 것이다. 모든 건 멍청한 그 아이들 책임이었다.

손전등은 벌이가 좋은 효자 종목이었고, 한 학기에 보통 50개 정도 훔칠 수 있었다. 개중에는 진짜 비싼 최고급 제품도 있었고 건전지 회사에서 만든 조악한 플라스틱 제품도 있었는데, 우리는 이것들을 주방에서 얻은 비닐봉지에 넣고 비에 젖지 않도록 봉지 입구를 단단히 막은 뒤 숲 속의 커다란 바위 아래 감췄다. 손전등이 전부 없어졌으니 아무도 눈치 채지 못할 리가 없다. 밤이면 참가자들 모두가 빙 둘러앉아 모임을 갖는 캠프에서 한 사람도 손전등을 갖고 있지 않았으니 말이다. 물론 그 손전등이 전부 우리 손에 들어와 있는 줄은 아무도 몰랐다. 다들 서로 몸을 부딪치고 발을 밟히며 캠프파이어 장소로 이동할 수밖에 없었다.

아무것도 모르고 쿨쿨 자다가 이 사실을 보고받은 캠프 총괄 지도자는 소리를 지르며 난리를 피웠다. 목에 핏대가 설 정도로 화가 난 그는 어떻게 손전등이 한꺼번에 사라질 수 있느냐며 뭔가 의심의 눈초리를 보냈지만 우리들이 연루되었으리라고 생각하는 것 같지는 않았다. 캠프 참가자 전원을 모아놓고 이렇게 야단칠 때는 웃음을 참기 어려워서 허벅지를 꼬집어야 할 지경이었다. "대체 무슨 짓들을 꾸미는 거야? 누가 디스코 파티라도 계획하고 있나 본데 잡히면 다들 혼날 줄 알아!" 혼돈과 무력함이 엿보이는 그의 얼굴은 거의 패배자의 얼굴이었다. 그것은 그동안 본 그의 모습 중 최고로 우스꽝스러웠지만 우리 가운데 누구도 큰소리로 웃을 수는 없었다.

캠프용품 장물을 매매하여 돈을 벌면서 우리는 마치 불법으로 자동차를 분해해서 그 부품을 비싼 값에 넘기는 촙숍(chop shop)이나 미개인을 상대로 하는 교역상이 된 듯한 기분이었다. 물론 합당치 않은 수단을 사용하는 위험수당답게 수익금은 기하급수적으로 불어났다. 내 기억에 그해 여름 끝자락에 퀸스의 집으로 돌아올 때 봉급과 팁과 내기 당구에서 딴 돈과 캠프용품 매매 사업으로 번 돈이 무려 4,000달러는 되었던 듯하다. 나는 그저 200달러 정도 용돈이나 만들까 했던 건데 그렇게 많은 돈을 가지고 집에 돌아오게 된 것이다. 겨우 열네 살이었던 내게 그 돈은 세상 전부를 살 수 있을 것 같은 큰돈이었다. 결국 나는 집에 도착한 다음날로 서둘러 나의 첫 애마를 구입했다. 약간 맛이 간 듯했지만 그럭저럭 잘 굴러가는 1969년산 흰색 무스탕(Mustang)이었다. 좀 더 여유가 있었다면 당연히 나의 드림 카 렉서스를 샀겠지만 그때는 중고 스포츠카 무스탕도 감지덕지였다.

어머니는 역시 쿨한 사람이었다. 그런 자동차를 손에 넣으려면 어느 정도의 현금이 있어야 하는지 이미 알고 있었을 테고, 게다가 그해 여름 내 급여가 얼마였는지도 환히 알고 있었으니 내가 무슨 짓을 해서 차를 살 만큼의 큰돈을 벌었는지 눈치 챘을 게 분명하다. 카운슬러 일을 잘해서 팁을 많이 받았다고 둘러대기는 했지만 내가 생각해도 허술한 변명이었다.

그런데도 어머니는 나를 그냥 내버려두었다. 내가 이런 일에 연루될 때마다 내놓는 어머니 나름의 대응책이었다. 두 눈은 나를 응시하지만 내가 스스로 모든 것을 깨닫기를 기다리는 눈빛일 뿐 별다른 말이 없었다. 그러면 나는 어머니가 원하는 대로 저절로 깨닫고 뉘우치게 되었다. 운전면허도 딸 수 없는 열네 살 어린애가 자동차를 사려는 욕심에 남을 속였다는 죄책감이 들기 시작했다. 하지만 그것은 내가 착해서 생겨난 뉘우침이라기보다는 어머니의 지혜와 위대한 힘이 만들어낸 밧줄 덕분에 얻은 깨달음이었다. 그 줄에 목을 매달 것인지 아니면 줄을 잡고 밖으로 나갈 것인지, 선택은 오로지 내 몫이었다.

내 치즈는 내가 챙긴다

　가난도 가난이지만 자존심이나 자긍심 없이 사는 것도 문제다. 그런 면에서 어머니는 무척이나 떳떳하고 당당했다. 우리는 어떤 환경에서도 기죽지 않고 살았다. 어머니의 가르침은, 가난은 마음가짐에 따라 얼마든지 극복할 수 있는 문제라는 것. 그래서 나는 우리에게 충분한 돈은 없어도 마음은 부자라는 생각을 갖고 자랐다. 우리는 그 누구보다도 부유했다. 어머니는 내게 항상 깔끔한 옷을 입혀주었다. 어머니가 나를 위해 바깥일을 접고 담보 대출을 받기 직전까지만 해도 우리는 깨끗하고 집세 걱정 없는 집에서 지냈다. 우리는 한번도 배고픔에 고통스러워하지 않았다. 지갑은 언제나 얄팍했던 게 사실이다. 거지처럼 길가 쓰레기통을 뒤진 적은 없지만 전기요금이 밀려 몇 달간 고생했던 적은 있다. 실질적으로는 늘 가난과 싸웠다.

　파머스 거리에 있는 집은 우리의 기쁨이자 위안이었다. 어머니는 부동산이 가장 중요하다는 말을 자주 했다. 부동산은 가능한 한 많이 소유할 수 있도록 노력해야 한다는 것이 어머니의 지론이었는데 나는 그 지론에 절대적으로 찬성한다. 눈에 보이는 것, 실제로 존재하는 것치고 부동산만큼 확실하고 정확한 것이 어디 있겠는가.

　어린 시절의 가난은 내게 많은 생각을 품게 했다. 나는 칼 브라운(Carl Brown)으로부터 커다란 치즈 덩어리를 얻곤 했다. 칼은 훗날 후부의 창업 파트너 중 한 명이 된 친구로서 나와는 여섯 살 때부터 배꼽친구로 함께 자랐다. 칼의 할아버지와 부모 모두 공무원인 덕분에 우리는 정부에서 지원해주는 구호품과 보급품 등을 넉넉하게 얻을 수 있었는데 우유, 계란, 파스타 등이 그 주된 아이템이었다.

어머니가 초인적인 스케줄로 여러 일자리를 돌며 쉴 틈 없이 일할 때 나는 어머니가 준비해놓은 재료들로 직접 음식을 만들어 먹곤 했다. 어머니는 남자인 내가 부엌에서 요리하는 것을 부끄러워하거나 귀찮아하지 않도록 일찌감치부터 버릇을 들여놓았다. 여덟 살인가 아홉 살인가 확실하지는 않지만 그 무렵 나는 스파게티와 에그 스크램블 조리법을 독파했으며, 웬만한 장보기도 가능해져서 홀리스와 자메이카의 길거리에 늘어선 가게들을 들락거리며 물건 값을 훤히 꿰기 시작했다. 모르는 것은 즉시 어머니에게 묻고 배우는 것도 나의 일과 중 하나였다.

어머니는 가끔 나를 태우고 백인들이 사는 동네로 견학을 가기도 했다. 그곳과 우리 동네의 물가에 눈에 띄는 차이가 있었기 때문이다. 나는 식료품이나 생활용품이 어째서 우리 흑인 거주 빈민가에서는 더 비싼지 이해할 수가 없었다. 그리고 같은 값의 고기라 해도 우리 동네 정육점 고기는 훨씬 급이 낮았다. 그때 나는 하층민의 생활이 얼마나 고되고 힘든 것인지 태어나서 처음으로 실감했다. 모든 것이 똘똘 뭉쳐 우리를 배척하는 것 같은 느낌, 심지어 기본적인 의식주에 관계된 것들까지 우리에게서 등을 돌린 것 같은 느낌이었다.

그래도 세상이 변하길 기다리기보다는 대부분의 사람이 그 세상에 맞춰 살아가게 된다. 카드에 속임수가 있는 걸 알면서도 게임을 포기하지 않는 것처럼. 조금 더 열심히 일해서 조금 더 악착같이 저축을 하고 조금 더 부지런히 계획을 세운다. 백인 동네에서 쇼핑하기 위해 조금 더 멀리 운전한다. 가족들에게 좋은 고기를 먹이기 위해 멀리 백인 주택가에 있는 고급 정육점을 찾아가는 수고를 아끼지 않는다. 물론 눈에 띈 김에 한꺼번에 많이 구입해놓는 것도 잊지 않는다.

해야 할 일이 생기거나 가져야 할 물건이 있다면 즉시 행동에 옮기는 게 중요하다. 내 치즈는 내가 찾아나서야 하는 것이다. 그렇지만 한편으로는 우리 동네에서 영업하고 있는 소규모 상점들도 외면하지 말아야 한다. 당신이 좀 더 나은 가치를 얻기 위해 사용하는 그 돈이 그들에게는 귀한 치즈가 될 수 있기 때문이다.

어쨌든 나는 운전도 할 수 없고 분수에도 맞지 않는 자동차를 갖게 되었고, 주택 담보 대출로 받은 8만 달러는 얼마 지나지 않아 바닥을 드러내게 되었다. 물론 그 많은 돈을 전부 헛되게 날려버렸다는 말은 아니다. 어머니와 나는 그 돈으로 거의 3년을 편안하게 생활할 수 있었고, 고된 직장 생활에서 해방된 어머니는 여유로운 시간을 가질 수 있었다. 이 모든 것이 내가 문제아가 될까 염려한 어머니의 고민에서 비롯된 일이었다.

예전에도 파산 경험이 있는 우리 집은 다시 한 번 파산의 위기에 처했다. 두 번씩이나 은행 차압을 당한 상태에서도 우리는 서로 의지하며 어떻게든 버텨내고 있었다. 수시로 전기가 끊겨 난로에서 물을 데워 목욕한 기억도 있다. 어떤 때는 난로 옆에 서서 스폰지에 물을 적셔 간이 목욕만 한 적도 있었다. 매달 관공서 문 앞에 긴 줄을 서서 전기료 탕감을 요청하던 아픈 기억도 있다. 지금 생각해보니 한 달에 600달러, 700달러, 800달러로 뛰어오르는 공과금은 그 과태료만 해도 엄청나기 때문에 몇 년 쌓이면 절대 한 번에 갚을 수 없는 액수로 불어났던 것 같다. 그것은 롱아일랜드 중심지의 저택에 살게 된 지금 생각해도 부글부글 화가 치미는 기억이다. 많이 갖지 못한 자들이 잘살게 되기가 얼마나 힘든지를 보여주는 또 하나의 예를 보는 것 같아서 말이다.

나와 어머니는 환상의 콤비였다. 어머니를 통해 경험하고 어머니에게서 배운 것만 해도 놀라움을 넘어 경이로울 지경이다. 바느질에 능한 어머니 덕에 나 역시 바느질을 배웠다. 여행을 즐기는 어머니로 인해 나도 여행의 즐거움을 배웠다. 쉬지 않고 일하는 어머니를 보고 자랐기에 나 역시 한번도 백수였던 적은 없었다. 게다가 요리에도 일가견을 갖게 되었고 말이다.

어머니의 인생 교육은 어느덧 아버지가 된 나에게 교과서가 되었다. 아이들은 언제나 나를 바라보고 있으며, 내가 무엇을 하든 그대로 따라 하기 때문에 나는 바른 행동과 곧은 생각으로 무장해야 한다. 그러지 않으면 아이들이 언젠가 내가 저지른 실수를 반복하게 될 테니까.

나와 어머니의 관계가 그랬다. 어떤 일이 닥치든 우리는 함께 대처했다. 고교 시절 방황하지 않도록 내 곁을 지켜주던 어머니는 내가 졸업한 뒤 다시 일을 시작했다. 어머니의 새 일터 아메리칸 항공은 정말 좋은 직장이었다. 미국 내 모든 항공 노선의 대기석을 이용할 수 있는 특혜가 주어졌으니 말이다. 열심히 아르바이트를 하던 나는 되도록 어머니 지갑에서 돈이 나오지 않게 하려고 나름대로 최선을 다했다. 생활비에 보탬은 되지 않았어도 내가 필요한 것들을 충당할 정도의 돈은 내가 벌어서 썼다. 이때부터는 옷도 내 돈으로 사 입기 시작했다. 한 가지 우스운 것은 나이를 먹을수록 자꾸 독단적이 되어 어디에 가든 누구에게나 존중받아야 한다는 생각이 짙어졌다는 것이다. 어디서 비롯된 생각인지 모르지만 문제는 문제였다. 내 이런 생각은 아버지가 가졌던 나폴레옹 콤플렉스와 무관하지 않은 듯하다. 돈 문제로 어려움을 겪었기 때문에 무의식적인 열등감을 보상받으려고 과잉 행동을 하는 것이다.

다시 한 번 밝혀두지만 가난했던 유년 시절을 부끄럽다거나 억울하게 생각지 않는다. 오히려 그 덕분에 지금의 내가 있으니 다행스럽게 생각될 때도 있다. 우리는 돈보다 중요한 많은 것을 가지고 있었다. 그리고 최소한 비를 피할 지붕은 있었다. 물론 때로는 그 지붕이 새기도 했고 그 지붕을 수리할 경제적 능력이 없을 때도 있었다. 때로는 우리가 가진 것 하나를 지키기 위해 다른 것 하나를 포기해야 했던 적도 있다.

후부 파트너들과의 첫 만남

훗날 후부를 함께 이끌게 된 파트너들 가운데 한 사람인 제이 알렉산더 (J. Alexander)를 만난 것은 중학교 때였다. 원래 나는 홀리스에 있는 세인트 제라드 마젤란(St. Gerard Magellan)이라는 공립 가톨릭 학교에 다녔는데 중요한 건 학교 이름이 아니라 내 행동이었다. 뭐 처음 있는 일도 아니었지만 어쨌든 자초지종은 다음과 같다.

마침 부모님이 이혼 수속을 밟고 있던 나는 문제 행동을 일삼았다. 내게 학교 공부란 별로 어려운 게 아니었는데 어쩐 일인지 자꾸 낙제를 하기 시작하더니 나중에는 성적에 별 신경도 안 쓰게 되었다. 지도 교사는 내 신변에 일어난 변화에 대해 알고 있었기 때문에 가급적 나를 유급시키지 않으려고 했다. 하지만 어머니는 정말 남다르고 대담하게 행동했다. 학교에 찾아간 어머니는 내 행동에 대한 책임은 내가 지도록 해야 한다고 주장했다. 물론 당시에 나는 어머니가 학교에 찾아간 사실조차 몰랐다. 단지 나를 담당했던 지도 교사가 마지막 시험 한 과목을 통과할 수 있도록 단 한 번의 추가 기회를 주었다는 것만 알고 있었다. 나는 시험은 봤지만 일부러 답안지를 제대로 작성하지 않았다. 결국 낙제. 그 시절의 내겐 반항기만 가득했다. 어쩌면 시험에 제대로 임했더라도 낙제를 했을 테지만.

그 일이 있고 난 뒤 어머니는 나를 유급시켜달라고 학교 측에 요청해서 나는 7학년을 한 번 더 다녀야 했다. 난 그런 조치를 당해도 싸다고 생각했다. 어머니는 내가 스스로의 행동에 책임질 수 있는 사람이 되기를 원했다. "어떤 상황에서도 부모의 힘을 빌려 어려움에서 벗어날 생각일랑 하지 마라. 계속 이런 방식으로 보답할 거라면 사립학교에 보내기 위해 무리해서 일하는 내가 바보가 아니고 뭐냐?" 그러면서 "하루 세 군데 출근하던 것을 이젠 두 군데로 줄여야겠다"는 말도 덧붙였다. (이건 여담인데, 어머니는 학교 다닐 때 두 차례 월반했고 아버지도 한 차례 월반 경험이 있다고 한다. 그래서 나는 내 유급이 우리 가족의 학력을 표준으로 만들어 준 고마운 사건이 아닌가 생각한다.)

그러나 어머니는 유감스럽게도 그해 여름 곧바로 세 번째 일자리를 잡았다. 이유는 물론 내 교육비를 충당하기 위해서였다. 피곤해 보이는 어머니가 안쓰러운 나머지 나를 감시하기 위해서라도 세 번째 일을 포기하도록 만들려고 여름 내내 말썽을 부려봤지만 소용없었다. 어머니는 내 옆에 붙어 있기 위해 중요한 일을 그만둘 수 없는 형편이라 이웃집 아줌마를 고용해서 나를 감시했다. 그리고 그 비용을 마련하기 위해 일자리를 하나 더 얻었다. 나를 어떻게든 제대로 키워보려고 노력한 어머니에 비하면 나는 얼마나 철부지였는지…….

아무튼 내 공립학교 생활은 7학년 유급을 끝으로 막을 내렸고 나는 힐사이드 거리와 182번 가 사이에 있는 'IS 238'로 편입했다. 집이랑 거리는 가까웠지만 마음 편한 학교는 아니었다. 아이들은 내 눈에 괴물처럼 보였다. 자기들의 청춘을 갉아먹고 있는 것 같았다. 처음에는 학교 가는 것 자체가 공포였다. 꽤 유명한 깡패 집단이 학교 전체를 주름잡고 있었으니까. 브롱크스 지역을 근거지로 해서 '줄루 네이션(Zulu Nation)'이라는 이름으로 활동한 이 아이들은 깡패 집단으로도 유명했지만 실질적으로 뉴욕 시내에서는 랩과 힙합 음악을 발전시키는 선구자 역할을 하고 있는 아이들이었다. 힙합 음악에 관심이 많아서 이들과 친해지고 싶긴 했지만 가톨릭 학교에서 갓 전학 온 나로서는 그런 문화가 생소하고 힘들었다. 학교 안에서는 매일 싸움판이 벌어졌고 난동이 끊이지 않았다. 텔레비전 6시 뉴스 팀에서 촬영 나온 카메라맨들이 거의 매일 우리 학교 앞에 진을 칠 정도였다. 나는 학교에 가는 게 아니라 감옥에 끌려가는 느낌이었다.

그러다가 제이를 만났고 우리 둘은 함께 어울려 다니기 시작했다. 그런데 제이는 그 동안 내 주변에 있던 친구들과는 좀 달랐다. 깨끗하고 스타일 좋은 옷을 입고 다니는 건 전혀 그의 관심사가 아니었다. 반대로 나는 몸치장에 열을 올리는 편이었다. 그의 부모님은 무척 보수적이고 구속하는 타입인 반면 내 어머니는 매사에 꽤나 여유로운 편이었다.

그는 정말 조용한 학생이었다. 내가 그와 어울리자 이런저런 말들이 많았지만 나는 한 귀로 듣고 흘려버렸다. 나는 제이가 맘에 들었고 다른 말은 필요 없었다. 그러다가 어느 날 문득 떠오른 생각은 내겐 참 여러 종류의 친구들이 있구나 하는 것이었다. 나쁜 짓깨나 했던 문제아 친구들, 마약 딜러 친구들, 음악에 빠진 친구들, 잡식성으로 뭐든지 다 조금씩 하는 친구들……. 그리고 이제는 제이처럼 심지가 곧은 친구도 생겼다. 이 세상을 움직이려면 온갖 종류의 사람들이 빠짐없이 필요하다는 결론도 얻게 되었다. '이 세상'이라고는 해도 말이 세상이지 당시의 나에게는 우리 동네 퀸스가 전 세계나 다름없었다. 그렇기 때문에 비록 어머니의 조언을 따라 대범하고 크게 생각하려고 하면서도 퀸스 밖의 세상에 대해서는 관심이 없었다. 그때의 내겐 퀸스만 해도 충분히 큰 세상이었다.

지금까지 나는 남녀 불문하고 성공한 사업가를 수없이 만나왔는데 그들을 하나로 묶는 공통점은 '뛰어난 커뮤니케이션 능력'이었다. 그들은 모든 종류의 사람과 좋은 관계를 맺고 상호 작용을 한다. 나 역시 오래 전부터 전혀 다른 부류의 그룹과 사회적인 관계를 맺고 각양각색의 인종들을 편견 없이 상대해왔다. 의도적인 노력은 필요하지 않았다. 자연스럽게 그렇게 되었다. 나는 그저 각기 다른 그룹 또는 개인이 나에게 베풀어주는 각기 다른 영향이 좋았고, 다행히 지금은 거의 모든 사교 관계에 무리 없이 어울리는 편이다.

중학교를 졸업하고 이번에는 베이사이드에 있는 고등학교에 입학했다. 이곳에서 나는 또한 훗날 후부를 함께 이끌 사업 파트너 중 한 사람인 키이스 페린(Keith Perrin)을 만났다. 처음 봤을 때 그는 한여름인데도 스키 모자를 쓰고 있었다. 요즘이야 여름에도 스키 모자를 쓰는 사람이 이상해 보이지 않지만 그 당시에는 아무도 뜨거운 날씨에 그런 모자를 쓰고 다니지 않았다. 키이스는 남이야 어떻게 보든 신경 쓰지 않는 캐릭터였기에 그런 기이한(?) 차림을 할 수 있었다. 물론 그는 사고 비슷한 걸 당해 머리를 다치는 바람에 피가 비치는 반창고를 가리려고 그런 모자를 쓴 것이었다지만 그 첫인상이 뇌리에 깊이 남은 것은 사실이다. 무슨 까닭에선지 우리는 죽이 잘 맞았고 남다른 취미와 사고방식을 가진 친구들을 전부 모은 괴짜 그룹을 조직하기 시작하면서 나는 점차 그들에게 마음을 열게 되었다. 예전의 나였다면 절대 상상할 수 없는 변화였다. 나는 차츰 외향적인 성격으로 변하기 시작했다.

백만장자가 되고 싶은 힙합 보이

LL 쿨 제이와 런 디엠시 같은 인기 최고의 뮤지션들 대부분이 홀리스 출신이다. 그 시절 우리에게 음악은 가장 중요한 화두였고, 이러한 가수들 주변으로 몰리는 돈의 흐름 또한 목격할 수 있었다. 그들은 고급 자동차의 대명사인 메르세데스 벤츠(Mercedes Benzes)와 알파 로메오(Alfa Romeos), 제타(Jettas), 맥시마(Maximas)를 타고 다녔으며 값비싼 보석 액세서리를 걸치고 다녔다. 랩뮤직과 마약에는 항상 돈이 따라다녔고 이 커다란 돈줄은 서로 불가분의 관계를 유지하며 동네의 나머지 사람들에게까지 조금씩 영향을 끼쳤다. 중요한 사실은 그들이 유명해진 다음에도 계속 우리 동네에 살았다는 점이다. 우리 동네는 어느 면으로 보나 스타가 살기에 적당한 동네는 아니었다. 당시에는 래퍼가 음반 판매나 인지도 면에서 큰 히트를 친다 해도 요즘처럼 막대한 부를 챙길 수가 없었다. 아마 그래서 그들이 홀리스를 떠나지 못했을 것이다. 홀리스 출신이 다른 어디인들 맘대로 갈 수 있었겠는가?

나는 그들과 안면이 있었고 그 가족들과도 알고 지냈다. 자라온 배경과 뒷얘기도 알고 있었다. 평소 인사를 나누는 사이였던 데다 한동안 내가 브레이크 댄스를 배워 실력이 꽤 좋아진 뒤부터는 오히려 그들이 내게 더 관심을 가졌다. 당시 나는 춤에 무척 깊이 빠져 있었으며, 꽤 유명한 그룹인 하우디니(Houdini)로부터 댄서로 와달라는 제안을 받기도 했다. 전국 순회공연을 함께 다니자는 달콤한 제안이었지만 나는 어머니에게 말도 꺼내지 못했다. 어머니가 허락하지 않을 게 분명했기 때문이다.

나중에 나 대신 그 자리를 차지한 아이가 바로 저메인 듀프리(Jermaine Dupri)인데 그는 현재 음반 업계에 없어서는 안 될 중요한 인물이다. 그는 크리스 크로스(Kris Kross), 바우 와우(Bow Wow), 다 브래트(Da Brat) 같은 수많은 아티스트들을 발굴하여 애틀랜타 음악의 흐름을 주도하는 거물로 손꼽히고 있다. 최근에는 미국 음반 시장에서 가장 영향력이 큰 인물 가운데 한 사람으로 불리고 있으며, 진지하고 성실한 인간성으로도 정평이 나 있다. '하우디니'라는 기회를 놓치지 않고 꽉 잡았던 듀프리는 그 기회를 살려 성공을 거머쥔 것이다. 내 생

각에 그는 그룹에 참여해도 되는지를 자기 어머니에게 묻지 않았던 것
같다.

어쨌든 음악은 어린 시절의 나에게 말로 표현할 수 없을 정도로 커다
란 부분이었다. 그것은 내 생활의 전부를 지배했다. 랩 음악, 힙합 문화,
브레이크 댄스… 어느 하나 중요하지 않은 분야가 없었으며 모두가 흥미
로웠다. 그것은 가공되지 않은 신선함을 풍겼으며 너무나 생생하게 내
가까이에서 숨 쉬고 있었다. 앞서 언급한 뮤지션들은 우리들의 비틀즈였
고 우리는 홀리스를 우리만의 리버풀로 삼아 이 새로운 기류를 맘껏 즐
겼다. 음악은 어디서나 우리들과 함께 했다. 우리의 움직임 속에도 우리
의 대화 속에도 우리의 옷차림 속에도 힙합은 늘 존재했다. 힙합 음악
중 가장 대중적인 갱스터랩 분야의 대표 격인 래퍼 KRS-1이 "힙합은 우
리의 일상이죠. 만들어서 하는 음악이 아녜요" 라고 말했듯이.

난생 처음으로 우리는 남들에게 우리 자신이 어떻게 보이는가에 대해
신경을 쓰기 시작했다. 당시에는 우리 맘에 쏙 드는 후부 같은 브랜드가
없었기 때문에 여기저기 다른 브랜드의 옷을 가져다가 우리만의 룩, 우
리만의 스타일을 창조했다. 꼭 맘에 들어서는 아니지만 아디다스나 프
랑스의 스포츠웨어 르 코크 스포르티브(le Coq Sportif)와 르 티크르(Le
Tigre), 골프웨어 브랜드 아이조드(izod), 리바이스(Levi' s)와 리복
(Reebok), 리(Lee' s) 등의 브랜드가 그럭저럭 우리 스타일에 어울리는
편이라 자주 입었으며, 결과는 썩 나쁘지 않았다.

우리는 우리가 미쳐 있는 것에 대한 확신이 있었다. 그 당시 우리는
랩뮤직이 향후 30년 뒤면 문화적으로나 경제적으로 전 세계를 뒤흔들
만한 위력을 가지리라는 것을 믿었다. 실제로 세월이 많이 지난 지금도

우리는 랩을 즐겨 듣고 있지 않은가. 현재 힙합 장르는 음악 시장의 성패를 좌우하는 지배적인 분야가 되었으며, 우리 후부를 비롯한 수많은 의류 브랜드들의 성공 역시 힙합 문화에 힘입었다. 하지만 예전의 그때는 모든 것이 막 태동하던 초창기였고 우리 모두는 나름대로 대단한 연대감과 주인의식으로 힙합을 받아들였다. 물론 힙합은 브롱크스에서 시작되었지만 빠른 속도로 우리에게 스며들었다.

사실 아주 어렸을 때는 라디오에서 나오는 음악이 뭔지도 몰랐다. 홀 앤 오츠(Hall & Oates)? 관심 없었다. 비지스(Bee Gees)? 역시 관심 밖이었다. 하지만 중학교에 들어가던 무렵부터 달라졌다. 갑자기 음악이 우리들의 생활과 문화의 중심으로 파고들어왔고, 나 역시 친구들과 마찬가지로 그 바람에 편승했다. 흑인 음악이 새로운 모습으로 다시 태어난 것이다. 우리는 좋아하는 아티스트들의 공연에 따라다니느라 전국을 누비기 시작했다.

열네 살 때부터 열여섯 살 때까지 랩 뮤지션들의 멋진 쇼에서 받은 짜릿한 감흥은 아직까지 잊히지 않는다. 팻 보이즈(Fat Boys), 런 디엠시, LL 쿨 제이, 하우디니, 퍼블릭 에너미(Public Enemy), 에릭 비 & 래킴(Eric B & Rakim), 빅 대디 케인(Big Daddy Kane), 슬릭 릭(Slick Rick) 등 쟁쟁한 힙합 아티스트들이 한 장의 공연 포스터 안에 모여 있었다. 내가 기억하는 첫 콘서트는 프레시 페스트(Fresh Fest) 순회공연이었는데, 아마 힙합과 랩의 역사를 통틀어 미국에서 최초로 열린 대규모 순회공연이었을 것이다. 그러니 내가 얼마나 구경하고 싶었겠는가.

장소는 구식 로큰롤 공연과 다를 바 없이 매디슨 스퀘어 가든이나 그 비슷한 수준의 넓은 야외 경기장 같은 곳이었다. 여자애들이 득실거렸고 마약과 암표상도 있었다. 나야 어머니 덕분에 아메리칸 항공에서 제공하는 특별한 혜택을 받고 있어서 이런 경우에 아주 유리했다. 나는 돈 들이지 않고 비행기로 이 도시 저 도시를 이동할 수 있었다. 또 가끔은 나의 무스탕 또는 다른 누군가의 밴을 타고 순회공연에 따라다녔다. 게다가 일부 가수들과는 면식이 있는 사이인 데다 같은 동네에 산다는 끈끈한 의리 덕분에 꽤 여러 번 공짜로 호텔 방을 제공받아 열다섯 명이 한방에서 새우잠을 자며 돈을 절약하기도 했다. 돈이 궁할 때면 밴 안에서 밤을 지내기도 했으나 그 정도만 해도 호강에 겨운 일이었다.

시간이 좀 더 흐르자 전국 곳곳에서 두세 개의 순회공연이 동시에 열리기도 했고, 이젠 어디서나 힙합 공연을 볼 수 있을 정도로 공연 스케줄이 잦아졌다. 여기서 바비 브라운(Bobby Brown) 순회공연이 열리면 저기서는 뉴 에디션(New Edition) 순회공연이 열렸다. 프레시 페스트 순회공연은 해마다 열리는 연중행사가 되었다. 고교 시절 나의 주말은 이들의 공연장을 찾아다니느라 동부 해안의 위아래를 바삐 움직이는 일로 점철되었다. 힙합 아티스트들은 정말 우리 인생의 유일한 낙이자 희망이었다.

그러다 얼마 안 가서 내 친구 중 두 명이 로드 매니저 일을 시작했다. 정확히 말하자면, 로드 일이 좋아서라기보다는 그저 자기가 좋아하는 뮤지션 옆에 좀 더 가까이 있고 싶은 마음 때문이었을 것이다. 몇몇 친구들은 학교를 중퇴했고 몇몇은 졸업장을 받은 뒤 랩뮤직과 관련된 직장을 얻기도 했다. 랩뮤직은 나뿐만 아니라 내 주위 사람들의 삶을 완전히 바꿔놓고 있었다. 이름만 대면 알 만한 뮤직비디오 감독 하이프 윌리엄스(Hype Williams)도 홀리스 출신이었고, 음반 업계의 거목으로 자리

잡은 어브 거티(Irv Gotti) 역시 홀리스 출신이었다. 두 사람 모두 나랑 같은 시기에 학교에 다녔으니 이 모든 시류 역시 함께 겪은 셈이다.

친한 친구들을 로드 매니저로 두면서 얻게 된 최고의 이득이라면 말할 것도 없이 가수들에게 접근하기가 용이해졌다는 점이다. 드디어 우리는 빅 대디 케인의 숙소가 어딘지 알아내 호텔까지 따라갈 수 있게 되었다. 호텔 바깥에 300명은 족히 될 법한 소녀 팬들이 진을 치고 있는 가운데 우리는 가수들의 친구 자격으로 유유히 입구를 통과할 수 있었다. 그러자 이 소녀 팬들은 우리가 무슨 빅 대디 케인 다음으로 대단한 인물이나 되는 것처럼 우리의 환심을 사려고 야단법석이었다.

빅 대디 케인은 일종의 팬 서비스 차원에서 공연 중에 자기가 어느 호텔에 머무는지를 알려줬기 때문에 쇼가 끝나면 어김없이 여자애들이 그 호텔 앞으로 몰려들었다. 나는 외모가 제법 받쳐주는 여자애들을 찾아내서 공연 팀의 일원이라고 말하며 접근하는 일에 재미를 붙이기도 했는데, 믿어주지 않으면 내 자유출입증도 모자라 운전면허증까지 보여주었다. 면허증에 쓰인 '파머스 거리, 홀리스, 퀸스'라는 주소는 내가 그 애들에게 거짓말을 하는 게 아니라는 걸 증명해주곤 했다. 덕분에 나는 제대로 힙합 보이 행세를 하고 다닐 수 있었다. 나는 그로 인해 우쭐해졌다. 확대 해석을 좀 하자면 나만이 가진 특권 의식으로 인해 지나치게 흥분해 있었다는 표현이 옳겠다. 열여섯 살짜리 청소년을 상상해보라. 누군들 그때의 나와 크게 달랐겠는가.

한 달에 두 차례씩 쇼라는 쇼는 다 구경하며 한동안 이 친구들과 화려하게 어울려 다니기 시작한 후부터 나는 스무 살 이전에 갑부가 되겠다는 것으로 인생 계획을 다시 짰다. 당시 내가 생각한 갑부의 기준은 자산 100만 달러 이상의 부자였다. 어떻게 하면 돈을 벌 수 있을지, 혹은 돈을 손에 넣으면 뭘 해야 할지를 자나 깨나 고민했지만 현실은 냉담했다. 난 그저 상상의 나래만 펼칠 뿐이었다. 100만 달러를 벌자, 100만 달러를 벌자. 그렇게 노래만 부를 뿐 그 이상의 구체적인 그림은 그려지지 않았다.

팝 가수 프린스의 마케팅 전략

고교 시절 나는 팝 가수 프린스(Prince)의 광적인 팬이었다. 반론을 제기할 사람도 많을 거라 예상되지만, 내 관점에서 그는 남자 중의 남자였다. 그의 히트곡 '퍼플 레인(Purple Rain)'의 가사 또한 눈 감고도 줄줄 외울 정도였고, 어머니의 허락 아래 종종 여자 친구들을 다락방으로 초대해 프린스로 분장한 채 작은 콘서트를 열기도 했다. 심지어 그가 즐겨 입던 보라색 옷도 몇 벌 가지고 있었던 걸로 기억한다.

우리 동네의 또래 녀석들 대다수가 그랬겠지만 나 역시 백만장자가 되겠다는 포부를 가슴에 품고 있었다. 하지만 스무 살이 되면서 나는 어쩌면 내 남은 인생을 지금처럼 가난하게 살게 될지도 모른다는 생각이 들었다. 현실 감각이 생긴 것일까, 꿈은 조금씩 깨지기 시작했다. 하지만 프린스에 대한 동경과 애착을 떨쳐버리지 못했기에 나는 인생의 목표를 조금 수정했다. 어디서 무엇을 하며 살건 관계없이, 1999년 마지막 날에 열리는 프린스의 콘서트에 가서 그의 노래 '1999'를 들으며 새로운 2000년을 맞이하자! 나는 나 자신과 이렇게 약속했고 그 약속을 꼭 지키겠노라고 맹세했다.

백만장자가 되겠다던 꿈은 이룰 수 없더라도, 프린스 콘서트의 인기 없는 구석 자리라면 300달러 정도에 구할 수 있으니 그 맹세는 지켜질 확률이 높았다. 설령 1999년에 내 지갑에 단돈 300달러밖에 없다 해도 나는 콘서트 티켓을 살 생각이었다. 어린 마음에 프린스와 함께 새로운 밀레니엄을 맞이하는 것만으로도 충분하다 싶었다. 내 새로운 꿈은 정해졌다. 프린스의 Y2K 콘서트 티켓을 살 정도의 여유만 생긴다면 좋겠다는 '개정판 성공 기준'이 생긴 거다. 그 콘서트는 말하자면 이 세상 모든 콘서트를 통틀어서 꽃 중의 꽃, 왕 중의 왕이 될 게 분명했다.

요즘 세상에는 아마 1980~1990년대 팝 음악계를 풍미한 프린스를 모르는 젊은이도 있을 것이다. 그는 한마디로 자신을 상품화하고 브랜드화할 줄 아는 뮤지션이다. 한 인터뷰에서 그는 "1990년대를 마감할 무렵이면 나의 노래 '1999'가 크게 사랑받게 될 것이다. 나는 이런 사실을 이미 알고 있었다"고 말했다. 그것이 바로 다른 무엇보다 우선하는 그만의 마케팅 전략이었던 것이다. 나는 그 말에 큰 충격과 영감을 받았다. 그는 17년이나 먼 미래의 일을 미리 대비하여 곡을 만들었고, 1999년 12월 31일 밤이면 멋지게 그 노래가 불릴 것이라는 점까지 계산에 넣고 있었다. 천재 아티스트가 천재 사업가도 겸할 수 있다는 사실을 나는 그때 처음 깨달았다. 그 두 가지 추진력이 뭉치면 진정한 천재성이 발휘될 수 있다는 생각이 내 가슴을 뛰게 만들었다.

그 뒤로 어떻게 되었을까. 그 동안 내가 꿔온 꿈 중 가장 멋진 꿈이 현실이 되기 시작했다. 1999년까지 후부가 줄곧 승승장구한 덕분에 나는 돈도 남부럽지 않게 벌게 되었고 주변 인맥도 좋아졌다. 프린스 콘서트 맨 앞자리 좌석 티켓을 구하는 것쯤은 일도 아니었다. 이 모든 성공과 돈이 내 것이 되는 동안에도 나는 10년 전 나 자신에게 했던 프린스 콘서트에 관한 약속을 늘 염두에 두고 있었다. 실은 프린스를 두 번이나 만나 이미 친분이 생겼고 그가 출연하는 텔레비전 특집 프로그램에 게스트로 출연해 달라는 요청을 받아 미네소타에 있는 그의 집에까지 가보았다.

결국 밀레니엄 전야 콘서트 계획은 아쉽게도 무산되었지만, 프린스는 자신의 특별한 작업으로 남게 될 '2000년을 향한 광란의 파티'를 11월쯤 미리 녹화하여 Y2K 전야에 깜짝 공개했다. 녹화 방송이었던 탓에 청중은 300여 명에 불과했지만 그는 정말 멋진 쇼를 선보였다.

'1999'를 부르기 직전 그는 나와 두 명의 다른 친구들을 무대 위로 끌어올려 자기와 함께 노래하도록 부추겼고 나는 흥에 겨운 나머지 무대 위로 뛰어올라 마치 원래 각본에 있기라도 한 것처럼 기타 치는 모션을 취했다. 지금 생각하니 살아 있는 동안 다시는 그런 객기를 부릴 기회가 없을 듯하다. 쇼의 분위기에 흠뻑 취해 머리끝까지 흥분해 있던 나는 무대 위에서 펄쩍펄쩍 뛰다가 미끄러지고⋯ 난리도 그런 난리가 없었다. 평생 기타 줄 한번 튕겨본 적도 없던 내가 기타 치는 흉내를 내다니! 하지만 상상 속에서는 내가 세계 최고의 기타리스트였다. 나는 생각했다. 좋아,

내 인생은 완벽해! 지금 죽어도 좋아!

  그 일이 있고 나서 몇 달 동안은 길을 가던 사람들이 나를 불러세우며 이렇게 인사하는 걸 들어야 했다. "안녕하세요? 혹시 지난번 프린스 쇼에서 프린스 옆에 서 있던 그분 아닌가요?" 그들은 내가 후부와 어떤 관련이 있는 사람인지에 대해서는 모르고 있었지만 프린스의 콘서트 무대에서 인생 최고의 순간을 즐기고 있던 나는 알아봐준 것이다.

하류 인생을 살지 않으려면

다시 고교 시절로 돌아가자. 진짜 돈다운 돈을 만져보게 된 첫 번째 기회는 약간 떳떳하지 못한 경로로 찾아왔다. 그즈음 동네의 친한 친구들 대부분은 마약을 팔아 번 돈을 밑천으로 사고 차량을 인수하는 일에 발을 들여놓고 있었다. 완전히 부서지거나 버려진 자동차들과 경매에 붙은 자동차들을 인수하는 일이었다.

  그런 차들을 가지고 돈을 만들 수 있는 길은 무궁무진했다. 그래서 얼마 지나지 않아 꽤 큰 이익이 나는 '자동차 매매 도당'을 형성할 수 있었다. 빠른 속도로 큰돈이 오갔다. 우리는 경매를 통해 자동차를 사서 수리한 뒤 좋은 값에 되파는 일을 했다. 아니면 차 한 대를 사서 보험에 든 뒤 일부러 사고를 내서 보험금을 챙긴 다음 그 자동차를 되팔아서 돈을 벌었다. 우리 중에 이런 하자 있는 차들을 직접 손볼 시간이나 기술을 가진 사람은 없었지만, 근처 정비소에만 수리를 맡겨도 보통

차 한 대당 2,000달러는 내 손에 떨어질 정도로 충분한 이익이 남았다.

우리는 온갖 사기를 도모했지만 실질적으로 현행법에 저촉될 일은 없었다. 간혹 걱정스러웠던 점은 우리한테 차를 판 인간들은 그 차를 처음에 어디서 구했을까 하는 것뿐이었다. 나중에 알게 된 바에 의하면, 그 작자들의 아이디어가 경매로 차를 사기보다는 간단하게 훔치는 쪽이 엄청나게 비용을 절감할 수 있다는 데서 출발했다는 것이다. 다시 말해 그들은 중고차 매매의 사업 모델로 차량 절도를 선택했다는 것이다. 나는 그렇게까지 해서 돈을 벌고 싶은 생각은 없었다. 그렇다고 해서 그런 방식으로 돈을 벌려는 친구들을 비난하거나 단죄하지도 않았지만, 남의 차를 훔치는 일에는 동참할 수 없었다. 비록 이 절도 차량들 중 몇 대를 거래하는 자리에 동석하기는 했지만 그게 내가 할 수 있는 전부였다.

초창기에 우리 일에 연루된 사람들 중에는 비리 FBI 요원까지 있었다. 한번 절도를 눈감아주는 대가로 그에게 500달러만 상납하면 되었다. 심지어 내 동료 중 한 명은 그의 추천으로 FBI 아카데미에 입학까지 했으니 뇌물에 대해 내가 그다지 큰 부담이나 거부감을 갖지 않은 것도 무리는 아니다. 하지만 나는 쉽게 버는 돈과는 인연이 없었다. 골치 아픈 사건에 얽히는 것도, 남과 다투는 것도 싫었다. 솔직히 돈 모으는 것과 성공하는 것 자체는 좋아했지만, 너무 쉽게 벌어들이는 돈에는 비도덕적인 방법이 개입되는 경우가 많았다. 진실성과는 거리가 먼 것이다. 나는 남에게 비난받을 행동을 함으로써 느껴야 하는 자책감이 싫었다.

한번은 이런 일도 있었다. 다른 때보다 더 큰 건수를 올린 친구의 현금 9만 달러를 함께 세주고 있었다. 그 친구가 번 돈이었고 그가 주도한 사기였지만 나는 그 거액이 불편했다. 그런 식으로 한꺼번에 돈을 벌었다는 게 믿기지 않았고, 옳지 않다는 생각만이 머릿속에 맴돌았다. 다음 날로 그 친구는 새 BMW를 뽑아서는 남부로 내려가 엄청난 양의 마약을 옮겨오기 시작했다. 그가 남쪽으로 떠날 준비를 할 때마다 나는 물었다. "얼마나 오랫동안 이 짓을 하려고 그래?" 내 눈에 비친 친구의 얼굴은 점점 더 탐욕에 불타고 있었다. 나는 그가 조만간 경찰에 꼬리를 잡힐 것 같았고 죗값을 치르게 될 것만 같아 불안했다. 그때마다 그는 이렇게 말하곤 했다. "이번 한 번만이야. 이게 진짜 마지막이라고." 물론 이 '마지막'은 연기되고 연기되어 그 친구는 결국 경찰에게 붙들리고 말았다. 나는 이 모든 사건에서 한 발짝 비껴 서 있으려고 했다. 적어도 내 생각은 그랬다. 나는 절대 물건을 훔친 적도 없고 누구에게 상처를 준 적도 없었다. YMCA 여름 캠프에서 재미 삼아 조금 했던 것 빼고는 마약을 판 적도 없었다. 감옥에 갇히는 상상을 하면 저절로 이 모든 유혹을 떨쳐낼 수 있었다. 내 인생을 철창 속에 저당 잡히고 싶지는 않았다.

그러다 내가 올바른 길로 완벽하게 돌아설 계기를 만들어주는 사건이 벌어졌다. 어느 날 밤 나는 친구 셋과 함께 총 두 대를 소지한 채 차를 타고 어디론가 향하고 있었다. 갑자기 경찰이 차를 세웠고 우리는 누가 봐도 수상쩍은 네 명의 흑인 녀석들인 데다 총까지 갖고 있었다. 경찰서로 연행되는 것은 불 보듯 뻔한 일. 어머니가 나를 데리러 경찰서로 달려오셨다. 어머니의 눈동자를 보자, 내가 어머니를 얼마나 마음 아프게 만들었는지 알게 되었다. 어머니를 아끼는 만큼 다시는 그와 같은 경험을 안겨드리지 않겠다고 나는 다짐에 다짐을 했다. 나는 어머니를 아주 많이 사랑하고 있었으니까. 어머니가 실망하는 모습을 다시는 보고 싶지 않았다. 또한 계속해서 문젯거리만 만들 만큼 내 인생에 시간적 여유가 많은 것도 아니라는 사실을 그때 깨달았다.

학교에 다니며 합법적인 방법으로 돈벌이를 하는 것만으로도 너무나 바빴다. 또한 법망을 피해가며 사기꾼 놀이를 하는 건 내 인생에 아무런 도움이 되지 않았다. 사실 나는 합법적인 것이나 불법적인 것이나 돈벌이 자체에서는 큰 차이가 없다는 것도 비교적 일찍 깨닫고 있었다. 프라이드치킨 가게에서 일하면서도 마약중개꾼만큼 보수를 받는 친구도 있었으니까. 단지 차이가 있다면 짜릿한 흥분이 어디에 더 많은가 하는 점인데, 나는 불법적인 방법이 아니더라도 충분히 짜릿함을 얻을 수 있었다. 정직한 돈과 음악과 여자 친구들만으로…….

장담하건대 나는 거칠게 자랐지만 본질적으로 순수하고 착한 아이였다. 다만 나는 매사에 최선을 다하는 성격이었다. 뭔가 잘해보고 싶다면 전력을 다해 완전히 몰입해야 한다는 게 내 사고방식이었다. 그게 차를 훔치는 일이건 마약을 파는 일이건 저임금의 시간제 아르바이트건 관계없이 100퍼센트 집중해야 했다. 할 만한 가치가 있다고 판단되는 일이라면 지나치다 싶을 정도로 열심히 파고드는 것이 내 사고방식이었다. 중요한 것은 무엇이 가치 있는 일인가 하는 점이다.

나는 남이 부러워하는 것, 소중하게 생각하는 것에 관심이 컸다. 그만큼 욕심도 많았다. 고등학교 1학년 때 퍼스트 보스턴(First Boston) 은행에서 말단 사환으로 아르바이트를 했는데 그 경험은 내게 큰 자극이 되었다. 학교에서 추천하는 산학 협력 프로그램을 통해 얻은 일자리였는데, 근무 조건은 일주일 동안 학교 수업을 받고 그 다음 일주일 동안에는 맨해튼 중심가에 있는 본사에서 일을 하는 것이었다. 투자은행의 모든 걸 배우겠다는 야심찬 기대를 품고 택한 일이었지만 사실 나 같은 애송이 아르바이트생에게는 그런 생각조차 사치였다.

그곳에서 우편물을 분리하는 일을 하고 있던 30~40명의 일꾼들을 보면서 확실한 교훈을 하나 얻을 수 있었다. 그들 중에는 내가 홀리스에서 동고동락해온 친구들처럼 껄렁껄렁한 타입도 있었고, 야심을 갖고 언젠가는 진정한 퍼스트 보스턴의 일원이 되려는 마음으로 일하는 월스트리트 타입도 있었다. 그리고 이 일을 하지 않으면 뭘 해야 할지 모르는, 앞으로 어떻게 살아야 할지 모르는 불분명한 사고방식의 소유자들도 있었다. 물론 어디서나 만날 수 있는 인생 낙오자들 역시 이 무리 속에 상당수 섞여 있었다. 그들과 함께 일하면서 나는 절대로 쉰 살이 되어서까지 하류 인생으로 남아 있지는 않겠노라는 결심을 하고 또 했다.

우편배달 일을 하면서 나는 주위 사람들로부터 많은 것을 배우려고 노력했다. 그들이 일하고 있는 사무실을 두루 다니며 그들이 어떤 태도로 일에 임하는지, 나 같은 일개 우편배달부와도 똑바로 눈을 맞춰주는지 등을 유심히 살폈다. 자기보다 낮은 위치에 있는 사람을 어떻게 다루는지를 보면 그가 어떤 사람인지를 파악할 수 있다고 생각했다. 그리고 나중에 내가 혹시라도 부하직원을 두게 되면 그들과 눈을 맞추며 응대하겠다고 마음먹었다. 그것이 사업을 잘하는 사람의 기본이라는 것을 깨달았기 때문이다. 나로서는 중대한 공부를 한 셈이다.

내가 알고 지낸 우리 동네 사람들 대부분은 야망도 포부도 없는 하류 인생이었지만 내 눈높이는 언제나 저 높은 곳을 향하고 있었다. 어느 정도 기반을 잡을 때까지는 어쩔 수 없이 편법으로 돈을 벌어야겠지만, 언젠가는 누구에게나 인정받는 진정한 사업가로 거듭나겠다고 결심했다.

트럼프 타워에서의 굴욕(?)

퍼스트 보스턴 은행에서 일하면서 가장 근사했던 경험은 최고의 부동산 재벌 도널드 트럼프(Donald Trump)에게 우편물을 배달한 일이다. 트럼프 그룹의 CEO가 되고 싶은 인재들의 서바이벌 리얼리티 프로그램 '어프렌티스(The Apprentice)'가 방영되기 훨씬 전이었지만 그는 내가 고등학생이던 그 무렵에도 누구나 아는 거물급 인사였다. 그는 돈과 권력이 있으면 뉴욕 같은 대도시에서 얼마나 행세하며 살 수 있는가를 몸소 보여주는 대표적인 인물이었다. 그는 내가 생각해온 성공의 상징이었다.

어느 날 아침 내 배달 리스트에서 그의 이름을 본 나는 그를 직접 만나봐야겠다고 마음먹었다. 이유는 간단했다. 이 사람에게는 홀리스에 사는 누구에게서도 찾아볼 수 없는 카리스마가 있었으니까. 그의 자동차나 보트, 비행기나 빌딩도 물론 훌륭해 보였지만 나는 도널드 트럼프라는 인물 자체에 더 관심이 갔다. 그가 나와 같은 퀸스 출신이라는 동질감도 한몫을 했다. 과연 무엇이 지금의 이 사람을 있게 했는지 내 눈으로 직접 확인하고 싶었다.

특히 그가 부동산으로 입지를 확고히 다졌다는 점에서 큰 매력과 호감을 느꼈다. '빌딩이란 게 다 그렇고 그렇지'라고 생각할 수도 있지만, 고층 빌딩을 하나씩 지어가면서 매번 각각의 빌딩에 그가 하듯이 새롭고 특별한 개성을 부여하는 건물주는 별로 없다. 건물에 커다랗고 굵직한 글씨로 자기 이름을 새겨놓아서가 아니다. 그에게는 그 이상의 독특함이 있었다.

나는 트럼프 타워에 간 김에 꼭 건물주를 만나보리라 작정했다. 그의 집무실로 통하는 전용 엘리베이터 쪽으로 걸어가는데 번쩍거리는 검정 양복을 입은 거구의 경호원들과 마주쳤다. 나는 '할 수 있어' 라는 자신감으로 그들에게 다가가 도널드 트럼프 씨가 직접 사인하지 않으면 소포를 전달할 수 없다고 했다. "트럼프 씨에게 전달해야 할 아주 사적이고 중요한 물건이거든요."

벽돌이라도 씹어 먹을 듯 건장한 그 남자들은 눈을 번뜩이며 나를 저지했고, 나는 결국 도널드 트럼프를 만나지 못하고 말았다. 실은 그 당시 트럼프 타워 바닥이 어찌나 미끄러웠던지 나는 마치 볼링 레인을 따라 굴러가는 공처럼 문 밖으로 가볍게 끌려 나갔다. 굴욕이라면 굴욕이랄 수 있는 상황이었지만, 이상하게도 나는 '괜찮아, 다음엔 만날 수 있겠지' 하는 생각으로 돌아설 수 있었다.

훗날 후부를 히트시킨 다음, 도널드 트럼프(맨 왼쪽)와 두세 번 식사를 함께했다. 사진의 오른쪽에 있는 사람은 우리 흑인 커뮤니티의 영원한 동반자 러셀 시몬스다. 그는 내가 퀸스를 떠돌다 발견한 첫 번째 부자로서, 내게 마약을 팔지 않고도 부자가 될 수 있다는 걸 가르쳐준 사람이다.

02

나는 내가 미쳐 있는 것에
대한 확신이 있다

'우리를 위한, 우리에 의한' 패션 브랜드 후부의 탄생

불쑥 튀어나온 말이 '우리에 의한, 우리를 위한'('By Us, For Us')이었다. 무슨 얘기 끝에
이 말이 나왔는지는 기억도 안 나지만 나는 이 말이 무척이나 맘에 들었다. 우리에 의한, 우
리를 위한……! 그렇다. 우리 제품을 공급받을 시장은 바로 우리 자신이었다.

처음으로 참여한 박람회장에서 팔린 5,000장 남짓한 티셔츠는 우리 회사 역사에 길이 남을 전설이다. 우리가 어떤 제품을 선보이건 사람들은 환호하고 열광해주었다.

꿈을 품고 스무 살을 훌쩍 넘겼지만 나는 열다섯 살 때와 다름없이 배가 고팠다. 어느 날 문득 돌아보니 내 생활은 예전과 달라진 게 하나도 없었다. 여전히 홀리스를 벗어나지 못했고 이렇다 할 직업도 없이 이것저것 잡다한 일자리를 전전하고 있었으며, 비슷한 처지의 친구들과 술이나 마시고 다니며 앞으로 뭘 해서 떼돈을 벌 수 있을지 궁리만 하고 있었다. 내 인생은 쳇바퀴 안에서만 맴돌 뿐 발전의 기회를 찾지 못하고 있었다.

이미 동네 친구들은 뿔뿔이 흩어진 상태였다. 몇몇은 대학에 진학했고 몇몇은 다른 동네로 이사했으며 또 몇몇은 일찌감치 감옥에 들어갔고, 하물며 세상을 뜬 친구들도 있었다. 그렇지만 칼과 제이, 키이스와는 계속 돈독한 관계를 유지하고 있었다. 칼은 어느 공장에서 일하고 있었고 제이는 해군에 입대하여 걸프전에 참전 중이었다. 키이스도 시내에 있는 아파트 몇 채의 관리인으로 일하고 있었지만, 나는 별 진전 없이 그 자리에 머물러 있었다.

　나는 내가 뭐든지 다 알고 있다고 자신했지만 사실은 배워야 할 게 너무나 많았다. 사고 자동차 인수 사업을 계속하고는 있었지만 현상 유지만 겨우 할 뿐 큰 재미는 없었다. 처음에는 돈을 많이 벌 수 있을 거라는 기대를 갖고 이 일을 시작했지만 차츰 큰 문제만 안 생기면 족하다는 쪽으로 생각이 바뀌고 있었다. 감옥에 잡혀 들어가지 않는 것만으로도 평균은 넘는 동네에 살다 보니 너무 무사안일해진 것이다. 물론 그 당시엔 내가 그렇게 변했다는 걸 깨닫지도 못했고, 지금에서야 그런 생각이 드는 것이다.

나는 미치도록 성공하고 싶었다

법망을 피해 가며 음지에서 돈을 버는 일은 아무래도 심적 스트레스가 컸다. 나는 소위 정직하고 올바른 일로 돈을 벌면서, 다른 한쪽으로는 편법 사기 영업도 겸하고 있었다. 그러다 보니 하루하루가 전쟁이었고 늘 돈을 모으느라 바빴다. 비록 내가 직접 훔친 물건은 아닐지라도 그 뒤처리를 위해 스물네 시간 대기 상태로 있어야 했다. 두말할 나위 없이 생활은 삭막하고 건조했다. 물론 그 일을 해서 떼돈이라도 벌 수 있었다면 도덕적 죄의식이나 혼란 따위를 신경 쓰지 않았을지도 모른다. 하지만 그렇지가 않았다.

　스트레스가 극에 달하자 나는 다른 곳으로 눈을 돌렸다. 한동안은 용돈벌이를 위해 자잘하게 사기를 쳤다. 내가 이 일을 여기서 언급하는 이유는 내가 얼마나 수준 미달이었는지 얼마나 절망적인 인간이었는지를 적나라하게 내보이고 싶어서다. 해서는 안 될 짓을 하면서도 내가 체포되어 어머니가 실망하는 얼굴을 보게 될까 두렵고 걱정스러웠다. 그런 상상을 하면 정말 죽고 싶었다. 내가 그나마 완전히 빗나가지 않았던 것은 어머니 덕분이었다.

나는 크게 벌 받지 않을 만한 일, 즉 감옥에서 오래 썩지 않을 정도의 일이면 즉각 실행에 옮겼다. 예를 들어 1달러 지폐 한 무더기의 귀퉁이를 잘라서 20달러 지폐의 모서리와 바꿔 붙인 뒤 진짜 20달러 지폐들 사이에 섞어 전부 20달러처럼 보이게 하는 속임수를 썼다. 이렇게 만든 위조 지폐를 길거리 노점이나 구멍가게에서 사용했다. 물론 조마조마한 마음으로 제발 들키지 않기를 기도하면서……. 사실 이 범죄 수법의 원조는 내가 아니다. 고등학교에 입학한 지 얼마 안 되었을 때 동네 앞 상가에 있는 팝콘 가게에서 아르바이트를 했는데 그때 어떤 멍청한 녀석이 가짜로 만든 20달러 지폐들을 가져와서 나를 속이려 한 적이 있었으니까.

그때 나는 '나라면 좀 더 고차원적인 위조지폐를 만들어낼 수 있을 거다'라고 확신했다. 내 수법이 먹힌 데는 이유가 있었다. 나는 상태 좋은 20달러 지폐를 한 귀퉁이만 잘 뜯어내고는 모아두었다. 그러고는 그 귀퉁이 뜯긴 지폐를 식품점 같은 데서 사용하면 아무도 찢어진 부분에 크게 신경 쓰지 않고 순순히 받아주었다. 그리고 20달러 지폐의 잘린 조각들이 충분히 모이면 1달러 지폐 귀퉁이와 바꿔 붙여 얼핏 보기에 20달러로 보이도록 변신시킨 것이다. 여러 장을 만들어보니 이것도 꽤 쏠쏠했다. 핫도그 노점상에서 콜라를 사 먹으면서 아저씨에게 가짜 지폐를 내밀 때마다 아저씨가 너무 바빠서 눈치 채지 못하기를 간절히 빌었다. 길거리 꽃가게에서 유용하게 써먹은 적도 있다. 어버이날이나 발렌타인데이같이 사람들이 미친 듯이 꽃가게로 몰려드는 날에는 위조지폐로 속임수 쓰기가 식은 죽 먹기였다. 한 송이에 1달러짜리인 장미를 파는 남자에게 20달러 위조지폐를 주고는 장미는 물론 잔돈까지 챙긴 뒤 들키기 전에 꽃 포장지를 벗겨버리고는 잰걸음으로 도망치면 되는 거다. 가끔은 비싼 운동화를 사기도 했는데 그럴 때면 맨 위에 진짜 20달러짜리를 올려놓고 위조지폐 3장을 중간에 끼운 뒤 맨 아래에 다시 진짜 지폐를 깔아서 점원에게 내밀면 두말할 나위 없이 무사 통과! 거스름돈까지 덤으로 얻을 수 있었다.

1달러를 투자해서 평균 16달러 내지 18달러의 이윤을 남기는 재미도 컸지만 꽃이나 중국 음식, 콜라까지 덤으로 얻을 수 있어서 좋았다. 이를테면 그런 물건들은 귀여운 보너스인 셈이다. 가끔 속임수가 들통 날 듯하면 시치미를 떼고 잽싸게 내빼면 그만이었고 최악의 경우에도 알리바이는 준비되어 있었다. 경찰에 잡힌다거나 설상가상으로 어머니에게 들킨다는 가정은 필요 없었다. 단지 양심의 가책만이 필요했지만 슬프게도 그 당시에는 그런 생각 자체가 사치였다.

감옥에 가거나 거지 소굴에 머물거나?

놀라운 통계 결과를 하나 소개하려고 한다. 나를 포함한 내 친구들과도 전혀 무관하지 않은 통계 결과라서 더욱 관심 있게 지켜본 것이다. 1995년 통계에 의하면 미국에 사는 20대 흑인 청년 중 대학생을 제외한 나머지의 16퍼센트가 감옥에 들어가 있었다. 10년 뒤 그 비율은 무려 20퍼센트를 넘어섰다. 최근에는 고졸 학력의 30대 흑인 전체 가운데 삼분의 일 이상이 수감 생활을 경험했다는 통계가 나왔고 고등학교 중퇴자들의 60퍼센트 이상이 복역 중이라는 것. 더 놀라운 조사 결과는 캘리포니아 주 버클리 대학의 최근 보고서에 의해 밝혀졌는데, 어느 한 날짜를 무작위로 선택해서 조사했을 때 고등학교를 중퇴한 20대 후반의 흑인 남자 가운데 감옥에 갇혀 있는 인원수가 일하고 있는 인원수보다 많다는 것이다(전자가 34퍼센트, 후자가 30퍼센트의 비율이었다).

그 통계가 정확하다면 나는 역경을 딛고 일어선 입지전적 인물인 셈이다. 미국의 흑인 남자들은 상대적으로 백인 남자들에 비해 교육 수준이 현저히 낮고, 특히 도시에서는 그 차이가 더 크고 수감 확률도 훨씬 더 높다. 이 통계 숫자는 인종차별주의, 자녀에 무관심한 흑인 부모, 교육에 가치를 두거나 정직한 행동에 상을 주는 것과는 거리가 먼 흑인 사회의 낮은 문화 수준을 꼬집는 것이다. 하지만 통계 결과는 내 맘에 들지 않았다. 적어도 나와 그 멍청한 숫자 놀음을 연관시킬 수 없었다. 내가 자란 열악한 환경은 나를 그 낙오자 그룹에 포함시키기에 충분한 조건이었지만, 나는 우리 동네 대부분의 녀석들처럼 그릇된 길을 선택할 정도로 미련한 놈은 아니었으니까. 나는 남보다 더 나은 인생을 살고 싶었다. 미치도록 성공하고 싶었다.

린든 존슨(Lyndon Johnson) 전 대통령이 했던 1965년 하워드

(Howard) 대학 졸업사 중 한 구절을 최근에 우연히 접하게 되었는데 그 내용은 그의 표현을 빌면 '미국의 검둥이'가 처한 곤경에 관한 것이었다. "흑인 사회의 대부분이 역사와 환경의 장막에 덮여 소외되고 있습니다. 그렇지만 그 장막의 한쪽 모서리만을 들춘다고 문제가 해결되지는 않습니다. 만약 우리의 친구이자 동료인 이들을 사회적 제약으로부터 해방시켜주려 한다면 우리는 장막의 양쪽 끝을 붙잡고 장막 전체를 들어올려야 합니다."

지금 보니 마음에 와닿는 이야기다. 하지만 이런저런 일로 방황하던 젊은 시절에는 동지들의 해방 어쩌구 하는 것에는 관심이 없었다. 다른 흑인 젊은이들에게 긍정적인 영향을 끼치는 일에도 관심 없었다. 내 머릿속에는 그저 빨리 내 걸 챙겨서 가난한 거지 소굴에서 벗어나야겠다는 생각뿐이었다.

얼마 후 변화가 찾아왔다. 감옥에 가지 않는 것만이 능사는 아니라는 걸 느끼게 되었고, 내가 어떤 인간이 되어가고 있는지, 내가 어떤 선택을 하고 있는지에 마침내 관심을 갖게 된 것이다. 고등학교를 졸업하고 1년 정도가 지난 뒤 나는 인생을 똑바로 살아야겠다고 결심했고, 위조지폐 사용이나 도난차량 유통 같은 사기 행각에 종지부를 찍었다. 그리고 바다가재 레스토랑 체인점 '레드 로브스터(Red Lobster)'에 취직했다. 예전에도 늘 일을 하긴 했지만 이번에는 한 단계 업그레이드된 일자리였다. 정직하게 돈을 벌면서 명예롭게 살고 싶은 내 바람을 채워주는 직장이랄까. 물론 바다가재 레스토랑이 최선의 선택은 아니었다.

사실 식당 일을 하면서 대학 진학을 꿈꾸기란 어려웠다. 생활비를 대는 것만으로도 힘에 부쳤기 때문에 거액의 학비 충당은 무리였다. 어쨌든 나는 할 수 있는 한 충분히 많은 돈을 벌어야 했고, 그만둘 때 그만두더라도 그 순간까지는 안정적으로 일할 수 있는 자리가 필요했다. 퇴근할 때 남은 일거리를 싸 가지고 돌아가는 대신 맛있는 새우튀김을 챙겨 갈 수 있었으니 레드 로브스터는 여러 모로 완벽한 일터였다. 처음에는 주방 보조였다가 얼마 뒤부터는 웨이터로 자리를 옮겼는데, 다들 알다시피 홀 서빙은 팁이 쏠쏠하기 때문에 일하는 재미가 더 컸다.

동시에 부업 하나를 더 했다. 중고 밴을 한 대 구입해서 밤마다 내 나름대로 정해놓은 노선으로 소위 셔틀 영업을 한 것이다. 어렸을 때 어머니와 함께 했던 방식 그대로의 일이었다. 일하지 않는 나머지 시간에는 내 또래의 남자애들이 흔히 그랬듯이 예쁜 여자애들을 따라다니기도 하고… 어쨌든 예전의 문제아 같은 짓은 피하려고 무던히 노력했다. 그렇게 전반적으로는 예전에 비해 꽤 성공적으로 자세를 잡은 생활이 시작되었다. 하지만 장기적인 안목에서 생각하면 과연 서른 살이 되어서도 바다가재 접시를 나르고 밴을 운전하는 삶이 만족스러울 것인가 하는 의문이 있었다. 다른 어느 때보다 나은 삶을 살고 있었지만 이런 일을 영원히 할 수는 없지 않겠는가 하는 고민이, 스무 살 그 무렵부터 시작된 것이다.

힙합 보이, 보따리 장사를 시작하다

고등학교 졸업 후에도 힙합은 여전히 우리들의 생활에서 큰 부분을 차지했다. 힙합을 위해 살고 힙합을 위해 죽는 우리였으니, 힙합은 단순한 사운드 트랙이 아니라 우리 삶의 메인 테마나 마찬가지였다. 주말이면 좋아하는 가수들의 순회공연을 보러 다니곤 했다. 되도록이면 씀씀이를 줄이려고 했기 때문에 매주 공연을 보러 가지는 못했지만, 그래도 늘 달력에 공연 날짜를 표시해놓고 그날을 기다리는 낙이 있었다. 게다가 이런 공연들은 단지 우리의 열정을 분출하거나 스트레스를 날려버리는 장소가 되어줄 뿐만 아니라 새로운 사업장으로도 요긴했다.

가수들은 집을 떠나 멀리까지 응원 온 소년 팬들이 아르바이트 삼아 하는 용돈벌이를 그리 개의치 않았기 때문에 내가 아는 많은 녀석들이 콘서트장 바깥에서 티셔츠 장사를 벌이곤 했다. 한동안 내가 주력한 일은 청바지나 파카, 운동화 같은 아이템 가운데 뉴욕 스타일 옷가지들을 사재기하는 일이었다. 간혹 뉴욕에서 조금이라도 벗어난 변두리 지방에 가면 내 옷이나 신발을 본 그곳 아이들이 그 자리에서 당장 사겠다며 성화를 부리곤 했다. 뉴욕과 멀리 떨어진 곳에서 살고 있는 그 애들은 우리의 힙합 문화에 동참하는 가장 쉬운 방법으로 '옷차림 따라 하기'를 선택한 듯했다.

이런 일을 처음 겪은 나로서는 흥분을 가라앉힐 수가 없었다. 어떤 애는 내가 입고 있는 보머 재킷(bomber jacket)*을 사겠다며 현금을 뭉텅이로 내놓았다. 얼핏 계산해봐도 돌아가서 똑같은 옷 두 벌은 살 수 있는 금액인 것 같아 그 자리에서 재킷을 벗어주었다. '좋아, 이 애가 내 재킷을 이렇게 간절하게 원하는 걸 보면 아마 다른 누군가는 내 운동화

*허리선까지만 닿는 짧은 길이에 허리 부분이 잘록하게 들어간 재킷

나 청바지를 원할 거야!' 그 순간 나는 당장 옷 장수로 변신하기로 결정했다. 내가 입은 옷은 애틀랜타나 올랜도, 캔자스시티 또는 그 어디서도 발견하기 힘들 거란 생각에 순회공연장에 따라가기 전이면 항상 두세 벌씩 여유분 옷을 챙기기 시작했다. 그러다가 나중에는 아예 판매용 제품들을 여행 가방 두세 개에 꼭꼭 쟁였다가 공연 시작 전에 주차장에 전부 옮겨놓고 팔기에 이르렀다. 퀸스 출신이라는 게 이런 때 도움이 될 줄이야!

트렌드를 알면 비즈니스가 즐겁다

우리가 만드는 흑인 특유의 힙합 트렌드가 미국의 나머지 지역에 골고루 전파될 수 있으리라는 희망적인 기대로 나는 근사한 사업 계획을 세울 수 있었다. 실제로 힙합이 전 미국을 강타하자 힙합 시장 역시 그 박자에 따라 전성기를 맞았다. 주말마다 이리저리 공연장을 뛰어다니면서 이 취미가 사업이 될 수도 있겠다는 생각을 품게 되었다.

여기에는 완벽한 공식이랄까 법칙 같은 게 있었다. 음악이나 패션 또는 라이프스타일과 연관된 아이템 등이 뉴욕에서 히트를 치면 두 달 뒤에는 전국 방방곡곡에 그 유행이 번지게 된다. 일단 워싱턴DC, 필라델피아로 건너간 유행은 애틀랜타나 올랜도 또는 마이애미를 거쳐 디트로이트 또는 내슈빌 또는 시카고로 이동할 가능성이 높다. 또는 아예 로스앤젤레스에서 갑자기 터져나와 라스베이거스나 휴스턴, 캔자스시티를 거쳐 동쪽으로 퍼질 수도 있다. 그리하여 그 트렌드가 미국 중부 깊숙한 시골까지 도착하는 시점은, 그것을 대신할 새로운 트렌드가 대도시에서 이미 화제로 떠오르는 시점과 맞물리는 것이다. 미국 지도를 펼쳐놓고 생각하면 고개를 끄덕이게 되는 단순하고 쉬운 논리다.

휴대전화와 실시간 스트리밍(streaming) 비디오, 무선 인터넷 같은 첨단 과학 제품이 대중화된 요즘 같은 때에도 뉴욕과 로스앤젤레스, 그리고 나머지 도시들 사이에는 어느 정도 시간차가 있다. 무슨 일이든 즉석에서 처리할 수 있는 무선 통신의 시대라지만, 그렇다고 해서 그 모든 일이 미국 전역에서 동시에 일어나지는 않는 것이다. 그러니 신인 가수에 대한 열광이나 새로운 트렌드의 유행이 도시에서 중부 시골까지 이어지려면 더더욱 지역에 따른 시간차를 요한다. 그래서 입소문과 대중적인 호응을 기반으로 서서히 붐을 일으키는 고전적인 마케팅 공식이 아직도 적용되는 것이다.

오하이오 주 콜럼버스에 사는 아이들도 뉴욕이나 로스앤젤레스에 사는 아이들과 마찬가지로 유행의 첨단을 걷고 싶어한다. 그들은 다만 유행하는 물건을 손에 넣기까지 시간이 좀 더 걸릴 뿐이다. 우리 입장에서야 그들의 레이더에 포착되기만 한다면, 그리고 내가 그 물건을 제일 먼저 그들에게 팔기만 한다면 돈은 벌리기 마련이다. 그 물건이 무엇인가는 상관없다. 콜럼버스에서건 어디서건 쉽게 구하기 힘든 것, 새롭고 인기 좋은 것이면 된다. 그런 물건이야 언제든 있는 법이니까. 그리고 그것을 최초로 보급시킬 수만 있다면 이변이 없는 한 성공은 보장된다. 후부를 시작으로 그 이후에 내가 진행한 모든 사업에는 바로 이런 지론이 깔려 있다. 트렌드의 선봉에 서는 것은 아주 중요하다. 그리고 즐겁다.

예전 그 시절로 돌아가보면, 그때 내가 꽤 재미를 보고 판 보머 재킷은 뉴욕에서는 너나없이 입고 다니는 옷이었다. 아디다스의 트레이닝복도 마찬가지였고. 나는 당시 뉴욕에서 유행하는 건 뭐든지 힙합 가수들의 순회공연장에 가져갔고 지방 아이들은 그 옷을 보는 즉시 그 자리에서 사고 싶어했다. 물론 내가 뉴욕에서 구입한 가격의 두 배 또는 세 배까지 기꺼이 내겠다고 난리였다. 바보가 아니고서야 이런 상황에서 사업 기회를 포착하지 않을 수 있을까?

나는 일단 소규모 보따리 장사로 시작했다. 입고 있는 옷을 벗어 파는 것으로 사업을 시작했던 나는 얼마 뒤부터 여분으로 재킷 두세 점, 청바지 두세 점, 상하 세트로 된 트레이닝복 네다섯 벌 정도로 상품 구성을 넓혔다. 가져간 옷 전부를 공연 시작 전에 다 팔 수 있으면 성공이었다. 충분한 재고량을 확보해서 출발하되 운반하기 쉬운 물건 위주로 고르는 게 관건이었다. 이탈리아 스포츠 용품 브랜드 필라(Fila)나 엘레세(Ellesse)의 운동화, 미국의 아웃도어 브랜드인 팀버랜드(Timberland) 제품들은 운반도 편하고 인기도 좋았다. 물건에서 태그(tag)를 떼지 않고 남겨놓으면 훨씬 더 비싸게 팔린다는 것도 알게 되었다.

또 하나의 관건은 뉴욕에서 얼마나 멀리 떨어진 곳으로 가는지를 잘 계산하는 일이었다. 어떤 종류의 옷에 수요가 있을지 예측할 수 있는 최고의 방법이니까. 나는 지난번 공연 때 그 동네 아이들이 원했던 게 뭔지 생각해낸 다음, 그때 가져갔던 옷과 같은 제품이 아니라 뉴욕에서 그 다음에 유행한 제품 위주로 아이템을 구성했다. 제일 크게 유행한 물건들은 효자 종목이라 해도 소량만 챙기는 것을 잊지 않았다. 마치 마약 밀매라도 하듯이.

　재미있는 장사이긴 했지만 진짜 사업가가 되려면 아직 가야 할 길이 멀었다. 아르바이트를 조금 전문적으로 한 수준이랄까? 트럭으로 물건을 떼다가 대량 판매를 한 것도 아니고 단지 내 밴으로 실어나를 정도만 팔아서 다음 여행의 장사 밑천을 벌어들였을 뿐이다. 게다가 나는 옷 파는 일에 나의 시간을 전부 다 쏟아붓고 싶지는 않았다. 그때만 해도 나는 파티를 원한 것이지 장사가 목적은 아니었다. 순회공연을 따라다니는 주된 목적을 되찾기 위해 나는 균형을 잡기로 했다. 나는 자동차 기름값이랑 식비를 빼고 약간의 용돈을 남길 만큼만 물건을 팔았다. 그 정도가 딱 좋았다.

그건 그렇고, 아르바이트로 시작하다 나중에는 전업으로 삼은 '밴 운전사' 노릇 또한 골칫거리였다. 온갖 교통 범칙금에 자잘한 부품 수리비까지……. 밴 한 대가 돈 먹는 기계나 다름없었다. 교통경찰은 또 왜 그렇게 나만 따라다니는지. 어머니는 나처럼 골치 아프게 이 일을 했던 것 같지 않은데 나랑 그 녀석들은 전생에 무슨 악연이라도 있었던 걸까. 이미 말했다시피 나는 허가를 받고 합법적으로 영업하는 택시 운전사가 아니었다. 물론 나는 운전면허도 있었고, 나의 밴이 무적 차량이었던 것도 아니지만 도심의 버스 정류장을 오가면서 요금을 받고 손님을 태우도록 되어 있지는 않았기 때문에 자주 딱지를 떼이곤 했다. 딱지의 이유는 대부분 과속이었다. 되도록 빨리 여러 곳을 운행해서 더 많은 돈을 벌기 위해 나는 거의 미친 듯이 가속 페달을 밟았다. 잘 벌어야 하룻밤에 300달러 정도를 벌었는데 어떤 때는 범칙금으로 2,000달러를 얻어맞기도 했다. 그뿐만 아니라 기름값에, 보험에, 수리비로 들어가는 돈을 빼고 나면 어림잡아 일주일에 고작 200달러에서 300달러 정도가 순이익으로 남았던 듯하다. 오해의 소지를 없애기 위해 말하는데 절대 이 돈이 별것 아니었다는 뜻이 아니다. 단지 잃는 게 많은 일이라는 단점에 비하면 충분치 않았다는 말이다.

시간에 쫓기는 것도 죽을 맛이었다. 일찍 출근하는 사람들을 태우기 위해 새벽 5시면 운전대를 잡아야 했고 밤에도 10시 또는 11시까지 차를 몰았다. 낮에는 '나를 위한 시간'이라는 이름으로 두 시간 정도를 할애해서 친구들과 어울리거나 부족한 잠을 보충했지만, 하루하루가 너무 고단해서 결국 이 일만 본격적으로 한 지 3년 만에 그만둬야 했다. 휴식이 필요했던 나는 다시 레드 로브스터에 입사했고 그것이 내 주업이 되었다.

밴 영업에 비하면 레스토랑 일은 식은 죽 먹기나 다름없었다. 웨이터 노릇이 좀 바쁘기는 했지만 스트레스는 제로에 가까웠다. 경찰을 재수없다고 생각할 필요도, 피해다닐 필요도 없었고 아예 길에 나갈 일이 적으니 멋지게 튜닝한 고급 차를 보며 배 아플 일도 없었다. 근무 기간이 길어지고 좀 더 깊숙이 일에 몰입될수록 나는 결코 책상 앞에 앉아서 일하는 사무직 체질은 아니라는 사실을 깨닫게 되었다. 웨이터 일이 재미 있었고 그 활동적인 움직임이 즐거웠으며, 근무 교대를 할 때마다 만나는 동료들과 그로 인한 변화 등 모든 게 신났다. 물론 평생 웨이터로 먹고살겠단 생각은 없었지만, 내가 한 자리에 붙박이로 앉아서 일하지 못하리란 걸 알고 있었기 때문에 당분간은 그 자리를 유지할 작정이었다.

틀에 박힌 생활은 내 전공이 아니었다. 매일 똑같은 일터를 향해 같은 시각에 통근 버스를 타는 사람들을 나는 이해할 수가 없었다. 매일 같은 책상머리에 앉아서 비슷비슷한 서류를 주고받다가 정해진 날짜가 되면 일정한 월급을 받는 건 마치 다른 사람의 꿈을 이뤄주기 위해 인생을 허비하는 지루한 짓으로 보였으니까. 내가 아는 사람들 대부분이 그런 직장에 들어가려고 동분서주하는 걸 보면서도 내 사고방식으로는 그들의 성향에 동조할 수 없었다. 그건 내가 교육을 제대로 받지 못하고 자라서도 아니고 뉴욕 시내에 있는 그 어떤 사무실 책상에도 앉아보지 못해서가 아니었다. 나는 단지 매일 같은 일상을 반복하면서 그걸 경력이라고 부르는 것 자체를 이해할 수 없었다.

성공을 꿈꾸는 것도 중요하지만 실행 가능한 계획을 짜는 것도 꿈꾸는 것 못지않게 중요하다. 하지만 그때의 나에겐 이런 말이 귀에 들어오지 않았다. 스물둘 혹은 스물셋 정도가 되자 레스토랑에 저녁을 먹으러 오는 어릴 적 동네 친구들을 많이 볼 수 있었다. 막 대학을 졸업하고 고향에 돌아와서 직장 생활을 시작한 친구들이었다. 내가 일하던 레드 로브스터는 이 친구들이 자주 놀러 오는 곳이라서 마주칠 기회가 많았다. 그들에게서 주문을 받고 음식 접시를 나르면서 나는 언제나 좀 난처하고 부끄러웠다. 나랑 같이 뛰놀고 파티를 열었던 녀석들, 함께 데이트도 했던 여자애들인데 그들은 대학을 졸업해서 회사에 다니고 나는 그들의 주문을 받아 새우튀김과 소스를 나르며 팁을 구걸하고 있는 것이었다.

처음엔 무심코 웃으면서 인사를 나누던 친구들이 놀라서 나를 다시 보곤 했다. 학교 다닐 땐 옷도 제일 잘 입고 모든 여자아이들의 선망의 대상이었고 모든 일에서 주도적으로 한몫을 하던 내가 바다가재가 그려진 우스꽝스런 유니폼을 입은 채 자기들에게 "소스 더 갖다 줄까?" 하고 묻고 있으니 말이다. 등 뒤로 그들의 웃음소리가 들리는 듯했지만 신경 쓰지 않으려고 애썼다. 그리고 이건 정말 자랑스럽게 말할 수 있는데, 그 애들 음식에 침은 뱉지 않았다. 마땅한 이유가 있을 때는 손님에게 내가는 음식에 종종 침도 뱉곤 했지만 아는 사람 음식에는 절대로 그런 짓을 하지 않겠다는 게 내 나름의 원칙이었다.

돈에 쪼들리긴 했지만 원하는 생활을 하지 못할 정도는 아니었다. 내가 스무 살이 될 무렵, 어머니는 집을 떠나 맨해튼으로 갔다. 나는 홀리스에 남아 제이, 키이스, 칼, 그리고 또 다른 두 명의 친구들과 함께 지냈다. 집은 난방도 잘 되었고 전기도 이상 없었다. 대출금과 세금도 잘 지불하며 나는 그 어느 때보다 잘 지냈다. 밤에는 밖에서 여자 친구들과 파티를 열기도 하는 비교적 안정된 생활이었다. 그때 우리 집은 마치 친목 동호회 장소 같았다. 고등학교 동창들의 비웃음은 친구들과 함께 술 마시며 다 풀어버렸다. 그리고 나는 새로운 성공을 목표로 칼을 갈았다.

하찮은 새우 한 마리의 힘

사업하는 사람이라면 꼭 알아둬야 할 마케팅 수칙 하나를 귀띔해주고 싶다. 레드 로브스터에서 일한 지 2년 조금 넘었을 때의 일이다. 윗사람들은 한 주에 한 번 정도 정기 직원 모임을 열어 새로운 홍보 전략과 특별 음료 메뉴 등에 관해 교육시키며 식당의 수준을 높이기 위해 노력했다. 사람이 몰려드는 저녁식사 시간 직전에는 보통 웨이터들을 한데 모아놓고는 숙지 사항을 재차 전달했다.

하루는 매니저가 우리를 집합시킨 뒤 참새우 마늘소스 요리에 대한 교육을 시작했다. 말하자면 일반 식사 주문에 대해서는 접시 위에 항상 열한 마리의 새우를 올리고 애피타이저로는 여섯 마리를 놓는 게 원칙이었는데 그날만큼은 열 마리랑 다섯 마리로 새우 수를 줄이라고 했다. 값은 그대로 놔두고 새우 수만 줄이면 본사에서 좀 더 많은 수익을 얻을 수 있다는 얘기였다.

참새우 마늘소스 요리에서 접시 하나당 새우를 한 마리씩 줄임으로써 전체 체인점에서 1년에 추가로 벌어들일 수 있는 돈이 무려 200만 달러였으니 가히 천재적인 아이디어였다. 이런 지시를 들었을 때 나는 고정 고객들이라면 금방 눈치를 채고 불평을 쏟아내리라고 생각했다. 그렇지만 아무도 새우 숫자가 줄어든 걸 알지 못했다. 정말 그 누구도 불평 한마디 없이 음식을 먹는 것이었다. 회사는 새우 한 마리를 눈속임함으로써 짭짤한 이득을 본 것이다.

일개 웨이터로 머물고 싶지 않았던 웨이터에게는 '하찮은 것도 큰 의미가 될 수 있다'는 교훈이 되어주었다. 너무나 기본적인 사실이지만 정말로 중요한, 새우 한 마리가 가져다준 가르침! 아, 그리고, 지금 막, 새우 한 마리 사건과 거의 같은 시기에 서

점가에서 벌어졌던 유사한 사건 하나가 떠올랐다. 그것 역시 아는 사람만 알 수 있는 미묘하고 기발한 속임수였다.

페이퍼백 서적들이 항상 4달러 95센트 아니면 5달러 95센트였던 때를 기억하는지. 당시 출판 업계의 오랜 관행은 책값 뒷자리를 95센트로 맞추는 것이었는데 문고판이 먼저 이 가격 관행을 깨뜨리면서 4센트를 올리자 뒤를 이어 페이퍼백 서적의 발행인들도 잃어버린 잔돈 4센트를 찾기 위해 책값 뒷자리를 99센트로 올려야겠다는 생각을 하게 되었다. 물론 해당 출판사의 주주들 말고는 아무도 책값의 변화를 알아차리지 못했다. 그리하여 전체적으로 책값 표준이 4달러 99센트 내지 5달러 99센트로 살짝 인상되었고 이 별것 아닌 4센트의 차이로 업자들은 수백만 달러의 가외 수입을 올렸다.

누가 뭐래도 새우 한 마리와 4센트는 하찮다. 하지만 큰 변화는 작은 시도에서부터 시작된다. 한 연구 결과에 의하면 의류 매장 한가운데에 편안한 의자 4개를 설치하는 것만으로도 매출 20퍼센트를 늘릴 수 있다고 한다. 이유는 듣고 보면 간단하다. 수많은 여성들이 남편이나 남자친구 또는 아이들과 함께 쇼핑을 하기 때문에 남자들이 쉴 수 있는 의자가 없으면 천천히 매장을 둘러보며 맘 놓고 시간을 가질 수 없다는 것. 여자들은 쇼핑하고 돈을 쓰는 데 남자들보다 더 많은 시간을 필요로 한다. 너무나 쉽지 않은가?

새우 한 마리 덜 서빙하는 것이나 알뜰한 독자들에게서 몇 센트 더 긁어내는 것, 그리고 사업 모델 자체에는 손을 대지 않으면서도 단골손님을 잃지 않고 수익을 높이는 방법을 모색하는 것… 생각하면 하나도 어렵지 않은 것들이다. 결론은? 큰 성과를 얻기 위해 반드시 대단한 변화가 필요한 건 아니라는 이야기.

나의 첫 번째 비즈니스 수업
'주인 없는 돈'을 찾아서

순회공연을 따라다니며 장사하는 동안 나는 슬슬 우물 안 개구리 신세를 벗기 시작했다. 가슴 속에선 야망이랄까, 욕심이랄까 하는 게 용솟음쳤다. 그건 '반드시 사업가로 성공해보리라'는 것이었다. 그때 내 눈에 보이는 건 오로지 주위에 떠다니는 '주인 없는 돈'이었다. 머리만 잘 쓰면 전부 내 것으로 만들 수 있을 것 같았다. 입고 있던 옷을 벗어 파는 건 아주 쉬웠다. 여분으로 몇 벌 더 실어다 파는 것 역시 머리가 없어도 할 수 있는 일이었다.

이 아이디어를 사업으로 발전시킬 궁리를 하던 내게 기똥찬 계기가 생겼다. 1991년 3월의 로드니 킹(Rodney King)* 사건이 그것이다. 이때 나는 '로드니 킹에게 자유를!'이라는 문구를 프린트한 티셔츠를 제작해서 밴에 한 보따리 싣고는 워싱턴DC의 시위 현장으로 향했다. 현

*1991년 3월 미국 LA에서 과속 운전을 하다 도주하던 흑인을 백인 경찰이 무차별 구타한 장면이 비디오로 촬영돼 TV에 나간 후 경찰관들이 기소됐으나 백인이 다수였던 배심원단이 무죄 평결을 내려 이에 분노한 흑인들에 의해 LA 폭동이 일어났고 결국 경찰국장까지 사임하는 등 미 전역을 충격으로 몰아넣은 사건

장에 모인 사람들에게 한 장에 10달러씩 받고 판매할 요량이었다. 여기서 하나 더 밝혀둘 것은, 이 아이디어의 임자는 내가 아니라는 점이다. 이미 친구들 대부분이 콘서트나 스포츠 행사가 끝나면 주차장에서 무허가로 티셔츠 장사를 해서 재미를 보고 있었다. 행사장 안에서 허가를 받고 판매되는 티셔츠의 딱 반값이었다. 그래서 나도 맨해튼에 있는 티셔츠 도매상에 가서 무늬 없는 흰 티셔츠 300장을 샀다. 마음으로야 더 사고 싶었지만 가진 돈이 그것뿐이었다. 티셔츠를 확보한 다음에는 롱아일랜드에 있는 프린트 공장에 가서, 친구 녀석 한 명이 컴퓨터로 그려준 일러스트를 찍어냈다. 로드니 킹의 사진에 우리의 슬로건을 조합시킨 멋진 프린트였다.

나는 로드니 킹에게 초상권 사용료를 내야 하지 않을까 고민할 겨를도 없이 그저 그의 사진 중에서 제일 잘 나온 걸 찾아서 작업에 들어갔다. 완성된 티셔츠를 밴에 싣고 시위 현장에 도착해서는 샘플 두세 장을 잔디밭에 펼쳐놓기 무섭게 갖고 있던 전량이 순식간에 팔려나갔다. 돈이 좀 더 있었으면 티셔츠를 더 많이 제작할 수 있었을 텐데 하고 얼마나 아쉽던지……. 사업가로서의 첫 수업을 잘 받은 셈이다. 제품의 기획은 판매에서 완성되지만 시장을 잘 읽어내지 못해서 수요에 맞는 충분한 양의 제품을 생산하지 못한다면 아무리 뛰어난 기획이라 해도 큰 이익을 창출해내지는 못한다는 귀한 교훈을 얻었다.

또 다른 돈벌이 수단으로 소위 짝퉁 장사를 생각해낸 나는 뉴욕 시내 27번 가에 밀집해 있는 모조품 판매상을 통해 온갖 종류의 모조품이란 모조품은 다 사서 모으기 시작했다. 그땐 몰랐다. 그로부터 2년 뒤 나를 비롯한 우리의 후부 동지들이 이 거리에서 나오는 후부 모조품들의 씨를 말리기 위해 목숨 걸고 매달리게 될 줄은……. (여기에 대한 자세한 얘기는 뒤에서 다시 하게 될 것이다.) 어쨌든 그때의 모조품들은 나의 귀한 밥줄이었다. 2달러에 산 물건을 5달러에 팔 수 있겠다는 계산이 서자 기존의 의류랑 신발 외에 그 가짜 물건들을 밴에 잔뜩 싣고 콘서트장이나 축제 현장, 무역 박람회장, 시골 장터까지 안 가는 곳 없이 돌아다니기 시작했다. 잔돈이라면 얼마든지 쓸 준비가 되어 있는 사람들이 떼로 몰려드는 곳이라면 그 어디든 마다할 이유가 없었다.

어느 날 재고 조사를 하던 나는 문득 아르바이트로 시작한 이 일에 내가 얼마나 크게 의지하고 있는지 깨달았다. 계속 구상하고 있던 티셔츠 디자인이나 새로운 판매 방식을 써먹어보고 싶었다. 순회공연 아르바이트를 마치고 돌아와서는 각기 다른 프린트 작업장을 다니며 가격 비교도 해봤다. 그리고 다음 대목에는 지난번처럼 티셔츠 300장으로 끝나는 아쉬운 실수를 범하지 않기 위해 현금을 최대한 많이 확보해놓으려고 노력했다.

이 무렵 나는 롱아일랜드 출신의 재능 있는 세 명의 흑인 남자들로 구성된 인기 힙합 그룹 드 라 소울(De La Soul)의 뮤직비디오에서 본 모자에 온 신경을 빼앗기고 있었다. 우리 동네 녀석들 대부분이 그렇듯이 나도 이 초창기 랩 가수들의 스타일에 관심이 많았지만 크게 영향을 받은 편은 아니었다. 우리 중 누구도 좋아하는 가수가 입은 옷을 자신이 그대로 따라 입었다고 생각하지 않았다. 설사 따라 입었다 해도 드러내놓고 자기가 누구 스타일을 모방했다고 얘기하지 않았다. 우리는 여기저기서 이 유행 저 유행 긁어모아 그걸 우리만의 것이라고 주장하는 편이었다.

여하튼 뮤직비디오가 마케팅 도구로서 유용하다는 사실을 깨닫게 된 건 드 라 소울 덕분이었다. 그의 뮤직비디오를 보고 완전히 반해버린 나는 당장 그 멤버들이 착용한 모자를 구하러 다녔지만 뉴욕 시내 어디에서도 찾을 수가 없었다. 정수리 위에 매듭을 매는 이 모자를 찾아서 온종일 브루클린, 퀸스, 맨해튼을 뒤지느라 고생한 끝에 겨우 하나를 발견한 나는 실망을 금할 수 없었다. 값도 30달러나 되는 데다 너무나 조악하게 만들어진 물건이라 일주일이면 망가질 것처럼 보였으니까.

이미 밝혔다시피 나는 바느질을 좀 할 줄 안다. 언제나 바짓단은 내가 직접 박았고 어릴 때부터 옷 수선은 웬만큼 할 수 있었다. 금방이라도 찢어지게 생긴 모자를 일단 하나 사 가지고 집에 돌아온 나는 어머니가 쓰던 재봉틀로 이 모자랑 똑같은 모조품을 두 개 만들었다. 팔려는 의도는 아니었고, 사 온 모자보다 더 나은 모자를 여러 개 만들어서 옷차림에 맞게 바꿔 쓰려는 목적이었다. 어차피 맨해튼에서 사 온 것은 오래 쓰지도 못하게 생겼으니 내가 만들어서 쓰는 게 맘 편한 일이었다.

나는 아예 원단을 더 구해서 색깔만 다른 디자인의 모자 한 무더기를 만들었다. 운동화 색이랑 어울리는 것 하나, 셔츠 색이랑 어울리는 것 하나… 이렇게 하다 보니 자연스럽게 모자 색깔이 다양해질 수밖에 없었다. 나랑 비슷한 연배의 사람이라면 기억할 것이다. 1980년대 후반부터 1990년대 초반에는 색깔 맞춰 옷을 입는 게 대유행이었다. 그 당시는 모자나 신발, 가방 같은 패션 소품까지 옷 색깔이랑 비슷하게 매치하는 게 대단히 멋스러워 보이는 시대였다.

미국에서 운동화를 많이 파는 방법

흑인들이 남에게 어떻게 보이느냐에 극도로 민감하다는 것은 모두 아는 사실이다. 우리 흑인들은 외모에 신경을 쓰고, 새 자동차나 멋진 손목시계에 예민하게 반응한다. 그리고 우리 몸을 휘감은 상표로 자신을 평가받는 데 익숙하다. 그런 면에서 신발만큼 확실하게 자신을 표현해주는 아이템은 없는 듯하다. 나만 해도 돈은 쥐뿔도 없으면서 옷장 안에는 운동화가 가득하다. 그리고 그 운동화들은 전부 상자에서 나온 그대로의 신상품 상태를 유지해야 했다. 발바닥이 닳거나 때가 묻으면 그 운동화는 내게 무용지물이나 다름없었다.

초창기 힙합이 유행하던 때로 거슬러올라가 보면 운동화는 언제나 힙합의 화두였다. 힙합 동호회 이름에도 운동화 이름이 들어갔고 운동화 끈 매는 방식에서도 우리만의 방식이 따로 있었다. 운동화에 자그마하게 서양 장기판 무늬를 그려넣는 것도 당시에는 유행이었다. 참, 내가 여기서 말하는 운동화는 요즘 젊은이들도 많이 신고 다니는 스니커즈(sneakers)다. 나는 금요일 밤이면 외출도 안 하고 칫솔을 붙들고 운동화 빨래에 열중하곤 했다. 그러니 돈을 조금 벌게 된 후부터는 당연히 신발에 투자하는 금액이 늘어났다. 금전적으로 여유가 생기자 나는 한꺼번에 여섯, 일곱, 여덟 켤레씩 새 스니커즈를 사들였다.

내가 사 모은 신발은 스니커즈만이 아니었다. 레드 로브스터 웨이터 시절에는 한 달에 두 켤레 이상 팀버랜드 신발을 사다 날랐다. 워낙 튼튼한 신발이라 어지간해선 닳지도 않고 그저 때만 조금 타는 것들을 왜 그렇게 사 모았을까? 요즘도 옷장을 열어보면 신발이 수백 켤레인데 대부분 스니커즈다. 바닥만 군데군데 닳았을 뿐 아직 멀쩡한 것들이지만 이미 '현역에서 은퇴한' 녀석들이다.

나이키(Nike)처럼 우습지도 않게 성공한 몇몇 스포츠화 제조업체들을 보면 흑인 사회의 소비가 이 시장에서 얼마나 큰 역할을 하는지 알 수 있다. 유명 스포츠화 브랜드의 제품을 구입하는 고객의 5퍼센트 내지 10퍼센트가 흑인들이라는 통계가 이미 나와 있다. 리복 같은 회사의 최근 역사를 되짚어보기만 해도 알수 있을 것이다.

오랜 세월 동안 품질을 인정받으며 성공을 이룬 브랜드 리복이라 해도 광고 마케팅의 귀재 피터 아넬(Peter Arnell)과 음악 담당 이사 스티브 스타우트(Steve Stout)를 고용하기 전까지는 한동안 침체기를 겪으며 대중의 기억에서 사라질 뻔한 위기를 겪기도 했다. 새롭게 투입된 이 둘은 의기투합하여 광고계를 뒤흔들 묘안을 짜냈고 그 첫 번째 타깃이 흑인 시장이었다. 흑인 래퍼 제이 지(Jay-Z)와 50센트(50 Cent)가 광고 계약서에 사인했고, NBA 스타 알란 아이버슨(Allan Iverson)도 이 대열에 합류했다. 결과는? 흑인 아이들이 너도나도 앞 다투어 리복 운동화를 신게 되었다는 것이다.

내가 나를 디자이너로 만들다

얼마 안 가서 몇몇 친구들이 내가 만든 모자를 쓰고 싶다고 하기에 몇 개 더 만들었다. 사각형으로 원단을 자르고 안감을 댄 뒤 이렇게 완성된 사각형 두 개를 붙여 박으면 되는 쉬운 작업이었으니까. 처음에 만든 모자들은 단색이었지만 그 다음에는 줄무늬를 비롯해서 여러 가지 패턴의 원단에도 손을 대기 시작했다. 처음 봤을 때 원단의 느낌이 좋으면 완성품도 맘에 들게 나왔다. 원단 가게에 자주 들러 재료 쇼핑을 즐기기 시작했지만 너무 비싼 재료에는 손도 대지 않았다. 모자의 원가는 1달러도 되지 않았고 만드는 시간도 10분, 길어야 15분이었다. 본격적으로 모자를 만들기 시작하면서부터는 제작 원가와 시간이 더 절감되었다.

나의 패션 센스를 개발해서 힙합 분야나 도시 젊은이들의 의류 분야에 접목시키면 좋겠다는 생각을 한 것도 이때부터였다. 음악과 패션, 그리고 흑인 사회 사이의 밀접한 연관성을 이용할 수 있을 것 같았다. 나이키는 그 덕을 많이 본 기업이다. 나이키에는 아예 흑인 농구 스타 마이클 조던(Michael Jordan)의 이름을 딴 브랜드가 있는데 가벼운 운동복, 티셔츠, 재킷, 모자, 스포츠 관련 액세서리 등 전반적인 제품 라인을 갖추고 있었다. 이 교묘한 유인 장치가 순전히 흑인 사회를 겨냥하고 만들어진 것이라고 단정할 수는 없지만, 마이클 조던에 대한 흑인 사회의 호감도가 제품 구매로 연결되었다는 사실은 아무도 부인하지 못할 것이다.

백인 디자이너 타미 힐피거(Tommy Hilfiger) 역시 처음에는 흑인들을 타깃으로 삼는 것 같아 보이지 않았다. 타미 힐피거가 흑인에게 입힐 목적으로 옷을 만드는 건 아니라고 말한 것이 얼마간 흑인 사회에 파장을 일으켰지만, 그랜드 푸바(Grand Puba)라는 흑인 래퍼가 자신의 노래에서 타미 힐피거의 이름을 거론한 덕분에 그는 흑인 사회에서 집중적인 관심을 받게 되었다. 이 가수는 저버 진(Girbaud Jeans)*에 관한 랩을 만들어 부르기도 했다. 아디다스를 노래한 런 디엠시를 제외하고 'PPL(Product placement)**' 방식으로 자기 노래 속에 브랜드 이름을 넣어 부른 가수는 없었다.

내가 처음 모자를 만들기 시작할 무렵, 아프리카 부족들이 좋아하는 화려한 컬러와 문양을 주로 사용한 옷을 만드는 크로스 컬러즈(Cross Colours)라는 이름의 회사가 있었는데 원단이 아주 특이했다. 마치 비료 포대를 얇게 만들어놓은 것 같았고 색 배합도 독특해서 눈에 확 띄었다. 오렌지 컬러의 진 팬츠에 보라색 진 재킷을 입은 흑인들이 거리를 활보하는 모습이 눈에 띄기 시작한 것도 이 즈음이었을 것이다. 늘 직접 바느질을 해서 옷을 수선하거나 개조해 입던 나로서는 이런 변화가 무척 반갑고 흥미로웠다. 나는 매장에 가서 옷 구경을 하고 품질을 살펴보면서 내가 이미 갖고 있는 옷들과 비슷한 요소들이 혹시 있을까 고심하곤 했다. 그때그때 맘에 드는 옷을 사 입기에 내 지갑은 너무 가벼웠지만 스타일만은 따라 해보고 싶었기 때문이다.

난해하다면 난해할 수 있는 이 스타일이 갑자기 전국을 휩쓸게 된 건 정말 한순간이었다. 대니 글로버(Danny Glover)와 우피 골드버그(Whoopi Goldberg)같이 유명한 흑인 스타들이 영화제 레드 카펫을 밟

* 1990년대 초반에 전 세계적으로 인기를 끈 마리테 프랑수아 저버의 상표명
**식품이나 의류 등의 상품을 TV나 영화 속에 노출시키는 간접 광고.

을 때나 토크 쇼에 출연할 때 크로스 컬러즈의 제품을 입고 나온 뒤부터 모두가 그 옷을 따라 입었다. 흑인들의 패션이 좀 더 헐렁한 실루엣과 좀 더 화려한 컬러로 변모하기 시작한 것이다.

크로스 컬러즈에서 일하다 독립한 디자이너 칼 카니(Karl Kani)는 힙합 문화의 역사에 대단한 업적을 남겼다. 브루클린 출신의 흑인인 데다 권투 선수 마이크 타이슨의 젊은 시절을 떠올리게 만드는 외모를 가진 그는 자기 이름을 자기가 만든 옷 브랜드로 사용했는데, 자기가 만든 옷에 자기 이름을 붙인다는 것에 나는 정말이지 신선한 충격을 받았다.

아무튼 나는 계속해서 모자를 만들어 팔았다. 일단 친구들이 최초의 손님이었고, 그 친구에게서 얘기를 들은 친구의 친구에게서도 주문을 받기 시작했다. 그렇게 하다 보니 아예 미리 많이 만들어두면 콘서트 현장에서도 팔 수 있지 않을까 하는 생각이 들었다. 어머니가 예전에 붙여 둔 벽걸이 속의 문구를 떠올렸다. '야망을 가져라. 크게 생각하라.' 그래, 해보자! 왜 나랑 친구들의 모자만 만드는 데서 그쳐야 하지?

팀버랜드의 잘못된 마케팅

힙합 커뮤니티의 초창기 패션은 라코스테(Lacoste), 랄프 로렌(Ralph Lauren), 팀버랜드 같은 보수적인 백인 소유의 회사에서 나온 옷 가운데 우리가 입을 만한 것을 골라 입는 데 그쳤다. 다른 선택을 할 여지가 없었다. 맘에 드는 물건을 발견하면 거기에 우리 흑인들이 좋아하는 특징을 첨가해서 우리 것으로 만드는 게 고작이었다.

당시 우리 동네에서는 팀버랜드 부츠가 엄청난 중독성을 발휘하고 있었다. 특별히 우리 흑인들을 위해 만들어진 제품은 아니었지만 그러건 말건 개의치 않았다. 우리는 백인들이 즐겨 먹는 간식이나 즐겨 보는 잡지에는 관심이 없었다. 마찬가지로 구찌(Gucci)나 버버리(Burberry)에서도 흑인들의 라이프스타일에 맞는 아이템은 만들지 않았다.

그렇지만 우리는 팀버랜드를 좋아했다. 그건 우리 스스로 인정하는 사실이었다. 나는 항상 팀버랜드의 새 신발을 옷장 안에 사다놓고 이전 것이 조금이라도 닳을라치면 바꿔 신을 준비를 했다. 청바지에 매치했을 때 너무나 잘 어울리는 데다 아웃도어 라이프스타일을 대표하는 그 느낌과 착용감이 좋았다. 백인이 만든 회사 제품이라는 것에도 개의치 않았다. 만약 내가 흑인 소유의 브랜드에서 만든 제품만 고집했다면 내 맘에 드는 물건 자체를 별로 찾을 수 없었을 테니까.

사실 그 당시 우리 흑인들 대다수는 패션에 대해선 색맹이나 다름없을 정도로 취향이 유치했다. 우리는 그저 우리가 좋아하는 방식으로 옷을 입을 뿐이었는데, 어느 날 팀버랜드의 중역이란 사람이 "자기들은 마약 밀매자들이나 신게 하려고 그 고급스런 부츠를 만드는 게 아니다"라고 폭탄 발언을 했다. 우리 흑인들이 팀버랜드를 신으면 브랜드 이미지가 실추된다는 뜻이었다. 그때만 해도 그들의 매출은 연일 최고치를 달리고 있었고 흑인 젊은이들이 그 매출의 견인차 역할을 하고 있었지만, 이 남자의 실언 한 마디로 인해 팀버랜드는 가장 중심이 되는 고객층을 잃고 말았다. 거의 사업을 말아먹을 지경을 만들어버린 것이다.

그러나 이런 인종차별주의적 발상이 내게는 후부 같은 흑인 중심의 의류 브랜드를 창업하도록 영감을 준 사건이 되었으니, 그들이 의도한 바는 아니었겠지만 이 사건은 결국 1990년대 패션 혁명의 도화선이 된 것이 맞다. 그들은 단순히 우리를 따돌리는 것 이상의 행동을 했다. 그들은 우리를 분노케 했고 팀버랜드라는 브랜드를 완전히 외면하게 만들었다.

하룻밤 사이에 팀버랜드의 매출액은 하향 곡선을 탔고 회사의 간부들은 허겁지겁 사태를 수습하기 위해 백방으로 노력했다. 덕분에 매출도 어느 정도는 만회할 수 있었다. 그들은 흑인 비하 발언을 삼가면서 다시 우리의 신뢰를 얻기 위해 애썼다. 심지어 사태를 진정시키기 위해 인종 차별을 타파하자는 내용의 어설픈 부츠 광고를 선보이기도 했지만, 우리는 그 부츠를 사지 않았다. 빈민가란 빈민가에는 모조리 이 광고가 나붙었다. 이미지 쇄신을 위한 최선의 방법이었지만 엎질러진 물을 주워 담기엔 너무 늦어버렸다. 이 바보들의 머릿속에는 비타협적인 백인 중산층 고객들이 모든 흑인 래퍼들과 깡패들이 자기들과 똑같은 신발을 신고 거리를 활보하는 것을 불쾌하게 받아들인다는 생각이 깔려 있다는 걸 알게 된 이상 그들이 광고판에다 아무리 사탕발림을 한다 해도 현혹될 마음은 없었다.

흑인들의 팀버랜드 불매 행위에는 그 어떤 회합이나 단체 행동도 없었지만 모든 흑인 젊은이들은 한마음이 되어 다른 브랜드 신발을 신기로 무언의 합의를 끝냈다. 특히 스타일과 체면에 민감한 젊은이라면 더더욱 이런 일에 분개한다. 우리는 모욕당했고 상처받았다. 그리고 나는 처음으로 흑인 시장 경제의 힘을 실감했다. 우리들의 비위를 맞춰주면 우리는 어디든지 따라갈 수 있다. 우리를 퇴짜 놓으면 우리는 끝을 볼 때까지 그들을 몰아세울 것이다.

크리스털, 깨지다

다 지난 일이다, 흘러간 과거일 뿐이다, 그렇게 여기고 기억에서 지웠던 일들이 다시 새롭게 눈앞에서 펼쳐질 때의 황당함이란 이루 말할 수가 없다.

이 글을 쓰고 있는 2006년 여름, 한 품격 높고 유서 깊은 샴페인 회사에서 주장하는 '달갑지 않은 관심'이란 제목의 망언이 미국 사회에서 태풍의 눈이 되고 있다. 한 병에 1,000달러나 하는 최고급 샴페인 크리스털(Crystal)은 최근까지 랩이나 뮤직비디오를 비롯하여 MTV의 크립스(Cribs)라는 라이프스타일 전문 프로그램에도 소개되는 등 래퍼들을 위시한 젊은 흑인들 사이에서 전폭적인 사랑을 받아온 술이다. 그런데 이 크리스털이 흑인 커뮤니티와 절연을 선언한 것이다.

크리스털을 좋아해준 우리나, 우리를 저버리겠다고 선언한 그들이나 서로의 실수를 통해 배우는 게 있을 것이다. 여러 해 동안 제이 지, 노터리어스 비아이지(Notorious B.I.G), 퍼프 대디(P. Diddy), 50센트 등의 흑인 힙합 아티스트들은 크리스털을 찬양하는 노래를 부르며 이 샴페인을 터뜨려왔다. 무대 뒤에서, 또는 제일 잘나간다는 클럽에서 크리스털은 독보적인 샴페인이 되어 온갖 경쟁 회사들을 울렸다. 그런데 갑작스레 크리스털의 경영 이사인 프레더릭 로자드(Frederic Rouzaud)라는 멍청한 인종차별주의자가 나타나서는 "젊은 흑인들에게 우리가 만든 샴페인을 팔고 싶은 마음이 전혀 없다"고 말한 것이다. 그의 눈에는 우리 돈이 다른 사람 돈이랑은 뭔가 다르게 보였던 모양이다. 게다가 그는 "흑인들의 호응으로 최근 크리스털의 판매가 상승세를 띠고 있기는 하지만 긴 안목으로 보면 실질적인 매출에 악영향을 끼칠 것"이라는 궤변까지 늘어놓았다.

이 말을 듣고 나는 대체 이 인간들이 제정신인가 생각했다. 거의 모든 도시의 거의 모든 클럽에서 크리스털이 미친 듯이 팔리고 있는 걸 보기만 하면 알 텐데 말이다. 제값을 못 받고 팔고 있는 것도 아니지 않은가. 크리스털에서 일하는 직원들 중 정신이 제대로 박힌 사람들의 말을 빌면, 이 브랜드에 대한 흑인들의 관심을 흐리게 만들려는 타락한 사고방식이 업계에 팽배해 있다고 한다.

올해 가장 재수 없는 인간으로 꼽힐 이 로자드라는 작자가 〈이코노미스트〉와의 인터뷰에서는 이렇게 말했다고 한다. "흑인들이 우리 술을 사지 못하도록 어떤 방법을 쓸 수 있을까요? 사람들이 물건을 못 사게 막을 수야 없죠. 프랑스의 동 페리뇽(Dom Perignon)이나 값싼 크루그 정도가 그들에겐 딱 어울릴 텐데 말예요."

그래, 당신 말대로 해주지. 프레더릭 로자드와 그를 따르는 무식한 직원들은 우리에게서 등을 돌린 날을 절대 잊지 못할 거라고 난 확신한다. 나는 동료들과 함께 우리의 성공을 자축하며 동 페리뇽을 따서 건배할 테니 당신들은 발등을 찍으며 후회나 하라고!

망언이 터진 직후 흑인 래퍼 제이 지는 크리스털 불매 의사를 공식적으로 밝혔다. 우리 흑인 커뮤니티에서는 그 누구도 그 재수 없는 물건에 손조차 대지 않기로 했다. 매장에 쌓인 제품들은 팔려나가지 못해 가격을 내릴 수밖에 없었다. 클럽들도 모두 다른 브랜드의 샴페인을 손님들에게 제공하기 시작했다. 성공과 문화와 교양의 상징으로 테이블 위를 빛내던 한 병의 크리스털이 하루 사이에 무식함의 표본이 되어 백인우월주의자 단체 KKK의 보조물로 전락한 것이다.

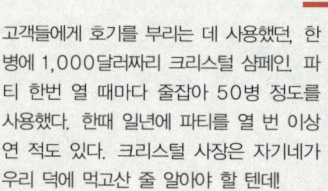
고객들에게 호기를 부리는 데 사용했던, 한 병에 1,000달러짜리 크리스털 샴페인 파티 한번 열 때마다 줄잡아 50병 정도를 사용했다. 한때 일년에 파티를 열 번 이상 연 적도 있다. 크리스털 사장은 자기네가 우리 덕에 먹고산 줄 알아야 할 텐데!

우리를 위해, 우리에 의해!

후부(FUBU), 탄생하다

팀버랜드와 관련된 이런저런 생각들이 머릿속을 맴돌면서, 나는 상품 자체로 승부하는 것뿐만 아니라 고객들과 우호적인 관계를 맺는 방법을 찾아야 브랜드가 성공한다는 결론을 얻었다. 칼 카니 같은 디자이너를 만나면서 젊고 스타일리시한 흑인으로서 나 또한 얼마든지 내 이름을 건 의류 브랜드를 개발할 수 있으리라는 확신도 생겼다.

나는 닥치는 대로 책을 읽었다. 그중에서 내가 특히 좋아한 책은 《놓치고 싶지 않은 나의 꿈 나의 인생(Think and Grow Rich)》이었다. 이 책만은 적어도 일 년에 한 번씩은 꼭 읽으려고 노력했다. 나는 이 책에서 가르쳐준 대로 내 목표들을 종이에 적어 아침저녁으로 반복해서 읽었다. 저자가 모든 것에 우선한다고 말하는 야망과 꿈에 대해 늘 생각했다. 내가 지금 쓰고 있는 나의 책에서 가장 강조하고 싶은 것은 '힘'이지만 야망 없이는 힘을 얻을 수 없을 것이다. 하나를 얻으면 그 다음 하나는 자연스럽게 따라오게 된다는 생각은 그 옛날부터 항상 내 마음속에 자리하고 있는 믿음이었다.

점점 더 생각할 게 많아졌다. 특히 모자를 본격적으로 판매하려면 나만의 상표가 필요했다. 단순한 장사의 단계를 넘어서야 하는 만큼 제품에 내 명예와 자존심을 담아서 고객들에게 내놓아야 했다. 티셔츠에 프린트를 마구잡이로 찍어 팔던 때와는 상황이 달랐다. 그때는 아무도 상표를 유심히 보고 티셔츠를 사지 않았지만 이제 젊은이들은 상표에 너무나 민감해진 데다가, 모자 말고 다른 제품으로도 브랜드의 영역을 넓혀야 할지 모른다는 생각이 들었다. 당연히 상표명에 집착할 수밖에 없었다. 비로소 진짜 사업가가 된 것 같아 뿌듯하기도 했다.

어느 날, 아마도 살짝 술에 취해 있던 걸로 기억나지만 머릿속은 더없이 명쾌하고 맑았던 그날, 우리 집에서 키이스와 칼과 제이와 함께 앞으로 뭘 하며 살아야 할지에 대해 이런저런 이야기를 나누고 있었다. 사실 역사에 길이 남게 될 우리의 브랜드 이름은 그 와중에 우연히 단생한 것이다.

그때 나는 한창 모자 제작에 심취해 있었고 팀버랜드 사건으로 인해 다소 격해진 상태였다. 그래서 불쑥 튀어나온 말이 '우리에 의한, 우리를 위한'('By Us, For Us')이었다. 무슨 얘기 끝에 이 말이 나왔는지는 기억도 안 나지만 나는 이 말이 무척이나 맘에 들었다. 우리에 의한, 우리를 위한……! 주인 정신과 자부심을 선사하기에 딱 맞는 말이었고, 단순 명료해서 좋았다. 우리를 소중히 여긴다는 느낌이 담긴 의미심장한 말이기도 했다. 이 말을 내뱉던 그 순간에는 느끼지 못했지만, 그 즈음 팀버랜드가 야기한 인종차별적 상황에 대한 저항도 약간 내포되어 있었다. 그들의 부츠는 우리를 위해 만들어진 게 아니지만 내 모자는 우리 흑인들을 위한 것이 될 것이다. 모자, 셔츠… 앞으로 또 무엇이 탄생할지 모르지만 우리 제품을 공급받을 시장은 바로 우리 자신이었다. 무심결에 내뱉은 브랜드명은 그런 핵심을 절묘하게 포착한 셈이었다.

게다가 덤으로 얻게 된, 이니셜을 따서 쓰는 두문자어(頭文字語)도 무척 근사했다. 적어도 술 취한 우리들이 보기에는 그보다 더 근사할 수 없는 최고 이니셜의 탄생이었다. 부후(BUFU)… By Us, For Us. 어감도 강했고 기억하기도 쉬웠다. 나는 칼 카니 같은 사람이 어떻게 그렇게 빠른 시간 안에 완벽하게 자신의 브랜드 인지도를 쌓을 수 있었을까를 늘 궁리했는데, 결국 자기가 직접 광고에 출연하고 옷에 자기 이름을 붙이는 자부심 덕택이라고 판단했다. 그래서 우리도 모두 광고에 직접 등장하고 우리의 이름을 우리 제품 라벨에 넣겠다는 생각을 했다. 그때만 해도 전혀 다듬어지지 않은 막연한 계획이었지만.

나는 일단 내가 사용하고 있던 프린트 기계에서 '부후(BUFU)' 라벨을 한 무더기 찍어냈다. 그리고 일주일쯤 후에 어느 거리를 걷고 있었는데, 한 남자가 다가오더니 다짜고짜 게이(gay)냐고 묻는 것이었다. 그때 나는 내 모자에 새로 제작한 '부후' 라벨을 붙여 시험 삼아 쓰고 다니는 중이었다. 나는 '이 자식이 대체 무슨 소릴 하는 거야' 하는 마음이었다. 내 평생 홀리스의 길거리를 누비고 다녔지만 동성연애자 취급을 받기는 또 처음이었다. 왜 그렇게 생각하느냐고 묻자 그는 손가락으로 내 모자에 붙은 라벨을 가리키며 말했다.

"이 말이 무슨 뜻인지 알잖아요." 그는 남부 출신인지 심하게 사투리를 썼다.

나는 약간 신경질적으로 대답했다. "우리에 의한, 우리를 위한. 내가 새로 지은 우리 회사 이름인데요."

그가 다시 말했다. "아뇨, 그건 그런 뜻이 아니죠.*"

맙소사, 이제 어쩐다? 하지만 나는 그래도 그 이름이 맘에 들었고 그 이름 뒤에 숨겨놓은 콘셉트를 버리자니 너무 아까웠다. 그래서 그냥 글자 위치만 바꾸기로 했다. 그렇게 해서 새로 태어난 이름은 후부(FUBU). 뜻은 예전과 다를 바 없으니 천만다행이었다. 나는 '후부'로 새 라벨을 찍은 뒤 1992년 부활절 직전 금요일 오후에 작은 가방에 모자 40개를 채워 자메이카 거리 165번 가와 89번 가 교차로에 있는 콜로세움 쇼핑몰로 향했다. 키이스도 나를 돕겠다며 따라나섰다.

---

*BUFU는 일부 젊은이들 사이에서 'Buy U and Fuck U' 라는 뜻의 비속어로 쓰인다.

쇼핑몰 측으로부터 정식으로 판매 허가를 받은 것도 아니고, 뚜렷한 판매 전략을 갖고 있지도 않았다. 우리는 그냥 어렸을 때 벼룩시장에서 전단지를 돌렸던 바로 그 자리, 쇼핑몰 입구에 서서 모자들을 줄에 매달기 시작했다. 그런데 그곳에선 훗날 샤바즈 브라더스(Shabazz Brothers)라는 브랜드를 만들게 될 두 남자가 이미 자리를 차지하고 있었다. 그들 역시 내 모자와 비슷한 모자를 팔고 있었다. 그들은 모자에 이어 힙합 의류 쪽으로도 브랜드를 개발하는 중이었다.

나는 되도록 이 경쟁자가 내게 시비를 걸지 않게 하려고 신경을 썼다. 그들이 만든 모자가 내가 만든 것보다 품질이 좋았기 때문에 내심 그 물건들을 좋아하고 있기도 했다. 경쟁자끼리 나란히 붙어 있다는 게 껄끄럽긴 했지만 공간도 널찍한 편이라 나는 그대로 자리를 지키기로 했다. 게다가 가까운 데서 이들을 지켜보며 후부의 미래에 도움이 될 만한 것들을 배워보기로 했다. 후부의 미래를 위해서는 오히려 이득이 되는 벤치마킹의 기회였다고나 할까.

우리는 가져간 모자들을 한 개에 20달러씩 받고 전부 팔았다. 매진까지 걸린 시간은 겨우 두 시간 남짓이었다. 내 수중에 들어온 800달러는 나 같은 빈민 출신이 하루 동안 정직하게 일해서 번 돈치고는 어마어마한 액수였다. 엄밀히 따지면 나 말고 키이스도 함께 일했고, 제작 시간까지 따지면 노동 시간도 하루 이상인 데다 재료비도 꽤 들었지만 그래도 800달러는 큰돈이었다. 우리는 잽싸게 차로 달려가서 운전석에 앉아그 구겨진 돈을 세고 또 셌다. 매주 이렇게만 팔려준다면 금세 부자가 될 수 있겠다는 계산이 나왔다.

시동을 걸어 차를 몰면서도 무릎 사이에 끼워둔 돈을 세고 또 세어보았다. 집 앞 모퉁이를 돌 때까지도 돈을 세느라 산만하게 운전한 탓에 나는 그만 앞에 있던 어떤 남자의 차를 들이받고 말았다. 갖고 있던 800달러를 상대편 자동차 수리비로 다 내주고 나니 어찌나 허탈하던지! 역시 쉽게 들어온 돈은 쉽게 나간다는 옛말이 하나도 틀리지 않았다.

까짓, 아마추어 밴드처럼 보이면 어때?

나는 그 뒤로도 두 번 더 콜로세움 쇼핑몰에 가서 모자를 팔았다. 처음 판매한 날의 성공을 재현하려고 디자인에 몇 가지 변형을 시도해보았다. 둘째 날은 첫째 날 매출만큼 올렸고 셋째 날은 다른 날보다는 훨씬 적게 팔렸다. 그날은 어찌나 추웠던지 길에 걸어다니는 사람이 아예 없어서 실제로 물건을 팔 기회라곤 없었다. 하지만 그렇게 몇 번 길거리 판매를 하고 나니 동네에서 내 모자를 쓰고 다니는 사람이 제법 눈에 띄기 시작했다. 자그맣게 박힌 후부 상표를 보면 온몸에 전율이 느껴지며 가슴이 뛰었다.

나는 이제 티셔츠로 후부의 제품군을 넓혀보기로 결심했다. 특색 있는 필기체로 쓴 FUBU, 근사한 FB 로고 등 이미 몇 가지 프린트 디자인을 구상해놓은 터였다. 이것들을 티셔츠에 찍어내면서, 앞으로 돈도 좀 벌고 우리 브랜드도 커지기를 기도했다. 1992년, 당시 많은 의류 업체들은 옷마다 거의 모든 부위에 커다랗고 굵은 글씨로 자사 브랜드를 부각시키기 시작했다. 자연히 그 옷을 사 입은 애들은 그 브랜드의 움직이는 광고판이나 다름없었다. 나도 그 흐름에 편승하기로 했다. 관건은 나와 함께 후부라는 브랜드를 대중에게 알려줄 고객을 많이 확보하는 것이었다.

나는 예전에 로드니 킹 티셔츠 프린트를 맡겼던 그 공장을 다시 찾아가서 일손을 구한 뒤 무늬 없는 티셔츠를 장당 1달러에 살 수 있는 도매업자를 찾아냈다. 티셔츠 품질이 아주 좋은 편은 아니었지만 가격 대비해서 그럭저럭 만족할 정도는 됐다. 그 다음 할 일은 자수 전문 업자를 수배하는 일이었다. 운 좋게도 유능한 자수 업자인 밥(Bob), 안드레(Andrea), 게리(Gary)를 만난 나는 티셔츠 위에 후부 로고를 수놓는 작업을 시작했다. 자수를 넣자, 아무 특징도 없던 1달러짜리 민짜 티셔츠가 눈에 띄게 화려해졌다. 그 당시에는 아무도 티셔츠에 자수 장식을 하지 않을 때라 브랜드를 튀게 하는 데 이보다 확실한 방법은 없었다.

나는 이 시기에 후부의 첫 번째 광고도 제작해보았다. 최신 잡지에 한 페이지 가득 광고를 내는 데는 3,000달러가 들었다. 친한 친구 두 사람이 광고에 함께 참여했는데 광고가 나가자 멀리 일본을 비롯하여 전 세계에서 전화가 빗발쳤다. 그래서 신용카드 단말기도 들여놓았다. 드디어 카드 수수료까지 내는 진짜 사업을 시작한 것이다. 모든 것은 이제부터였다. 여기저기서 주문이 쇄도했다. 딱 한 번의 광고 덕분에 우리는 두 달 동안 일주일에 모자 50개씩을 꾸준히 팔 수 있었다.

그 후에는 맨해튼에 있는 제이콥 재비츠 센터(Jacob Javits center)에서 열리는 흑인 문화 박람회(Black Expo)장에 부스 한 자리를 구했다. 후부의 위상을 한 단계 높이는 계기가 될 수 있을 거라는 생각에서였다. 이 박람회는 흑인이 운영하는 회사들을 비롯하여 흑인 커뮤니티에 관심을 가진 대기업이 참여하여 그들이 생산하는 각종 제품들을 선보이는 대규모 행사였다. 비누 회사, 자동차 회사, 보험 회사 등은 물론이고 코카콜라까지 부스를 마련하고 있었다. 미국 시장 점유율 1위인 통신 회사 AT&T의 부스도 있었다. 이들 대기업은 박람회를 통해 신제품을 홍보하는 것이 목적이었고, 우리처럼 작은 회사들은 적은 비용으로 많은 사람들에게 브랜드를 알리려는 목적을 갖고 있었다. 예전에 소비자 입장에서 박람회에 가보면 온갖 소규모 의류 업체들까지 전부 참가해서 자사의 제품을 판매하느라 열을 올리는 걸 볼 수 있었다. 그때 나는 박람회장을 돌아다니며 어떤 스타일이 다음 시즌에 크게 히트할지 점쳐보는 일을 즐겼다.

박람회장은 여러 가지 물건들을 조금씩 다 한곳에 전시해놓고 있어서 얼핏 보면 잔뜩 모양내서 꾸며놓은 벼룩시장 같았다. 나는 갖은 애를 다 쓴 끝에 200달러를 주고 목 좋은 부스를 얻은 다음 부스 뒷면에 천을 늘어뜨리고는 친구를 시켜 스프레이로 배경 그림을 그렸고 테이블 2개를 갖다 놓았다. 그게 인테리어의 전부였다. 돈이 좀 있는 회사들은 입이 딱 벌어질 정도로 프로페셔널한 부스를 꾸며 완벽하고 화려한 모습을 자랑했지만 나는 후부 로고가 그려진 배경 천과 작은 테이블만으로 승부해야 했다. 아마추어 밴드처럼 보일까 봐 은근히 걱정도 되었지만 수백 명이 우리 부스에 찾아와 티셔츠를 달라고 할 때는 모든 근심이나 부끄러움이 눈 녹듯이 사라져버렸다.

시험적으로 판매된 이 첫 티셔츠들에 숨겨진 재미있는 사실은, 이 제품들이 우리의 풀 스토리인 'For us, by us'가 프린트된 유일한 제품이었다는 것이다. 그 후 우리는 우리 회사에서 만드는 그 어떤 아이템에도 'For us, by us'라는 뜻풀이를 넣지 않았다. 티셔츠 처녀작에 들어

훗날 우리 후부가 국제적으로 얼마나 넓게 뻗어나갔는지 보여
주는 사진들.

간 이 문구는 뒷면에 프린트되었고 FUBU 글자는 앞면에 넣었다. 마치 사전을 펼친 것처럼 발음 기호까지 자세히 덧붙였다. FUBU라는 단어가 진짜로 사전에 있는 것처럼 생각될 수 있도록 프린트를 찍고 그 뒷면에는 자세한 뜻풀이까지 실었다.

처음으로 참여한 이 박람회장에서 팔린 5,000장 남짓의 티셔츠는 우리 회사 역사에 길이 남을 전설이다. 거리에서 후부 티셔츠를 입은 사람이 자주 눈에 띄었고 우리 회사를 모르던 사람들도 후부가 무슨 뜻인지는 알게 되었다. 모든 제품이 다 인기 있었지만 특히 자수 티셔츠는 날개 달린 듯 팔려나갔다. 처음에 내가 직접 만들어 팔던 모자는 유행이 지나면서 제작량이 점점 줄어들었다. 그 대신 나는 아무것도 찍히지 않은 민짜 야구 모자를 대량으로 구매해서 우리 로고를 붙여 판매했는데 이것으로도 쏠쏠하게 재미를 보았다. 우리가 어떤 제품을 선보이건 사람들은 환호하고 열광해주었다.

03

검은 비틀즈,
비즈니스 쇼를 펼치다

열혈남아들의 후부 브랜드 히트 프로젝트

아직 우리 이름을 건 매장 하나 없는데, 갑자기 뉴욕 시내 전역에서 수많은 소매상들이 전화를 걸어 우리 제품을 가져가겠다는 거였다. 말 그대로, 자고 일어나보니 우리의 '후부'는 스타가 되어 있었다.

우리 자신을 남다르게 만드는 방법은 우리 속에 내재된 잠재력을 밖으로 표현하는 것뿐이다. 같은 껍데기에 같은 엔진을 단 자동차를 운전하고 있지만, 성공 또는 실패의 열쇠는 우리가 이 엔진을 어떻게 작동시키는가에 달려 있다.

이제 더는 좁아터진 밴 뒷자리에 웅크리고 앉아서 사업을 할 수 없는 지경에 이르렀다. 즐거운 비명으로 들린다면 맞다, 정말 행복한 고민이었다. 콘서트장에서 두 차례 판매해보고, 시위 행진과 흑인 박람회 등에서도 판매를 해본 후 우편 광고에까지 살짝 손을 대보았다. 그러면서 이 '사업'을 일시적인 돈벌이가 아니라 제대로 된 사업으로 키우려면 교통정리가 필요하다는 사실을 깨달았다. 법인 설립이 시급했고 후부라는 상호와 로고를 정식으로 등록해야 했다. 그간의 노력을 합리적으로 체계화할 방법을 찾기 시작했다.

일단 후부라는 이름을 상업등기소에 등록했다. 상표 등록을 가장 먼저 해둬야 나중에 복잡한 일에 연루되지 않는다는 걸 알고 있었기 때문이다. 수임료 지출을 감수하기로 하고 실력 있는 변호사를 사서 빈틈없는 일 처리를 부탁했다. 그리고 나는 사업 계획을 짜는 데 집중했다. 전문적인 것과는 거리가 먼 허술한 계획이지만 '이제 시작'이라는 생각으로 만족했다. 친구들도 정식 사업 파트너로 합류시켰다. 나, 제이, 칼, 키이스, 그리고 또 한 명이 있었는데 그 친구는 금방 퇴사했다. 우리는 그 자리에 몇 명을 연달아 고용해봤는데 누가 들어오건 간에 오래 배기질 못하고 흥미를 잃고 나가떨어지기를 반복했다. 앞날을 좀 길게 내다보는 친구를 원했는데 그런 사람이 흔치 않았다. 한 주는 래퍼 지망생이 일하다 나가고, 그 다음 주는 영화배우를 꿈꾸던 녀석이 들어왔다 나가고… 늘 그런 식이었다. 그들은 아마 자신들이 머문 자리를 박차고 나가면 뭔가 더 좋은 일이 기다리고 있을 거라고 생각했나 본데, 누가 독수리처럼 훨훨 날고 싶으면서 닭장에 갇혀 있길 원하겠는가?

다섯 번째 멤버를 애타게 기다리는 우리 네 명의 '비틀즈'는 의리로 똘똘 뭉친 친구들이었다. 각자 본업이 있었기 때문에 스케줄이 허락하는 한에서만 후부 일을 돌볼 수 있었다. 하지만 우리는 우선순위를 후부에 두었다. 나 역시 레드 로브스터를 그만두지 않고 근무 교대 시간에 틈틈이 후부 업무들을 처리했다. 그렇게 2주 정도를 보내니까 잠이 모자라서 죽을 지경이었다. 하지만 밀린 잠은 나중에 죽어서 실컷 보충해야지 생각했다.

피곤한 와중에도 짬짬이 꾸는 꿈은, 우리 옷이랑 일부 다른 브랜드 옷을 함께 팔 수 있는 우리 소유의 매장을 여는 꿈이었다. 하지만 그건 저 멀리 무지개 뒤에나 있을 것 같은, 말 그대로 꿈같은 희망사항이었고 아직도 갈 길은 멀었다. 그래서 좀 더 빠른 시일 내에 이룰 수 있는 현실적인 꿈을 하나 마련했다. 우리 옷을 작은 의류 매장이나 백화점 진열대에 걸고 판매해보자는 것이었다.

우리가 만든 옷은 유명해지기에 마땅하다

그동안 우리는 뉴욕과 필라델피아, 워싱턴DC, 보스턴 등지에서 열리는 흑인 박람회란 박람회는 모조리 찾아다니며 부지런히 후부 브랜드가 찍힌 티셔츠를 팔았다. 평균적으로 한 달에 한 번 꼴로 콘서트가 열렸기 때문에 박람회 기간 사이사이에는 콘서트장을 돌며 판매에 박차를 가했다. 우리는, 아니 우리 옷은 유명해지기에 마땅했다. 적어도 우리들은 그래야 세상이 공평한 거지 하고 생각했다. 우리 옷에는 스타일과 개성이 있다. 그리고 확실한 콘셉트가 있기 때문에 많은 사람들의 호응을 얻을 수 있으리라 믿었다.

후부의 콘셉트란 동네 친구처럼 친근하고 젊은 우리가 직접 디자인하는 옷, 그래서 편하고 저렴한 제품을 만드는 것이었다. 우리는 이 콘셉트를 전면에 내세웠고 그 전략은 맞아떨어졌다. 사람들은 지갑에서 나가는 돈이 그들 자신이 속해 있는 흑인 사회로 되돌아간다는 생각을 하며 좋은 티셔츠 하나 값으로 20달러 내지 30달러를 건네는 데 주저함이 없었다. 우리 티셔츠는 정말 훌륭했다. 그다지 비싸지도 않은 편이어서 더 잘 팔렸고, 얼마 지나지 않아 클럽에서 우리 티셔츠를 입고 있는 아이들을 보는 것 역시 어렵지 않게 되었다. 그들로 인해 후부 브랜드에 더 힘이 실리게 되었다.

우리는 2년에 걸쳐 총 여섯 차례나 박람회에 참가했고 회를 거듭할수록 판매할 제품을 점점 더 많이 가져갔다. 매번 스타일이나 컬러에 조금씩 변화를 주며 새로운 시도를 빠뜨리지 않았더니 사람들이 우리를 알아서 찾아와주는 게 느껴졌다. 우리 옷은 재고가 남을 새 없이 재빨리 팔려나갔다. 박람회 참가 초기에는 대체 이 인파가 어디서 몰려드는 걸까 의아해한 적도 있다. 박람회가 다가올 때마다 엄청난 양의 제품을 준비하는 것 때문에 우리 모두는 눈코 뜰 새 없이 바빴다. 디자인과 프린트에도 시간이 걸리지만 제품을 공장에 가져갔다가 다시 가져오고 우리 부스가 어떻게 하면 더 나아 보일까 궁리하는 것도 큰일이었다.

사람들이 우리 티셔츠에 열광하기까지 그 모든 공로가 나에게만 있다는 생각은 꿈에도 하지 않았다. 그런 것들을 생각할 여유조차 없이 우리는 서로 도와 일하느라 바빴다. 마케팅이든 브랜드든 광고든 가리지 않고 닥치는 대로 일했으며, 힘닿는 한 모든 면에서 후부에 힘이 되고자 애썼다. 우리 자신이 우리 옷을 입고 클럽이나 콘서트 현장을 돌아다니며 움직이는 광고판 역할까지 해냈다. 친구들에게도 우리 옷을 입혀가며 모니터링을 했다. 뉴욕은 패션의 중심지이고 힙합 문화의 근원지였기 때문에 우리 친구들 대부분이 이 방면에 전문가 못지않은 안목을 가지고 있었다. 그들이 지적하는 단점들에 대해서는 즉시 시정에 들어갔고, 동시에 그들 역시 우리처럼 걸어다니는 광고판이 되어주었다.

브랜드를 만들고 새로운 히트 아이템을 모색하던 우리는 하키 저지(hockey jersey)* 쪽으로 아이템을 확장하기로 했다. '하키 저지'는 때마침 인기몰이를 시작한 따끈따끈한 아이템이었다. 북아메리카에서 가장 큰 하키 저지 회사인 CCM의 고문이자 힙합계의 큰손으로 꼽히는 크리스 래티머(Chris Latimer)가 모든 래퍼들에게 자기 회사에서 나오는 저

---

*하키 선수용 저지 셔츠를 말하는데 여기서 저지란 우리가 흔히 접하는 티셔츠용 원단, 즉 편직으로 짠 신축성 있는 원단을 가리킨다.

지를 입히고 있었다. 나도 CCM에 가서 아직 프린트되지 않은 빈짜 저지 셔츠를 한 보따리 사왔다. CCM 사람에게는 나를 아마추어 하키팀 코치라고 속이고 물건을 샀다. 내가 그 옷들을 가지고 뭘 할지 알았다면 그 사람들은 나한테 절대 물건을 팔지 않았을 테니까. 그들은 영문도 모른 채 NHL(National Hockey League) 팀들의 최근 유니폼 컬러대로 빈짜 셔츠들을 보내주었다. 나는 각각의 저지 셔츠에 컬러 도안을 입히고, 그 위에 멋진 블록체로 후부 로고를 커다랗게 수놓았다. 이렇게 통통 튀는 저지 셔츠를 만들어놓았으니 누구라도 이걸 입고 밤에 클럽으로 놀러 나가고 싶어하지 않았겠는가!

해야 할 일이 많아지면서 나는 점점 더 다양한 사람들을 두루 만나게 되었다. 공장 사람들, 선적 일을 보는 사람들, 변호사들, 디자이너들, 그 밖에도 후부를 빨리 안착시키기 위해 거래해야 할 사람들을 접하면서 나는 갖가지 배경을 가진 다양한 타입의 사람들과 대화하는 게 얼마나 중요한 일인지 깨닫기 시작했다. 흑인, 백인, 동양인, 남미인 등 피부색이나 출신에 관계없이 모든 사람과 잘 지내야 했다. 특히 뉴욕의 의류 업계는 다양한 인종 구성으로 유명한 곳이라 사업하는 데는 아무래도 친화력 있는 사람이 유리했다. 동성애자와 이성애자가 혼재하고 기독교인과 유태인, 이슬람 교인이 함께 일하는 곳이 바로 이 바닥이다. 대졸자와 고교 중퇴자가 뒤섞여 일하는 것도 이상할 것 없다. 배경에 상관없이 재능 있는 사람에게 의지하긴 했지만, 말 하나 행동 하나가 모두에게 똑같이 공평해야 했다. 특히 나는 정말 상상하기 어려울 정도로 다양한 출신 성분과 성향을 가진 사람들과 일했기 때문에 더욱더 처신을 잘해야 했다. 문제는 최대한 빠른 시간 내에 상대방이 어떤 성향에 어떤 배경을 가지고 있는가를 완전히 파악하는 것. 그렇게 각각의 사람들을 전부 내 사람으로 만드는 일은 뉴욕에서 옷을 만드는 사람으로서 무척 중요한 일이었다.

피부색이 뭐길래?

우리는 인종 차별의 굴레로부터 자유로워지기가 힘들었다. '검은 피부'라는, 너무나 눈에 잘 띄는 이 차이점을 극복하고 사회의 평범한 일원으로 인정받기란 쉽지 않았다. 성장 과정에서 이런저런 말로 나를 억누른 사람들, 예를 들어 경찰이나 선생님 또는 의사 같은, 이른바 권위적인 인물들은 하나같이 백인이었다. 그리고 미처 깨닫고 받아들이는 걸 배울 새도 없이 우리는 이 모든 무시와 천대를 어깨에 짊어져야 했다. 단지 피부색이 검다는 이유만으로.

그나마 나는 그렇게 자라지 않은 편이지만 우리 동네, 아니 전 세계의 흑인들이 인종 차별 속에서 살고 있었다. 그리고 나도 사업을 본격적으로 시작하면서 인종 차별을 분명히 체감하게 되었다. 그런 일이 있을 때마다 나는 어머니의 애인 스티브를 떠올렸다. 그는 정말 마음씨 좋은 사람이었다. 그를 처음 본 열두 살 때부터 그는 줄곧 내 삶의 큰 부분을 차지해온 중요한 사람이다.

하루는 그가 나를 데리고 동네 자전거 가게에 가서 내가 그때 하고 있던 대단치도 않은 자전거 수리 일에 필요한 부품 몇 가지를 함께 골라주었다. 내가 부품을 고르는 동안 스티브는 가게 주인과 몇 마디 말을 수고받기 시작했다. 나와 내 친구들이야 허구한 날 그 가게에 죽치고 있었지만 스티브가 이 가게에 들른 건 처음이었다. 우리에게 늘 친절했던 그 가게 주인은 스티브가 어디 출신인지 듣고는 이렇게 대답했다. "오, 그렇군요. 거기라면 백인 동네라 여기랑은 수준이 다르죠. 안전하기도 하고요."

열두 살 내 귀에는 그냥 아무 뜻 없이 던지는 말로 들렸는데 스티브는 예리했다. 그는 즉시 가게 주인이 겉 다르고 속 다른 인간이라는 걸 알아챘다. 내가 그 가게의 우수 고객이었다는 사실도 필요 없고, 남자가 흑인 사회에 정착해서 나름대로 열심히 일해서 먹고살려고 한다는 것도 필요 없었다. 그 남자가 내게 항상 친절한 편이었고 지금까지 서로 잘 지내왔다는 사실도 필요 없었다.

스티브는 그 남자 면전에서 곧바로 몸을 돌려 내 곁으로 오면서 말했다. "데이몬드. 이 양반네 가게에 앞으로는 절대 오지 말아라. 이 양반은 네가 흑인이라 무시하고 있어. 너랑 네 친구들이 갖다 주는 코 묻은 돈으로 밥을 먹으면서도 너에 대한 배려라곤 전혀 없는 사람이다." 스티브는 노여움 없이 무척 차분한 목소리로 말했지만 나는 그의 눈에서 깊은 분노를 읽을 수 있었다.

우리는 가게에서 나왔고 나는 이후 다시는 그 가게 근처에 얼씬거리지도 않았지만 그날 있었던 일은 자주 내 머릿속에 떠올랐다. 어쩌자고 나는 이 완고한 편견의 소유자를 아량 있고 인자한 사람으로 잘못 알고 있었던 걸까. 나 또한 누군가에 대한 편견을 가지고 있었던 건 아닐까. 다른 사람이 내 피부색만으로 나에 대한 편견을 갖듯이…….

그러고는 어머니의 애인 스티브에 대해 곰곰이 생각해봤다. 그는 백인이었다. 내가 아마 앞에서는 그가 흑인인지 백인인지 언급하지 않은 듯한데, 그 이유는 그의 피부색이 뭐였는지 나조차 의식하지 못할 때가 대부분이었기 때문이다. 이 글을 쓰며 생각해보니, 맞다, 스티브는 백인이 맞다.

왜 다들 이 놀라운 마케팅 수법을 모르는 거지?

후부가 막 세상에 알려질 무렵 미국의 음악계를 비롯한 대중 문화계는 조금씩 위축되기 시작했다. 우리가 의도하거나 바란 것도 아니었고, 심지어 쉽게 알아차리지도 못한 채 맞이한 상황이지만 어쨌든 일은 그렇게 돌아가고 있었다.

1980년대를 지나며 랩은 음악 시장에서 확고한 발판을 다지며 그 어느 때보다 강하게 지방색을 드러내고 있었다. 동부 래퍼와 서부 래퍼, 그리고 그 사이에 끼인 중부 래퍼까지 다양한 래퍼들이 혼재했다. 뉴욕에는 런 디엠시와 LL 쿨 제이 같은 가수가 있었고, 로스앤젤레스에는 NWA, 마이애미에는 루크(Luke), 남쪽의 텍사스에는 게토 보이즈(Ghetto Boys) 등이 포진해 있었다. 미국 전역이 네다섯 지역구로 나뉘어 각자 조금씩 다른 억양과 음색의 랩과 힙합을 추구하면서 아무런 교류 없이 배척하는 상황이었다. 뉴욕이 힙합의 본고장이니 LA 애들은 어쩔 수 없이 뉴욕에서 나온 음악을 들을 수밖에 없었지만, 뉴욕 애들은 어떤 경우에도 LA에서 만든 음악을 듣지 않았다. 중심부에 사는 애들이 듣는 랩과 힙합은 약간 순화되고 도덕적인 버전으로 만들어졌다.

그런데 후부의 시대가 본격적으로 도래하자 이 모든 게 바뀌어버렸다. 갑자기 가수들이 한마음이 되어 지역을 넘어선 활동을 펼치기 시작했고, DJ들은 어느 지역에서 만들었는가에 연연하지 않고 열린 마음으로 음악을 틀었다. 음악뿐 아니라 영화나 패션, 경제계에도 지역감정을 무너뜨리자는 바람이 불었다. 메이시즈(Macy's) 백화점에서 칼 카니의 제품을 판매한다는 것은 우리가 얼마나 주류 사회에 근접했는지를 보여준다. LL은 CBS 방송국 시트콤을 통해 배우로서의 재능까지 인정받고 있었고, 랩과 힙합이 인기 팝 차트 40위까지를 처음으로 거의 독식하고 있었다.

전국이 온통 힙합 붐을 타고 있으니 이참에 텔레비전 광고나 한번 해볼까 하는 생각에 몸이 근질근질했다. 하지만 당시로서는 그다지 똘똘한 아이디어가 아니었다. 이유는 간단하다. 수십 년 동안 공중파 주요 시간대 광고를 독점한 건 대기업들이었고, 우리에겐 그런 광고를 할 만한 큰돈이 없었다. 이번에도 망할 놈의 돈이 문제였다. 열심히 번다고 버는데도 임대료를 내거나 다음 제품에 쓸 재료비를 충당하고 나면 돈이 없었다. 자동차 기름도 넣어야 했고 고속도로 통행료도 내야 하는데, 타이어는 왜 또 그렇게 자주 갈아줘야 하는지. 딱 하나 반짝이는 아이디어가 있다면 조금 더 저렴한 가격으로 우리를 알릴 수 있는 방법, 즉 타깃 시장을 노크하는 것이었다. 예를 들어 뮤직비디오처럼 상대적으로 돈이 덜 드는 광고 수단을 이용하는 것이었다. 내 계획은 게릴라 수법으로 PPL을 펼치는 것이었다. 비디오 속 힙합 가수들이 적당히 우리 브랜드를 가사에 섞어 넣어주고, 또 우리 옷을 입고 노래를 불러준다면 그 옷이 곧 유행이 되지 않겠느냐는 생각!

나는 새로운 광고 형식에 대한 믿음이 있었다. 하지만 무슨 이유에서 인지 당시에는 아무도 이 방법을 쓰지 않고 있었다. 지금은 흔한 광고 형식이 되었지만 당시에는 음반 업계의 힘을 빌려 패션 사업을 흥행시킬 궁리를 하는 사람이, 그 많은 사람들 중에 단 한 사람도 없었다. 하지만 나는 했다. 이윽고 뮤직비디오는 우리들의 CNN이자 〈뉴스위크〉가 되었다. 흑인 타깃의 케이블 채널인 BET(Black Entertainment Television) 채널과의 긴밀한 관계와 뮤직비디오 노출을 통해 우리는 새롭게 창조한 유행을 싸고 쉬운 방법으로 대중에게 전달할 수 있었다.

힙합과 후부의 흥행사들

당시 랄프 맥다니엘즈(Ralph McDaniels)는 흑인 사회에서 랩과 힙합의 흥행을 좌우하는 가장 존경받는 제작자 중 한 사람이었으며, 업계에서 진정한 프로로 통하는 사람이었다. 지금도 여전히 뉴욕에 있는 지방 라디오 방송에서 영향력을 끼치고 있지만, 1980년대 중반 MTV조차 랩과 힙합에 별 관심을 보이지 않을 때 뉴욕에서 힙합 뮤직비디오를 상영한 선구자 가운데 한 사람이다. 그는 매일 오후에 한 시간짜리 힙합 방송을 편성했고 그 프로그램 하나가 끼친 영향은 지금도 무시할 수 없을 정도다. 사람들은 처음으로 마약 딜러나 농구 선수가 아닌, 노래하는 젊은 흑인들을 텔레비전 화면을 통해 볼 수 있었다. 나랑 똑같은 아이들을 텔레비전으로 볼 수 있다는 건 정말 대단한 일이 아닐 수 없었다. 그것도 음악처럼 긍정적인 분야에서 일하는 흑인 또래를 본다는 건 남들은 몰라도 내겐 대사건이었다.

우리가 아는 사람은 모두들 랄프 맥다니엘즈 쇼를 시청하고 있었다. 그래서 나는 우리 셔츠 몇 벌을 협찬하고 그의 프로그램에서 우리 얘기를 좀 다뤄달라고 부탁하면 어떨까 하는 생각에 한여름에 버지니아에서 열리는 무슨 행사에까지 그를 따라간 적이 있다. 지금 생각하면 미친 짓이었지만 어쨌든 나는 그에게 셔츠 한 보따리를 전달했고 그는 자기 쇼에서 나를 인터뷰해주었다. 인간성 좋은 그와 나는 이 일을 계기로 친밀한 사이가 되었다. 후부를 대표해서 내가 인터뷰를 한 것은 그때가 처음이었는데 그 여파는 기대 이상이었다.

방송이 나간 직후 뉴욕 시내의 수많은 의류 매장에서 우리 옷을 취급하고 싶다는 러브콜이 쇄도하기 시작한 것이다. 지성이면 감천이라 했던가. 하지만 문제가 있었다. 우리 힘만으로는 우리 옷을 원하는 모든 매장에 원활히 공급해줄 수가 없었다. 일부는 매장으로부터 미리 제품 값을 받은 뒤 납품하는 방식으로 자금 조달이 가능했지만 대부분의 경우 위탁판매 형식, 다시 말해 일단 제품을 주고 돈은 나중에 받는 시스템이었기 때문이다. 한 푼이 아쉬운 우리에게, 현금 회전이 원활치 않다는 것은 목이 조이는 일과 같았다. 박람회장이나 콘서트장 같은 곳에서야 우리가 물건 값을 직접 받아서 이익금을 챙긴 다음 그것을 다시 제품 생산에 사용할 수 있었지만, 납품은 납품대로 기일에 맞춰야 하고 대금은 제품이 판매된 뒤에나 받는 이런 구조에서는 자금 압박을 받지 않으려야 않을 수가 없었다.

힙합계의 불멸의 영웅 랄프 맥다니엘즈(왼쪽)와 함께. 그의 쇼는 오늘날 유명해진 수많은 힙합 가수들의 등용문이었다. 그는 나조차 나 자신에 대한 확신이 없을 때 나를 TV에 출연시켜주었다.

　랄프 맥다니엘즈는 다방면에 발이 넓은 진정한 흥행사의 면모를 가지고 있었다. 그는 패션쇼를 비롯한 온갖 패션 행사에서 초청 명단 영순위에 올라 있었다. 현재 잘나가는 가수들 대부분이 그가 발굴해서 키운 것이니 힙합계는 그에게 두고두고 갚아야 할 빚을 진 셈인데, 특히 메리 제이 블리제(Mary J. Blige), 퍼프 대디, LL 쿨 제이 등은 그를 대부로 받들어모셨다. 이런 젊은 아티스트들의 길을 열어주고 가능성이 점쳐지면 MTV 같은 주류 방송에도 진출시켜주었으니 그는 우리 힙합계의 에드 설리반(Ed Sullivan)*이나 다름없었다. 그런데 그런 그가 우리에게도 손을 내밀어준 것이다. 이유는 모르겠지만 그는 정말 우리 옷을 좋아해주었고 우리의 뜻을 지지해주었다. 패션계에서도 마당발이던 그는 우리를

*1950~1960년대 미국 대중문화를 상징했던 CBS의 버라이어티 쇼 진행자.

적어도 뉴욕에서만큼은 유명해질 수 있도록 도와주었다. 게다가 우리가 정말 골치를 썩고 있던 위탁판매 시스템에 어떻게 대처해야 할지에 대해서도 실질적으로 조언해주었다.

한편 나의 동료 하이프 윌리엄스도 뮤직비디오 감독으로서 입지를 다져가고 있었기 때문에(그 역시 랄프 맥다니엘즈의 도움으로 감독 데뷔를 했다), 나는 우리 옷을 가지고 촬영장으로 쫓아가서 가수 아니면 백댄서 중에 아무라도 우리 옷을 입고 촬영하게 해달라고 하이프를 설득했다. 그게 우리 사업에 큰 도움이 될지 안 될지 따져보고 찾아간 건 아니었는데 결론적으로 뮤직비디오만큼 판촉 효과가 확실한 매체는 없다는 것을 깨달았다. 내가 만든 옷을 입은 LL 쿨 제이가 무대에 서 있다는 것만으로도 온몸에 전율이 왔는데, 심지어 우리 옷을 찾는 수요가 급격히 늘어났으니 이 얼마나 근사한 일인가.

노랫말 안에 브랜드 있다

재미있는 조사 결과가 있다. 2004년 상반기 빌보드 톱 20 싱글 차트 안에 머무른 노래는 총 62곡이었다. 그 가운데 44퍼센트에 해당되는 24곡의 가사 속에 적어도 한 개 이상의 브랜드 명이 삽입되어 있고, 구체적인 브랜드 명이 언급된 횟수를 다 합치면 총 645차례나 된다는 것이다. 이 놀라운 조사 결과는 샌프란시스코에 있는 한 컨설팅 회사에서 발표한 것이다. 그렇다면 평균 한 곡의 노래에서 열 번 정도 브랜드 이름을 들을 수 있다는 얘기다.

캐딜락(Cadillac)이나 헤네시(Hennessy), 구찌나 롤스로이스(Rolls Royce) 같은 것들은 힙합 아티스트들이 가장 선호하는 브랜드들이다. 보험회사 게이코(Geico), 미국을 대표하는 은행인 뱅크 오브 아메리카(Bank of America), 대규모 장난감 판매 체인 토이즈 알 어스(Toys R Us), 렌터카 전문 회사 에이비스(Avis)같이 비교적 대중적이고 일반적인 브랜드들 역시 순위 안에 들었다. 그리고 그 어떤 경우를 막론하고 일단 노랫말에 등장했던 회사는 모두 이 시기에 막대한 매출 신장을 기록했다.

더 흥미로운 사실은 이 유행이 전체 음반 시장을 통틀어 특히 한 장르에서만 크게 번졌다는 사실이다. 2004년 상반기 동안 빌보드 톱 20 차트에 오른 노래들 가운데 힙합 외의 장르에서 브랜드를 직접 언급한 노래는 청바지 브랜드 리바이스를 가사에 삽입한 미모의 백인 여가수 제시카 심슨(Jessica Simpson)의 '너와 함께(With you)', 단 한 곡뿐이었다. 그렇다면 그 수많은 나머지 브랜드들은 전부 힙합 가수들의 노래 속에 존재했다는 것.

랩과 힙합의 팬이 주로 흑인인 걸 감안할 때 우리 흑인 사회가 얼마나 브랜드 지향적인가를 단적으로 알려주는 좋은 예다. 예전에 5인조 팝 그룹 비치 보이즈(Beach Boys)가 불렀던 자동차 노래로는 모자라 우리가 입는 옷, 마시는 음료수에 관한 노래에까지 브랜드가 등장하게 된 것이다. 자동차는 캐딜락이나 롤스로이스 아니면 렉서스라야 한다. 여자들의 가장 친한 친구인 다이아몬드는 흘러간 노랫말 속에도 있긴 했지만, 이제는 꼭 아이스링크(Icelink)나 제이콥(Jacob) 같은 보석 전문 디자이너 브랜드에서 만들어주는 낮춤 디자인이어야 한다. 아니면 까르띠에(Cartier)나 롤렉스(Rolex)도 좋고……. 우리가 마시는 건 그냥 샴페인이 아니다. 동 페리뇽이나 모에 샹동(Moet Chandon)이야말로 진정한 샴페인이다(기억해둘 것! 앞서 말했듯이 크리스털은 한물갔다).

브랜드를 부르짖는 가수와 이 노래를 좋아해주는 팬 사이에는 미묘한 관계가 형성된다. 고급스럽고 유명한 브랜드를 노래함으로써 가수들은 청중들에게 자신의 이미지가 이렇게 멋지다는 최면을 간접적으로 걸 수 있고, 반대로 팬의 입장에서는 자기가 좋아하는 가수를 모방하기 위해 이들 제품을 열심히 구매해주는 것이 자기만족을 포함해서 궁극적으로 자기가 속한 커뮤니티(특히 여기서는 흑인 커뮤니티라는 말이 더 적절하겠다)의 발전에 기여하는 행동이라고 여기는 것이다.

대부분의 보수적인 정통 기업들은 이 인과관계를 별로 중시하지도 않았고 따라서 가수들이 노랫말 속에 자사의 브랜드 명을 넣어주는 것에 대해서도 고맙게 생각하지 않았다. 일부 회사들은 그런 식의 관심 자체를 거부하는 반응을 보이기도 했다. 하지만 우리의 존재와 삶의 방식을 함께 이해하고 나눈다는 차원에서 보면 그렇게 과민할 필요가 없지 않을까? 간혹 브랜드 이미지에 먹칠을 하는 노래가 나오긴 하지만 말이다[예를 들어 페티 파블로(Petey Pablo)라는 흑인 래퍼의 노래는 '이제 나는 시그램 진*에게 따져야겠어/나는 그걸 마셔주는데 놈들은 그런 나더러 돈을 내라네' 라는 가사

*유명 주류 회사인 시그램(Seagram)에서 생산하는 술 이름.

가 나온다. 그래도 이렇게 언급될 수 있는 브랜드로 성장했다는
게 어딘가. 대부분의 노래에서는 이름난 브랜드가 상징하는 '성
공'을 갈망하는 내용이 주를 이루지 않던가.

게릴라식 뮤직비디오 PPL 마케팅의 힘

우리는 최고급 원단을 사다가 최고급 재봉사를 시켜 후부 로고를 새긴
티셔츠를 열 벌 정도 만든 다음 뉴욕 곳곳의 뮤직비디오 촬영장에서 다
양한 가수들에게 돌려 입혔다. 나는 하이프 윌리엄스뿐 아니라 다이안
마텔(Diane Martel) 등 여러 뮤직비디오 감독들과도 안면을 익혔다. 모
르는 사람을 위해 설명해두자면 그 당시 비디오 촬영은 대부분 스튜디
오가 아닌 야외에서 이루어졌다.

우리 흑인 커뮤니티에서는 이 촬영 자체가 일종의 동네 잔치였다. 촬
영 환경은 지금에 비해 너무나 열악했다. 촬영 스태프들 중 대다수가
비정규 직원이었는데, 우리 동네 친구들 가운데도 촬영 스태프로 일하
는 녀석들이 상당수 있었다. 가수들 대부분이 변변한 의자 하나 없이
길 위에 서 있어야 했고, 나름대로 화려해 보이는 카메라나 무대 조명
을 벗어나면 마법이 풀린 신데렐라처럼 다시 암울한 환경으로 돌아와
야 했다. 그들은 멀리 떨어진 곳에 있는 허구의 존재가 아닌 우리의 이
웃이고 친구였다. 아는 사람 몇 명만 거치면 서로 사귀게 되는 경우도
허다했다. 그렇기 때문에 하이프 윌리엄스를 만났을 때처럼 인맥을 이
용해서 어렵지 않게 비디오 촬영에 의상을 협찬할 수 있었던 거다.

어느 뮤직비디오 촬영상에 찾아가서 우리 옷을 입힌 다음 촬영이 끝나면 그 옷을 받아서 드라이클리닝한 뒤 다른 촬영장에 가서 똑같은 옷을 다른 가수에게 입혀서 또 찍었다. 우리 옷이 멋있기도 했지만 우리가 진심으로 그들을 존중하고 좋아하는 마음이 전달된 덕분에 가수들이나 백댄서들 모두 우리 옷을 정말 기분 좋게 입어주었다. 우리는 사업차 옷을 협찬하는 차원을 넘어 그들의 진정한 팬이자 후원자였다. 요즘 개념 없는 의류 업체 협찬 담당자들은 자기가 협찬하는 의상을 입을 가수 이름이 뭔지, 어떤 노래를 부르는지도 알지 못하는 경우가 허다하지만 우리는 심지어 그들의 노래 가사를 줄줄 외울 정도였다. 우리에겐 일을 떠나 힙합 자체가 인생의 큰 의미였으니까.

본격적인 협찬 의상으로서는 첫 제품이라고 볼 수 있는 이 몇 장 안 되는 티셔츠들은 우리에게 엄청난 홍보 효과를 가져다주었다. 처음 찾은 촬영장은 3인조 흑인 남성 그룹 브랜드 누비안(Brand Nubian)이 부른 '겁 없이 달려드는 멍청이들(Punks Jumps Up to Get Beat Down)'의 비디오를 찍는 곳이었다. 유명한 래퍼 루다크리스(Ludachris)의 성공에 큰 역할을 한 실력 있는 매니저 제프(Jeff)와 차카(Chaka)가 제품을 협찬할 수 있도록 연결해주었다. 이 비디오는 그 후 줄잡아 천 번도 더 방영되었으니 우리 옷도 천 번 이상 전파를 탄 셈이다. 그 전에 이미 우리 후부 티셔츠는 머라이어 캐리(Mariah Carey)의 뮤직비디오에서 래퍼인 올드 더티 바스타드(Old Dirty Bastard)에게도 입혀졌고, 나중에 크게 히트를 친 미스 존스(Miss Jones)의 두 번째 싱글 '남자가 되고파(Where I want to be boy)'의 비디오 제작에도 사용되는 등 부지런히 제 구실을 하고 있었다.

일반적으로 비디오 촬영 시점과 실제 방영되는 시점 사이에는 약 2개월 정도의 공백이 있었기 때문에 우리는 방송 날까지 초초하고 지루하게 기다려야 했다. 그렇게 한 편의 뮤직비디오가 완성되기를 기다리는 동안에도 우리는 열심히 다른 촬영장을 따라다녔다. 그러다 하이프가 뮤직비디오를 만드는 또 다른 그룹 비치스 위드 애티튜드(Bitches With Attitude)의 뮤직비디오에도 우리 옷을 집어넣었다. 하지만 때로는 촬영장에서 열두 시간 넘게 기다리다 허탕을 치고 돌아올 때도 있었다. 하루는 그랜드 푸바의 비디오 촬영장에서 정말 끈질기게 기다렸는데 출연자 중 그 누구에게도 우리 옷을 입히지 못했다. 모두 다 우리를 친절하게 맞아주었고 우리가 주변에서 얼쩡대는 걸 귀찮아하지도 않았지만, 우리가 가져간 옷 스타일이 촬영 콘셉트에 맞지 않았던 것이다. 오면서 시계를 보니 우리가 거기서 죽친 시간이 무려 열여덟 시간이었다. 종종 이런 최악의 사태가 벌어졌지만 우리는 더 악착같이 촬영장과 세탁소를 오갔다. 우리 옷이 출연한 뮤직비디오들이 빨리 전파를 타기만을 기다리면서……

요즘이야 촬영 시작 전에 의상 담당이 미리 모든 옷을 다 준비해놓지만 초창기만 해도 힙합 비디오 촬영 작업은 모든 게 아주 느슨하고 격식 없이, 그야말로 대충대충 진행되었다. 오죽하면 의상 협찬을 하러 간 내가 즉석에서 비디오 출연까지 하게 되었을까. 브루클린 출신으로 총격에 의해 사망한 비운의 래퍼 비기 스몰즈(Biggie Smalls)의 비디오 속에서도 잘만 찾으면 내가 보인다. 자칫 한눈팔면 내가 나온 장면을 놓칠 수 있으니까, 정말 집중해서 봐야 한다. 눈썰미 있는 사람이라면 내가 후부 모자를 쓰고 0.5초 정도 화면에 나오는 걸 잡아낼 수 있을 것이다.

마침내 우리가 의상을 협찬한 뮤직비디오늘이 속속 전파를 타게 되자 전화통에서 불이 나기 시작했다. 전화 받느라 업무가 마비될 지경으로 전화벨은 쉬지 않고 크게 울렸다. 아직 우리 이름을 건 매장 하나 없는데, 갑자기 뉴욕 시내 전역에서 수많은 소매상들이 전화를 걸어 우리 제품을 가져가겠다는 거였다. 말 그대로, 자고 일어나보니 우리의 '후부'는 스타가 되어 있었다.

  '몬테고 베이(Montego Bay)'라는 편집 매장*에서 처음으로 자메이카 분점에 우리 제품을 위한 공간을 할애해주었고, 롱아일랜드의 그린 아크레스 몰에 있는 또 다른 분점에도 납품을 허락해주었다. 맨해튼 안에서 최초로 제대로 된 디스플레이를 한 곳은 브로드웨이에 있는 '비즈니스(Bee's Knees)'로 다운타운의 타워 레코드 맞은편에 있는 의류 매장이었다. 브롱크스에도 분점을 갖고 있던 '비즈니스' 측은(브롱크스 분점은 내 친구가 운영하고 있었다) 그 매장에도 일찌감치 우리 옷을 진열해주었다. 그리고 좀 생뚱맞지만 시애틀에도 서너 군데, 일본에도 서너 군데에 우리 옷을 판매하는 매장들이 생겼다.

  많은 사람들이 우리가 흑인 밀집 지역 안에서 작은 상점들을 중심으로 출발했겠지 하고 짐작하는데 사실은 그렇지 않다. 말할 것도 없이 흑인들이 가장 큰 사랑을 베풀어준 건 맞지만 그건 일부일 뿐이고, 모든 사람들이 후부와 후부라는 브랜드 이면의 메시지에 매력을 느껴 제품을 구입했다. 서퍼들과 스케이트 보더들도 초창기부터 우리의 큰 단골손님

  *여러 브랜드 제품을 바이어가 선별해서 구매한 뒤 한곳에 모아놓고 판매하는 형식의 매장.

이었고, 우리는 이 모든 사람들에게 후부 옷을 입힐 수 있다는 게 행복했다. 어떤 매장에선 겨우 20장 정도의 소량을 주문했을 뿐이지만, 우리는 그것도 가치 있는 일이라 여기고 열심히 물건을 납품했다.

뮤직비디오 PPL은 확실히 우리 사업이 순조로운 출발을 하는 데 주춧돌이 되었다. 물론 그 전에도 이미 흑인 박람회를 통해 입소문이 나 있었기 때문에 후부를 알고 찾아온 사람들이 많았다. 하지만 그건 순전히 흑인들 사이에서의 지엽적인 인기였고 우리의 원대한 꿈에는 미치지 못하는 절반의 성공이었다. 뮤직비디오야말로 우리를 전국적인 브랜드로 업그레이드시킨 힘이다.

아무튼 후부의 돌풍은 시작되었다

우리가 지나온 길에 대해 간단하고 신속하게 정리를 해본 뒤, 나는 적당한 다음 행보를 결정했다. 라스베이거스에서 열리는 캘리포니아 남성복 조합(Men's Apparel Guild in California)의 무역 박람회에 참가하여 '후부 돌풍'을 일으키겠다는 야심 찬 계획이었다. 영문 이니셜을 따서 '매직(MAGIC) 쇼'라고 불리는 이 전시회는 미국 기성복 업계에서 가장 크고 중요한 이벤트다. 하지만 나는 참가해야겠다는 결심만 했을 뿐 다른 절차에 대해서는 아는 게 별로 없었다. 참가 희망자들은 박람회장에 자기 제품을 전시하기 위해 적어도 2주일 전에 신청 절차를 정식으로 밟아야 했다. 하지만 우린 그걸 몰랐다. 게다가 나는 우리가 입은 헐렁한 청바지와 커다란 티셔츠가 전시장 안에서 얼마나 초라해 보일지도 상상하지 못했다.

심지어 모든 거래가 신용을 바탕으로 이루어지기 때문에 아무리 주문을 많이 받아도 납품 후 대금 지급을 약속한다는 서류만 잔뜩 챙길 뿐 현금은 한 푼도 구경할 수 없다는 사실도 몰랐다. 기존의 매장들과 위탁판매 거래를 했다는 생각만 떠올렸어도 예상할 수 있었을 일인데 나는 정말이지 아무것도 모르고 달려갔다가 큰 충격을 받았다. 현재 꾸준히 거래하는 매장들에 물건을 납품하기 위해서도 당장 자금이 필요한 상황인 데다, 설상가상으로 박람회에서 새로 주문받은 물건을 납기일 내에 만들어 배송하려면 얼마나 많은 돈이 필요할지 눈앞이 캄캄했다. 그래도 라스베이거스 첫 출장 내내 나는 이렇게 스스로를 위로했다. 쥐꼬리만 한 월급봉투 때문에 상사 눈치를 보는 사람들도 많은데 나는 그래도 행복하다고.

성공을 위한 통과의례

사실 난 라스베이거스에서 뉴욕으로 돌아올 때쯤이면 양손에 감당할 수 없을 정도의 현찰을 들고 돌아올 줄 알았다. 주문과 동시에 제품 값으로 현금을 받게 되면 그 양이 어마어마할 것 같아서 아예 빈 트렁크도 하나 더 챙겨 갔다. 결국 순전히 헛고생으로 끝났지만 말이다. 빈 트렁크를 챙기는 나를 보며 동료들은 너무 오버하는 거 아니냐고 했지만 결국 나는 가져가고야 말았다. 현실 감각이라곤 하나도 없으면서 게다가 영화나 드라마를 너무 많이 본 건가.

아무튼 부푼 기대를 안고 라스베이거스 행 비행기에 오른 나는, 빈 트렁크 가득 현금 뭉치를 채워서 뉴욕으로 돌아오는 상상을 하느라 잠도 못 잤다. 그 상상 속에서는 집으로 돌아가는 길에 비행기 안에서 트렁크를 품에 안고 내내 화장실에 앉아 있는 내 모습이 보였다. 의자 아래나 머리 위 선반처럼 도둑맞을 위험이 큰 곳에 돈을 방치할 수는 없기 때문에 제일 안전한 장소인 화장실을 택한 것이었다. 앞서가도 너무 앞서간 상상이었다. 김칫국을 너무 일찍, 그것도 너무 많이 마신 셈이다.

첫 라스베이거스 출장에서 텅 빈 트렁크를 끌고 뉴욕으로 돌아오던 내 모습을 추억하니 얼굴이 화끈거리지만 한편으로는 그때 내가 그렇게 순진했구나 하는 생각에 웃음이 난다. 그리고 유익한 경험이었다고 생각한다. 이 에피소드는 언제나 시작 단계에서는 누구나 예기치 못한 실수를 범하게 된다는 걸 깨닫게 한다. 젖먹이 아기가 걸음마를 떼면서 넘어지기도 하고 부딪히기도 하는 것처럼 성공을 위한 일종의 통과의례였다고 할까. 물론 이제는 그런 어이없는 실수는 하지 않지만 가끔은 그때가 그립다.

사업하는 사람들이 가장 잘 써먹는 말 중에 "큰돈을 벌려면 큰돈을 써야 한다"는 게 있지만, 후부 초창기 때는 돈이 아까워서 못 쓰는 게 아니라 없어서 못 썼다. 라스베이거스로 출발하던 날, 주머니에는 푼돈 몇 장이 전부였고 출장 인원은 다섯 명이나 되었다. 여전히 아메리칸 항공에서 일하던 어머니의 도움으로 대기석을 기다려 공짜로 비행기를 타야 했는데, 대기석이라는 게 입맛대로 제공되는 게 아닌지라 다섯 명이 모두 한 비행기에 탈 수는 없었다. 하는 수 없이 우리는 여행 스케줄을 엇갈리게 잡았다. 게다가 나의 가장 가까운 동업자 친구 칼은 비행기에 오르기 직전 발목이 부러져 뉴욕 JFK 공항 터미널에서 열여덟 시간을 지체해야 했고, 동료 중 또 한 사람도 라스베이거스 행 직항을 타지 못하고 말았다. 결국 우리는 로스앤젤레스로 가는 비행기를 얻어탈 수밖에 없었고, 공항에 내려서부터는 싸구려 렌터카에 몸을 실은 채 몇 시간을 내리 달려야 했다. 하지만 몸은 고생스러워도 열심히 일하는 우리 스스로가 대견해서 힘든 줄 몰랐다.

우여곡절 끝에 꿈의 도시 라스베이거스에 도착했다. 빡빡한 숙박비 예산에 맞추기 위해 매직 쇼가 열리는 컨벤션 센터에서 5마일이나 떨어진 미라지 호텔에 싱글룸을 잡았다. 한 사람은 욕조에서, 두 사람은 바닥에서, 나머지 두 사람은 싱글 침대에서 새우잠을 잤다.

다음날 아침 퍼뜩 신선한 아이디어가 떠올랐다. 우리의 호텔 방을 바이어들을 위한 쇼룸(show room)으로 사용하자는 거였다(매직 쇼가 열리는 박람회장에 부스를 잡지 못했으니 이렇게라도 해야 했다). 출장 계획을 짤 때 미리 생각했으면 좋았겠지만 이제라도 생각한 게 어디냐며 서로를 격려한 뒤 우리는 근처 홈 디포(Home Depot)*에 달려가서 이동식 옷걸이를 사다가 창문 앞에 세워놓고는, 우리 스스로를 디자이너라고 칭했다. 방에서는 발 냄새며 온갖 패스트푸드 찌꺼기 냄새가 진동했고, 준비해 간 옷도 여덟 벌 밖에 없어서 바이어들에게 마땅히 선보일 것도 없었지만(아, 사실은 바닥에 벗어놓은 우리 속옷이랑 입고 있는 옷가지들이 더 눈에

*대형 할인점 형태로 운영하는 가정용품 및 DIY 용품 재료상.

띄기는 했다), 어차피 우리에겐 매직 쇼의 데뷔를 순조롭게 장식할 만한 물질적 여유가 애초부터 없었다.

브랜드를 알려라

LL 쿨 제이에게 옷 입히기

매직 쇼장에서 우리가 나눠준 광고 전단을 받아본 바이어들은 퀴퀴한 냄새로 꽉 찬 우리의 호텔 방을 찾아 컨벤션 센터에서 5마일을 땀 흘리며 걸어왔지만 전혀 불쾌한 기색은 없었다. 그런 사소한 결점을 덮어줄 정도로 우리 옷들이 충분히 맘에 들었던 것이다! 내 생각에는, 아웃사이더 느낌을 풍기는 우리의 외모가 디자이너로서도 멋지게 어필한 듯하다. 그리고 분명히 말하건대 비록 진열한 제품 수는 적었지만 우리 브랜드 전체의 분위기를 보여주기에는 충분했다.

나는 우리의 로고 '후부'가 '우리를 위한, 우리에 의한' 이라는 뜻이라는 걸 입이 닳도록 설명했다. 퀸스에서 온 흑인 청년들이 열심히 자기 제품을 팔려고 애쓰는 모습을 접한 바이어들은 뭔가 남다르다고 느낀 것 같았다. 우리가 보여준 옷 역시 독특했고! 우리는 그들에게 후한 평가를 받았다.

우리가 그 전에 해놓은 일들도 헛수고가 아니었음이 드러났다. 사람들에게 후부를 알리기 위해 각종 뮤직비디오에 우리 티셔츠를 노출시킨 덕분에 어느 정도 인지도가 생겼던 것이다. 뉴욕에 있을 때 랄프 맥다니엘즈의 쇼에 출연했던 것과, 몇몇 잡지에 한두 번 광고를 냈던 것이 우리 후부의 브랜드 인지도를 높여주었다. 심지어 LL 쿨 제이에게까지 셔츠를 입히고 모자를 씌워 대중 앞에 나서게 했고, 사진 광고도 촬영했으니 말이다.

LL에 관해서는 재미있는 일화가 있다. LL이 R&B 그룹 보이즈 투 멘 (Boys II Men)과 함께 '안녕 내 사랑(Hey lover)'이라는 노래의 뮤직비디오를 찍을 때 우리가 만든 빨강 폴라플리스(polar fleece)* 재킷을 입었는데, 그 비디오가 정말 자주 전파를 탔다. 물론 그 옷은 내가 촬영 때 입어달라고 부탁해서 입은 옷이었다(그보다 좋은 광고 효과가 어디 있는가!). 나는 당시 LL의 매니저 브라이언을 위해 운전도 해주고, 더러운 빨래를 집에 가져와서 빨아다 준 적도 있다. 보통의 경우에는 래퍼가 되고 싶어 환장한 애들이 자청해서 이런 일을 하곤 했지만 내 경우는 목적이 좀 달랐던 셈이다.

LL은 사람이 좋았다. 첫 음반을 냈을 때는 물론이고 그 후 텔레비전 쇼를 하고 영화까지 찍게 되었지만 언제나 한결같았다. 바쁜 와중에도 항상 고향에 들러 할머니를 보살피고 동네 사람들과도 연락을 끊지 않고 지냈다. 그는 나를 잘 기억하고 있었고, 순회공연이 끝나면 집에 들러 나와 이야기를 나누자고도 했다. 내가 우리 브랜드를 앞으로 어떻게 성공시킬까를 궁리하자 그는 "러셀 시몬스(Russell Simmons)를 위시한 음반 업계 사람들 뒤를 따라다니면서 그들 모두를 완벽한 후부 사람으로 만들어버려"라고 말했다. 그가 한 말은(앞으로도 절대 잊지 못할 것이다), 미친 임산부마냥 그들을 스토킹하라는 것이었다. 그는 나에게 "철

*방한용 상의에 많이 쓰이는 부드럽고 포근한 원단 이름.

저히 집요하게 굴라"고 말했다. 긍정적인 대답을 얻을 때까지 따라다니라는 것이었다. 그는 어떤 방식으로든 그들이 후부를 인정하고 밀어줄 때까지 끈질기게 괴롭히라고 목소리를 높였다.

그래서 나는 어떻게 했을까? 당시 내가 음반 업계에서 마음 터놓을 수 있는 사람은 오로지 LL뿐이었으니 비빌 언덕도 그뿐이었다. 나는 그의 충고대로 미친 임산부처럼 그를 스토킹했다. LL의 새 매니저 찰스로부터 LL이 오후 비행기를 타야 한다는 정보를 입수한 나는 우리 옷을 한 보따리 챙겨들고 카메라를 좀 다룰 줄 아는 친구 하나를 데리고 LL의 집 앞에 자리를 잡았다.

그 당시만 해도 지금보다 훨씬 더 순진했던 나는, 특정 브랜드를 추천하고 홍보하는 일이 해당 연예인에게 구체적으로 어떤 결과를 가져다주는지에 대해 잘 몰랐다. 만약 그가 우리처럼 작은 의류 브랜드의 대변인으로 세간에 비쳐진다면, 같은 조건으로 그에게 많은 돈을 줄 수 있는 리바이스나 타미 힐피거 또는 다른 돈 많은 디자이너와 손잡게 될 가능성이 물 건너가게 된다는 생각도 물론 하지 못했다. 우리 회사는 유명 가수의 스폰서는 엄두도 내지 못할 정도로 가난했고 LL도 그 사실을 잘 알고 있었다. 하지만 상황 파악을 못한 나는 그의 집 앞에서 무작정 기다림으로써 그를 난처하게 만들고 있었다.

내 행동이 얼마나 그를 지치게 했을까. 비행기 시간에 쫓겨 급히 집을 나서는 그에게 나는 그가 시킨 대로 미친 임산부처럼 집요하게 달려들었다. 나는 그가 나를 밀쳐낼 여유도 주지 않고, 가져간 우리 티셔츠 중 하나를 그의 목에 뒤집어씌웠다. LL은 얼굴에 짜증이 역력했고 지극히 날카로워진 상태였지만 단지 어깨를 한번 으쓱하고는 마침내 이렇게 말했다. "좋아, 사진 찍자!"

그날 LL과 함께 찍은 사진을 자세히 들여다보면 내 이빨에 박힌 금색 그릴(grill)*들이 보인다. 그때까지도 내가 여전히 길거리 양아치 스타일이었다는 것을 증명하는 단적인 예다. 아무튼 나는 그가 우리와 함께 사진을 찍었다는 것에 감격해서 거의 머리가 터질 듯 흥분했다. 기뻐서 웃음을 그치지 못하는 나를 보며 LL이 말했다. "앞으로 후부가 크게 성공하면 넌 정말 이 순간을 잊으면 안 돼."

그리고 난 정말 그의 공로를 잊지 않았다. 하늘에 맹세코 잊지 않았으며 앞으로도 절대로 잊지 않을 것이다. 그는 그때를 나만큼 황홀한 순간으로 기억하지는 않겠지만, 나는 죽을 때까지 LL의 가장 열렬한 팬이될 것이다. 한동안 그도 역시 우리 옷을 제일 좋아해주었다. 심지어는 갭(GAP) 광고에 우리 모자를 쓰고 출연해서는 광고 멘트에 '우리를 위한, 우리에 의한'이라는 말을 끼워넣어 주기도 했다. 갭 광고가 전국적으로 몇 주 동안 방영된 뒤에야 그 회사의 중역들은 이 부적절한 메시지를 눈치 챘다. 이 사건(?)은 게릴라 마케팅의 가장 유명한 사례가 되었고, 다윗이 골리앗 몰래 골리앗의 예산 수백만 달러를 빼앗았다는 교과서적인 비유로 남게 되었다. 갭의 중역진과 광고 책임자들은 고심 끝에 광고를 내렸다. 그렇지만 수많은 흑인들과 힙합 청년들이 갭 매장에 가서 후부를 찾는 해프닝이 벌어지자 그들은 1년 정도 지난 뒤 그 광고를 다시 내보냈다. 그 정도로 그 광고에 대한 관심이 크다면 그들에게도 손해는 아니라는 계산이었다.

*치아에 금이나 은으로 만든 작은 장식물을 박아넣는 것

아무 이득 없이 우리를 지지해주고 우리 상품을 무조건 홍보해주는 LL 같은 가수들은 손에 꼽힐 정도로 적다. 미국을 통틀어도 라틴 음반 시장의 대들보격인 팻 조(Fat Joe), 슬림 턱(Slim Thug), 번 비(Bun B), 페뷸러스(Fabulous), 자 룰(Ja Rule), 릭 로스(Rick Rss), 그리고 제이 지 정도가 전부 아닐까?

매직 쇼

매직 쇼가 처음 열렸을 때에는 공식 참가를 신청한 흑인 디자 이너는 한두 명밖에 없었다고 한다. 그런데 후부의 공로로 지금 은 200개의 흑인 업체들이 참가 신청서에 서명을 한다(후부의 공 로라는 말이 거슬리는 사람이 있을지도 모르지만 사실이 그렇다). 다른 무역 전시회와 다를 것 없이 평범했던 매직 쇼의 참가비 평균을 해가 바뀔 때마다 뛰어오르게 만든 것도 우리였다. 덕분에 10년 도 채 안 되어 매직 쇼의 모습은 눈에 띄게 바뀌었다.

회사가 자리를 잡고 원활하게 돌아가기 시작하자 우리는 점차 전시장 부스 크기를 넓혀갔다. 후부가 다음번에는 어떻게 부스 를 꾸밀까 궁금해하며 기다리는 사람들을 위한 배려였다. 어떤 해에는 딱딱한 나무로 만든 바닥에 섬유 유리로 만든 백보드까 지 갖춘 실제 크기의 농구 코트를 꾸며놓고 매직 존슨(Magic Johnson) 같은 농구 스타를 초빙해서 사인회를 가지기도 했다. 만달레이 해변에 있는 럼 정글(Rum Jungle) 같은 멋진 장소를 빌려 파티를 열 때면 L.A.에서 전세 버스로 300명이 넘는 모델과 공중 곡예사들을 공수해 오기도 했다.

　패션 산업 자체가 다른 산업보다 화려하듯이 매직 쇼는 다른 무역 전시회와는 달리 흥겹고 파티장 같은 분위기여야 한다는 게 우리의 생각이었다. 그리고 그런 생각이 사람들에게 통한 것이다. 매직 쇼가 열리는 기간 동안 라스베이거스는 더욱더 달아오른다. 패션 산업과 아무 관계도 없는 사람들이, 특히 젊은 흑인들이 그저 파티를 즐기기 위해 이 기간 동안 라스베이거스를 찾는 진풍경이 벌어지는 것이다.

　이제 후부는 매직 쇼에 참가하지 않는다. 예전 같은 방식의 판촉이 필요 없게 되었기 때문이다. 참가한다 해도 늙은이 취급을 받을지 모른다. 현재 우리는 매직 쇼 대신 다른 쪽에 판촉비를 쓰고 있다. 하지만 매직 쇼 소식을 들을 때마다 우리가 그동안 얼마나 먼 길을 걸어왔는지, 그 말 많고 탈 많았던 첫 출장 이후 얼마나 많은 것이 변했는지 다시 한 번 뒤돌아보게 된다.

40만 달러어치 주문서

나는 LL 쿨 제이가 등장하는 한 페이지짜리 지면 광고를 제작해서 미국의 대표적인 힙합 잡지 〈더 소스(The Source)〉에 실었고, 그 광고를 우리의 첫 번째 매직 쇼에서 홍보 전단으로 활용한 것이다. LL 쿨 제이 같은 힙합 아이콘을 광고 모델로 기용할 정도면 말할 것도 없이 인기가 높은 신규 브랜드가 아니겠냐며 많은 사람들이 관심을 가져주었다. 그러니 굳이 컨벤션 센터 안에 부스가 없어도 상관이 없었다. 우리는 자신감이 있었고 우리의 힘을 표현할 준비가 되어 있었다.

우리가 나눠준 그 전단 뒷면에는 우리가 묵는 호텔 이름과 방 호수가 기재되어 있었다. 이틀 뒤, 앞서 말한 것처럼 콧구멍만 한 우리 호텔 방에 유명 바이어들이 땀을 뻘뻘 흘리며 찾아와서는 거의 40만 달러 상당의 주문서를 작성했다면 믿어지는가?

4만 달러도 아닌 40만 달러라니! 당시의 나로서는 상상할 수도 없이 많은 돈이었다. 그 전까지는 그런 액수를 셀 기회가 있지도 않았다. 머리가 어지러워지고 다리가 후들거렸다. 나는 라스베이거스에서의 그 모든 고생이 가져온 결과에 기쁨과 희열을 감출 수 없었지만, 뉴욕으로 돌아오는 비행기에 오르자 등줄기에서 땀이 나기 시작했다. 이 많은 주문을 맞추려면 원단을 얼마나 사야 하며 재단할 기계와 바느질할 일손들은 또 어떻게 조달해야 할까? 일을 하려면 공장도 필요하고 창고도 필요한데… 걱정이 꼬리에 꼬리를 물었다. 기내 복도를 이리저리 서성이며 생각에 잠겼다. 내가 무슨 짓을 저지른 거지? 하지만 내 머리 위 짐칸에 들어 있는 커다란 빈 트렁크를 떠올리니 앞으로 잘해봐야겠다는 용기가 생겨났다. 내 가방은 여전히 비어 있었지만 우리는 엄청난 거래를 성사시킨 '사업가들'이었다. 창밖의 하늘은 더없이 맑았다.

힘을 표현한다는 것!

나는 이 책에서만큼은 '힘'이라는 단어를 물건을 사고팔거나, 사람을 고용하고 해고하거나, 나를 화나게 한 놈을 때려줄 때 사용하는 물리적인 의미에 국한시키지 않으려고 한다. 내가 말하는 '힘'이란 태어날 때부터 내 안에 내재해 있던 것, 눈에 보이지 않지만 반드시 있는 것, 내가 내 안에서 찾아 밖으로 표출하는 그것이다.

하지만 힘이 이렇게 눈에 보이지 않는 거라면 우리는 무엇으로 서로의 우열을 매길 수 있을까? 요즘 들어 더욱 절실하게 드는 생각은, 힘은 그냥 품고만 있는 것이 아니라 밖으로 내보여야 하는 것이라는 거다. 힘을 보여주는 것, 그리고 그 힘으로 뭘 할 수 있을지를 아는 게 얼마나 중요한 일인지 모른다.

내가 이런 개념을 처음으로 마음속에 갖게 된 때는 바로 매직 쇼가 열리는 라스베이거스로 첫 출장을 갔을 때였다. 좀 더 자세히 말하자면 택시를 타고 컨벤션 센터에서 호텔로 향하고 있을 때였다. 마침 빨강 신호에 걸린 우리의 택시가 잠시 교차로에 서 있었다. 택시 운전사는 남자였는데, 라스베이거스 같은 도시에서 택시 운전을 하는 남자라면 눈치가 보통은 넘을 것이었다. 우리 옆에는 GM 사의 스포츠카 셰비(Chevy) 두 대가 서 있었다. 색깔은 달랐지만 모델은 같았고, 둘 다 낡은 것이었다.

그중 하나는 체구가 작은 할머니가 운전하고 있었는데 외모만큼이나 얌전한 운전이었다. 파랑 신호에 불이 켜지고 할머니는 조심스럽게 가속 페달을 밟았지만 너무나 소극적인 운전이어서 교통 체증을 유발하고 있었다. 또 다른 차 한 대는 젊은 남자가 몰고 있었는데 어림잡아 나랑 비슷한 20대 중반 정도로 보였다. 그는 신호를 살짝살짝 무시하며 이리저리 끼어들고 속도를 내며 꽤 난폭한 운전을 하고 있었다.

우연히 다음 신호에서 이 두 대의 차와 다시 만나게 되었다. 철학적으로 보이는 우리의 택시 운전사가 내 쪽을 돌아보며 이렇게 말했다. "저걸 보시오. 똑 같은 차가 두 대 있죠? 하지만 우리 쪽에 있는 차에 탄 저 남자는 힘을 표현하고 있잖아요?" 그는 젊은 남자의 차를 가리키고 있었다.

나는 운전사가 무슨 말을 하려는 건지 이해가 가지 않았다. "뭐라고요?"

그러자 운전사가 설명하기를, 왜소한 저 할머니는 자기가 몰고 있는 자동차의 힘을 전혀 모르고 있지만 젊은 남자는 달릴 준비를 마치고 흥분에 차 있다는 것이었다. 차도 같고 엔진도 같은데 운전자 중 한쪽만 그 힘을 표현하고 있다는 얘기다.

'힘의 표현(display of power)'이라는 말을 그때 그 택시 운전사에게서 처음 들었다. 겉으로는 비슷해 보이는 두 사람일지라도 그들의 내부에 어떤 능력이 잠재해 있는지는 아무도 알 수 없다. 그 능력을 밖으로 꺼내 보이지 않으면 아무도 둘 사이의 차이를 알아주지 않는다.

라스베이거스 첫 출장 이후 나는 백만 번도 더 이 대화 내용을 마음에 되새겼다. 우리 자신을 남다르게 만드는 방법은 우리 속에 내재된 잠재력을 밖으로 표현하는 것뿐이다. 같은 껍데기에 같은 엔진을 단 자동차를 운전하고 있지만, 성공 또는 실패의 열쇠는 우리가 이 엔진을 어떻게 작동시키는가에 달려 있다.

04

내 멋대로 CEO의 탄생

나는 내 식대로 나의 길을 간다

우리는 미친 듯이 뛰어다니며 일했다. 운송비를 절약하기 위해 가까운 거래처에는 직접 제품을 날랐다. 부족한 수면은 일하는 사이사이에 한두 시간씩 조각잠으로 보충했다. 괴상망측한 보라색 구름이 잔뜩 덮인 우리 집 지붕 아래에는 그보다 더 괴상한 생활을 하는 우리가 있었다.

갑자기 그자가 큰 목소리로 우리를 불러세우고는 물었다.
"이봐요. 당신들 브랜드가 요즘 인기 최고라고 들었는데
어디 가면 옷을 구할 수 있죠?"

대기석을 이용해 뉴욕으로 돌아온 나는, 내가 대체 무슨 짓을 하고 있는지에 대해서만 줄곧 생각했다. 무슨 짓을 하고 있지, 무슨 짓을 하고 있지, 무슨 짓을, 무슨 짓을……? 40만 달러어치 주문을 받아왔지만 지금 내 손안에는 딱 그것뿐이다. 바로 한 보따리 주문서. 정말 그것 말곤 아무것도 없었다.

비행기 안에서 잠시 마음을 다잡긴 했지만 어떻게 이 주문들을 현금으로 바꾸어야 할지 도무지 감이 잡히질 않았다. 일을 벌여놓긴 했는데 그것을 사업으로 성공시키기는 쉽지 않을 듯했다. 라스베이거스를 떠나기 전날 밤새워 술을 마시느라 머리가 잘 돌아가지 않아서거나, 아니면 너무 많은 생각으로 머리가 복잡해져서일지도 모르지만, 아무튼 어떻게 해야 이 모든 주문을 제 시간에 맞게 손해 보지 않고 처리할 수 있을까 하는 생각이 좀처럼 떨쳐지지 않았다. 차라리 손에 메스를 쥐어

주며 뇌 수술을 집도하라고 하면 오히려 그게 더 쉬울 것 같았다.

　나는 겁이 났고 약간은 기가 죽어 있었다. 어느 정도는 각오하고 벌인 일이었지만 사실 자본만 필요한 게 아니라 전문적인 지식과 경험, 교육, 원숙함이 갖춰져야 할 수 있는 일인데 이 모든 것이 우리에게는 너무나 부족했던 것이다. 그 당시에 내가 사업에 대해 알면 뭘 알았겠는가. 고작 바다가재 레스토랑 웨이터 경력과 무허가 택시 영업 경험뿐이었다. 1 달러 벌면 그중에 25센트는 기름 값으로, 또 25센트는 자동차 보험료로 빠져나가는 그런 일이었다. 좀 더 정확히 하자면 그 나머지 가운데서도 25센트는 자동차 수리비와 잡다한 유지비로 따로 보관해야 하기 때문에 겨우 25센트만을 순수익으로 가질 수 있었다. 하지만 이제 신용장이 뭔지도 알아야 했고, 금융 업자들과도 돈독한 관계를 쌓아야 했으며, 소매상과 계약서도 작성해야 했고, 손익 계산도 할 줄 알아야 했다. 그런데 앞서 말했듯이 우리는 이런 일을 하기에는 너무 많이 모자란 사람들이었다. 사실 주문을 많이 받아왔다는 한 가지 성과를 빼곤 매사에 뜻대로 되는 게 없었다.

드디어 도전할 때가 온 거잖아!

그렇다고 이제 와서 돌이킬 수도 없는 일이었다. 후부를 탄생시킨 이래 최대의 고비였다. 그냥 다 때려치우고 주문을 취소해버릴까 싶기도 했다. 눈앞에 쌓여 있는 일감들이 나를 짓눌렀고 포기하고 싶은 마음이 굴뚝같았다. 하지만 지난 세월 동안 수없이 들어왔던 문구가 다시금 떠올랐다. '이 세상에 절대로 해내지 못할 일이란 없다. 단지 도전하지 않을 뿐이다.' 나는 주먹을 불끈 쥐고 스스로에게 말했다. 좋아, 데이몬드, 이제 도전할 때가 온 거야.

우선 해야 할 일은 초기 자본금을 확보하는 것이었다. 그래야 재료를 사고 기술자를 고용해서 주문받은 대로 제품을 만들 수 있으니까. 내 신용카드들은 한도액까지 가득 찼고(그나마 아멕스 카드라도 없었으면 어쩔 뻔했을까), 뉴욕의 모든 은행과 대부 업체로부터는 대출을 거부당한 상태였다. 그건 이미 라스베이거스에 가기 전의 일이다. 사업 자금을 빌리려고 시티 은행, 그린포인트 은행, 체이스 은행, 뱅크 오브 뉴욕… 망할 놈의 은행들을 문턱이 닳도록 들락거렸다. 하지만 구체적인 사업계획서 하나 없었으니 맨땅에 헤딩하는 격이었다. "안녕하쇼, 나한테 돈 좀 꿔주면 지금 하고 있는 사업을 잘해서 언젠가 갚겠소." 이런 식이었다. 되돌아오는 반응은 뻔했다. 무려 27번이나 은행에서 퇴짜를 맞았다. 어느 날 하도 기분이 우울하길래 종이에 적어가며 세어보니 꼭 27번이었다.

놀랄 일도 아니었다. 나는 금융이나 회계에 대해서라면 완전 문외한이었으니까. 제대로 된 사업계획서조차 작성할 줄 몰랐으니까. 게다가 대출을 받으러 은행에 가는 회사 사장이 정장 하나 갖춰 입을 줄도 몰랐으니까. 정신이 똑바로 박힌 은행 직원이라면 누구라도 대출 승인을 해줄 리 만무했다.

라스베이거스 매직 쇼에 가기 전까지는 정말 아무도 우리에게 돈을 빌려줄 이유가 없었지만 40만 달러짜리 주문서가 상황을 조금 바꿔놓긴 했다. 순식간에 대형 거래처를 잡았으니 우린 이제 아마추어가 아니었다. 하지만 그건 어디까지나 내 입장에서 본 우리의 모습이자 희망사항이었을 뿐 대출은 여전히 뜻대로 되지 않았다. 그동안 은행에서 겪은 일을 대충 설명하자면 이렇다. 담당자는 보통 이렇게 말했다.

"존 씨, 지금 실제로 갖고 계신 자본은 어느 정도인가요?" 또는 "자산이 어떻게 됩니까?"

그러면 내 대답은 이랬다. "실은, 빚이 3만 달러 정도 있습니다."

이건 아니잖아, 그들이 듣고 싶어하는 대답은 이런 게 아니지. 나는 황급히 덧붙였다. "그렇지만 우리 옷은 인기가 좋아요."

보통 이에 대한 반응은 다음과 같았다. "음, 그럼 샘플을 좀 볼 수 있을까요?"

"샘플은 없는데요. 그렇지만 LL 쿨 제이가 이번 뮤직비디오에서 우리 티셔츠를 입고 나와요."

이런 말이 은행원들에게 무슨 의미가 있겠냐고! 그들은 LL 쿨 제이가 누군지도 모를 텐데. 나는 참을성을 갖고 그들에게 LL 쿨 제이는 아주 유명한 흑인 랩 가수라고 설명했지만, 그들 가운데 십중팔구는 랩이라는 음악 자체를 한번도 들어보지 않은 사람들이었다. 마치 수도원에 마리화나를 팔러 간 기분이었다. 내가 하는 말은 그들 귀에 완전히 다른 나라 말이나 마찬가지였다.

소비 심리 파악하기

대부분의 사람들은 우리 흑인 커뮤니티가 가진 놀라운 구매력에 대해 매우 둔감했다. 엄밀히 말하면 특히 기득권층 백인들이 둔감했다. 그러니 내가 만난 은행원 같은 타입도 나와의 거래에서 좋은 기회를 살리지 못한 것이다. 내 생각은 그랬다. 왜 아무 득이 되지 않는 시장에 손을 뻗으려고 하는 걸까, 우리에게 투자하지 말이야……. 돈이 있어야 돈을 벌 수 있는 긴박한 상황에서, 내가 사업계획서를 절반만이라도 제대로 작성해서 제출할 수 있을 정도로 똑똑했다면 우리 후부가 어떻게 대출금을 상환할지를 그들에게 명확히 보여줄 수 있었을 텐데…….

1980년대 초반, 도시에 거주하는 흑인들 가운데는 무기력한 할아버지와 창녀, 마약중개인이 많았다. 중년들은 감옥이나 무덤 속에 있지 않다는 사실을 그나마 다행으로 여길 정도로 경제 활동이 미약했다. 그래도 젊은 흑인들은 앞날의 성공을 꿈꿀 수 있었다. 물론 여기서의 성공은 합법적으로 이루는 성공을 말한다. 하지만 이 젊은이들의 인생을 꽃피우게 한 공로는 노인들에게 있었다. 다시 말해서 우리는 웃어른들이 투쟁해서 얻어낸 혜택을 맘껏 누리고 살게 된 첫 세대였다. 음악, 스포츠, 교육, 경제 등 모든 면에서 성공의 기회는 우리 주위에 널려 있었다.

그것이 긍정적인 면이었다면 그 이면에는 새롭게 등장한 저가의 마약인 크랙 코카인(crack cocaine)으로 인한 혼란이 있었다. 크랙은 모든 것을 일시에 바꿔놓았다. 클럽에서 거래되는 '스튜디오 54'와 같은 최고급 코카인이 아니라, 비싸야 5달러를 넘지 않는 싸구려 크랙 코카인으로 우리 세계는 완전히 뒤집어졌다. 수요와 공급 모두 엄청나게 급증했다. 눈 깜짝할 사이에 젊은 래퍼들은 밤새워 크랙에 빠져 지냈고, 스타급 운동 선수들 역시 아무렇지도 않게 크랙에 돈을 썼다. 가장 유감스러운 것은 이 크랙을 몰래 팔아서 쉽게 돈을 벌어 자기가 제일 좋아하는 래퍼와 스포츠 스타들이 보여주는 방탕한 모양새를 그대로 모방하는 흑인 청소년들의 타락이었다.

1980년대 중반부터 도시의 흑인 사회에 진정한 변화가 밀려왔다. 사람들이 눈에 띄게 공격적으로 돈을 낭비하기 시작한 것이다. 특히 젊은이들은 사치의 끝을 내달렸다. 돈을 만지는 즉시 밖에 나가서 써버리기 바빴고 손목에는 팔찌, 목에는 목걸이가 번쩍였다. 그래야만 그들 사이에서 인정받을 수 있었다. 아무도 저축이나 투자에 대해 고민하지 않았다. '쉽게 번 돈이니 쉽게 써버리자' 하는 게 그들의 가치관이었고, 돈을 펑펑 쓴다는 사실은 부끄러움이 아니라 긍지이자 자랑스러움이었다.

경제학적 측면에서 본 흑인 사회의 변화는 갑자기 불어난 소득으로 인한 불안정한 소비 심리에 기인한 것이었다. 그 즈음에 워커 웨어(Walker Wear), 데프 잼(Def Jam), 배드 보이(Bad Boy), 데스 로우(Death Row), 포티 에이커즈 앤드 어 뮬(40 Acres and a Mule), 칼 카니, 그리고 이제는 후부 같은 흑인 타깃의 의류 브랜드가 생겨나기 시작했다. 기업 입장에서는 사회 현상에 편승해서 돈을 벌 수 있는 좋은 기회를 잡은 셈이다. 10년 전만 해도 개조한 하키 셔츠 하나에 100달러를 받는다는 건 꿈도 못 꿀 일이었지만 이젠 얼마든지 가능한 일이 되어버렸다.

다행히 우리에겐 아직 '집'이 있었다

사업 자금 마련을 위해 내가 할 수 있는 마지막 조치는 파머스 거리에 있는 집을 담보로 추가 대출을 받는 것이었다. 누가 봐도 위험한 행동이었지만 이미 화살은 활시위를 떠나 있는 상황이었다. 추가 대출로 10만 달러를 빌려 공업용 재봉틀 10대와, 1차 주문량에 맞출 정도의 원단을 넉넉하게 구입했다. 그 다음에는 우리 집을 반으로 나눠 공장을 꾸몄다. 당시 내 여자 친구는(훗날 나와 결혼해서 우리 아이들의 엄마가 되어준 여자다) 수소문 끝에 대여섯 명 정도의 남미 여성들을 재봉사로 구해왔다(그중의 단 한 명도 영어를 할 줄 몰랐지만 다행히 바느질 솜씨는 모두들 아주 훌륭했다). 집 크기가 대략 100평 정도였는데 다락방, 침실 하나, 주방, 지하실 한 구석을 빼고는 모든 공간을 발 디딜 틈 하나 주지 않고 후부의 사업장으로 활용했다. 거실에 놓은 커다란 테이블이 재단용으로 이용되었다. 서부 인디언 혈통의 그레그(Greg)라는 남자 재봉사가 재단도 할 수 있다 길래 그에게 전적으로 재단 일을 맡겼다. 나와 친구들이 사용할 사무실로는 2층에 있는 방 하나를 할애했고, 스케줄이 허락하는 한 자주 그 방에서 모이기로 원칙을 정했다.

문제의 40만 달러짜리 주문은 1만 5,000벌의 완제품을 만들어야 한다는 의미였다. 원단 양이며 작업량이 정말 만만치 않았다. 코끼리도 깔려 죽을 만한 거대한 원단 뭉치들이 거실을 가득 채웠고 그것도 모자라 나머지는 지하실로 내려졌다. 사람들이 줄 이어 우리 집에 들락거렸다. 후부를 위해 일하는 사람들 가운데 다섯 명 정도는 이 집에서 숙식을 해결했고 나머지 열 명 정도는 출퇴근을 했다. 특별히 근무 시간을 정하지

파머스 거리에 있던 우리 집의 외관.
나의 첫 번째 공장이기도 하다.

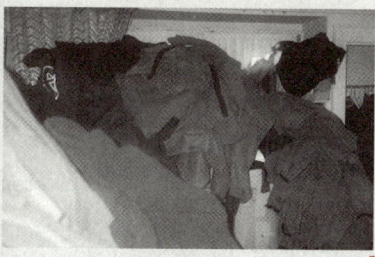

당시 거실은 재단실로 둔갑했다.

침실은 제품을 포장하는 방으로 사용했다

식당은 재봉실로 쓰였다.

"자기 사업을 하려는 사람이라면 최소한 이 정도의 난장판은 각오해야 한다. 거기, 당신 준비되었는가?"

도 못했고, 하루 종일 배달 음식이 끊이지 않았다. 가끔 이른 아침에 우리의 충성스런 남미 아줌마 재봉사들이 출근해서 한참 문을 두드리거나 열린 창문으로 소리를 질러 우리를 깨우면 우리 중 한 명이 무거운 엉덩이를 억지로 침대에서 떼어내 현관문을 열어주고 피곤한 몸으로 그날의 업무를 시작하곤 했다. 겨울이면 그들은 현관문 밖에 오글오글 모여들어 "추워요!(물론 영어가 아닌 스페인어로)"라고 외치곤 했다. 그 소리에

창문을 열어보면 빨갛게 얼어붙은 그들의 코가 제일 먼저 눈에 띄었다.

우리 집을 난장판으로 만들었을 때부터 사실상 우리 집은 맨해튼 남쪽에 있는 노동 착취 공장으로 전락해버렸다. 부근의 이웃들이 우리 집에서 나오는 소음 때문에 얼마나 골치를 썩였을지는 불 보듯 뻔하다. 몇몇 사람들은 아마 우리가 걱정하는 것 이상으로 화가 많이 났을지도 모른다. 우리는 상업용이나 공업용 지역이 아닌 곳에서 민폐를 있는 대로 끼치며 닥치는 대로 작업을 강행하고 있었다. 그런데도 이웃 사람들은 관대하게 참아주었다. 사실 이 동네는 군데군데 불에 그을리고 벽에 금이 간 건물들이 을씨년스럽게 모여 있는 그런 곳이 아니었다. 정직하고 부지런한 사람들이 옹기종기 모여서 가족처럼 지내는 조용한 주택가였다. 하지만 우리는 밤이나 낮이나 재봉틀 소리를 내면서도 이웃에 대한 배려는 눈곱만큼도 하지 않았다. 그러다가 원단이 추가로 입고되어 거실에 대책 없이 쌓이기 시작한 다음날, 더는 미룰 수 없을 정도로 공간 문제가 심각하다는 사실을 모두가 깨달았다. 공업용 대형 쓰레기 수거함을 사서 안 쓰는 물건들을 처분해야 하는데, 문제는 그럴 돈이 없었다는 거다.

그래서 나는 손쉬운 처치법으로 쓰레기들을 태워버리는 방법을 택했다. 부랑자들이 타이어를 태워서 겨울을 따뜻하게 나는 걸 본 적이 있기 때문에 우리도 쓰레기를 태우면 되겠다고 생각한 것이다. 하지만 우리 집에서 나오는 쓰레기들 대부분은 폴라플리스를 비롯한 합성 섬유였기 때문에 내 아이디어는 그다지 바람직하지 못했다. 그게 엄연한 불법이라는 것도 잘 알고 있었지만 포기한다고 해서 무슨 대안이 생기는 것도 아니었다. 우리는 커다란 크기의 빈 기름통을 구해다가 뒷마당에 놓고는 그 쓰레기들을 집어넣고 태웠다. 독소를 품은 보라색 구름이 뭉게뭉게 피어나서 마을 전체를 덮는데도 다행히 사람들은 우리가 무슨 짓을 하고 있는지 정확히는 몰랐던 모양이다. 소방서에서 거의 매주 우리 집에 출동해서 마당에 물을 뿌리곤 했는데, 우리는 사이렌 소리가 들리면 그 소리를 신호로 삼아 울타리를 뛰어넘어 부근의 중국인 마을로 도망가 있다가 두 시간 정도 지나 소란이 가라앉고 나면 집에 돌아왔다. 그러면 현관문에는 어김없이 소방서에서 붙여두고 간 출동 통지서가 붙어있곤 했다. 우리는 마치 학교에서 몰래 불장난을 하다 들켜서 도망간 고등학생들처럼 조마조마해진 가슴을 쓸어내렸다.

잔인하다 싶을 정도의 노동 시간과 노동량으로 인해 육체적으로도 늘 물 먹은 솜처럼 피곤했지만 더 심한 스트레스는 주문받은 제품들을 잘 만들어서 제 시간에 납품해야 한다는 정신적인 압박이었다. 우리는 힘들어하는 동료들의 등을 두드려주며 괴로운 시간을 견뎌내고 있었다. 이때 머릿속에 떠오른 문구가 있는데 "희생이란 좀 더 훌륭한 가치를 가진 무언가를 얻기 위해 조금 덜 가치 있는 무언가를 포기하는 것"이라는 말이었다. 그 훌륭한 가치를 가진 것이 무엇이 될지 명확하게 말할 순 없었지만 우선 우리의 자유로운 시간과 건강을 당분간 포기한 다음 우리에게 무엇이 돌아올지 기다려보기로 했다.

매직 쇼에서 따온 최초의 주문은 다양한 사이즈와 수량의 네 가지 기본 아이템이었다. 폴라플리스 소재의 운동복 상하 세트, 팬츠와 상의, 트레이닝 셔츠, 마지막으로 합성고무 종류인 네오프렌(neoprene) 소재에 자수를 놓은 스쿠버 타입의 재킷이었다. 참고로 이 재킷은 가수 겸 영화배우 부스타 라임즈(Busta Rhymes)가 뮤직비디오에 입고 나와서 크게 인기를 끈 제품이었다. 이들 네 가지 아이템을 뺀 나머지 여섯 가지 아이템쯤이야 전에 했듯이 티셔츠나 모자 같은 것들을 민짜 상태의 반제품으로 들여와서 후부 로고를 새기기만 하면 되는 비교적 만들기 쉬운 품목이었다.

작은 부분도 지나치지 말라

옷을 살 때 나는 그 옷에 매달린 태그를 그냥 지나치지 않고 유심히 살펴보는 버릇이 있다. 태그의 생김새를 보면 그 브랜드의 분위기를 대체로 파악할 수 있기 때문이다. 그래서 우리 후부의 첫 번째 태그를 디자인할 때도 나는 어울리지 않게 많은 시간을 쏟아부었다. 쥐뿔도 모르고 시작한 일인데도 태그에 대한 지식은 무척 빨리 습득한 걸로 기억한다.

나는 태그 디자인을 제대로 하고 싶었다. 로고를 집어넣을까, 뭔가 상징적인 이미지를 넣을까. 아니면 부룩 실즈가 아주 오래전에 캘빈 클라인 광고에서 했던 멘트 "그 어떤 것도 나와 나의 캘빈 사이에 끼어들지 못해"처럼 강렬하게 기억될 만한 슬로건을 넣어볼까 고민이 많았다.

어떤 스타일의 태그가 대중으로부터 호응을 얻게 될지는 알 수 없는 일이다. 평소 칼 카니 같은 디자이너들이 어떻게 태그를 만들어 달았는지 관심 있게 살펴보던 나는, 이런 사소한 구석에 조금은 지나칠 정도로 주의를 기울이는, 딱 나 같은 얼간이들이 분명 있을 거라고 믿고 있었다. 그래서 모든 정성과 에너지를 이 작은 종잇조각 하나에 집중시켰다. 후부를 시작하기 전부터 칼 카니의 태그를 염두에 두고 있었기 때문에, 자기 사진을 태그에 집어넣은 그가 살짝 부럽기도 했다. 그리고 드디어 내 것을 만들 때가 온 것이다. 그래, 칼 카니도 했는데 내가 못할 이유가 뭐냐 하는 생각이 들었다.

우리에겐 이미 사람들 기억에 쏙 박힐 만한 멋진 슬로건 - '우리를 위한, 우리에 의한' - 이 있었기 때문에 한 가지 걱정은 던 셈이다. 태그야말로 돈 들이지 않고 하는 공짜 광고다. 우리가 물건을 팔면 고객은 그 옷을 집에 가져가서 이렇게 멋진 태그가 달려 있다는 걸 확인하게 될 것이고, 그러면 다시 우리 매장으로 옷을 사러 올 확률이 높다.

우리 네 사람(나, 키이스, 제이, 칼)은 근사하게 단체 사진을 찍었다. 퀸스 출신 래퍼들처럼 콘셉트를 잡아 찍었는데 모르겠다, 우리 눈에는 래퍼로 보였는데 다른 사람들 눈에는 뒷골목 양아치들로 보였을지도. 우리 사진을 태그에 넣는 것이 판매에도 도움이 되고 우리 브랜드가 시장에서 인지도를 높이는 데도 일조하리라는 건 내 판단이었다. 또한 우리가 자존심을 걸고 만든 옷이라는 느낌을 주어 브랜드 이미지도 높일 수 있을 거라 생각했다. 드러내고 으스대고 싶어서 한 짓이 아니라는 것만 알아주었으면 하는 바람도 있었다.

자기가 만든 제품 태그에 자기 사진을 넣은 다른 디자이너들은 전부 백인인 데다 화려한 외모를 자랑하고 있었고 모르긴 해도 대부분 유럽 출신들일 것이었다. 그래도 우리 멤버가 제각기 다른 느낌과 분위기를 갖고 있다는 게 장점으로 작용할 거라는 심산이었다. 키이스는 약간 지저분하게 생겼고, 칼은 보편적인 미남 스타일에, 제이는 깔끔하고 말쑥한 편이었다. 나는… 난 그저 윤곽이 뚜렷했다. 이렇게 모두 함께 태그에 모습을 실으면 나중에 성공했을 때 각자가 후부 브랜드의 얼굴이 되겠지 하는 생각에 마음이 뿌듯했다. 후부에는 네 가지 얼굴이 있게 되는 것이고, 우리들 각자가 다른 클럽이나 다른 콘서트장에 가더라도 누군가는 우리 중 한 명을 가리키며 이렇게 말하게 될 거다. "이봐, 저 남자, 후부의 그 남자다!"

뭐, 물론, 우리들 안에서도 약간 우려의 목소리는 있었다. 현실적으로 우리 자신도 우리에 대해 믿음이 가지 않는데 태그에 얼굴까지 집어넣는 건 너무 이른 게 아닐까 하는 걱정 때문이었다. 우린 여전히 첫 주문을 납기일에 맞추기 위해 허둥지둥 뛰어다니느라 바빴고, 우린 여전히 공장 하나 없이 집에서 물건을 만들고 있었으며, 우린 여전히 먹고살기 위해 원래 다니던 직장에 사표도 내지 못한 처지인 데다, 우린 여전히 경찰이나 소방관이 들이닥치면 담 너머로 도망치는 신세인데 말이다.

그렇지만 우리의 외모만큼은 정말 후부의 디자이너다웠고, 그건 우리 브랜드 이미지를 높이는 데 결정적인 플러스 요인으로 작용할 것이었다. 우린 용기를 내서 공식적인 후부의 첫 아이템에 우리 네 명의 사진이 들어간 태그를 달기로 결정했다. 책임감이 두 배로 커지는 기분이었다. 비록 작은 부분이긴 하지만 생각이 현실로 바뀌는 순간이었다. 여담이지만 혹시 사진 속 우리 얼

굴이 가난해 보여서 도와주려는 마음에 옷을 사 간 사람은 없을
까 하는 농담도 했다.

우리가 처음 만든 태그 디자인 중 하나. 매장 사람들은 우리가 깡패같이 생겼다며 우리 제품을 받지 않으려 했다. 내가 보기엔 그다지 불량스러워 보이지 않는데!

괴상한 노동자들

쓰레기 문제는 정말 심각했다. 옷을 만들고 나면 원단 자투리들이 엄청
나게 나왔다. 자투리 원단을 최소화하는 재단법을 정식으로 배워야겠다
는 생각이 들 정도로 쓰레기의 양은 많았다. 게다가 집 안의 공간이 모
자라 마당까지 커다란 나무 상자들과 새 원단들이 나뒹굴고 있었다. 창

고도 이미 집에서 쫓겨난 온갖 가구늘이랑 카펫들로 꽉 차 있었지만 아직 제자리를 찾지 못한 물건들도 산더미였다. 어릴 때 없이 자란 탓에 어머니는 한번 손에 넣은 물건은 버리는 법이 없어서 안 쓰더라도 창고에 쌓아두는 양반이었고, 아버지는 아버지대로 우리 집을 손수 지을 때 사용했던 못, 플라스틱, 섬유 유리, 케이블 등등의 잡동사니를 그대로 놔두고 떠났으니 집 안 곳곳이 버릴 물건 천지라고 해도 과언이 아니었다. 나는 작업 공간을 확보하기 위해 그것들을 다 없애버리기로 했다.

매일 밤 두 시간씩 쓰레기 소각으로 시간을 보내곤 했던 나는 뒷마당으로 쓰레기 묶음을 가지고 나가 한꺼번에 태우면서 그 커다란 기름통에서 활활 타오르는 불길을 코앞에서 지켜보며 한참을 서 있었다. 그런데 한참 뒤에 봤더니 내 몸 앞면에만 네 군데나 부분적으로 탄 자국이 생긴 게 아닌가. 그렇게 불 옆에 가까이 서 있기만 해도 화상이 생기는 줄을 진작에 알았다면 가끔은 몸을 뒤로도 돌리고, 옆으로도 돌려 서 있을 걸 그랬다. 그렇게 하면 온몸이 골고루 탈 수 있었을 텐데……. 아무튼 그때는 대수롭지 않게 생각했는데 시간이 지나니까 불 가까이 있던 부분의 머리카락이 조금씩 빠지기 시작했고 피부는 오래도록 따가웠다. 산업 재해는 나만 겪은 게 아니었다. 알고 보니 뒷마당 잔디조차도 기름통이 있던 부분만 원형으로 검게 그을려 있어 높은 데서 내려다보면 무슨 UFO가 착륙했던 자리로 의심받을 수도 있겠다는 생각이 들었다.

가끔 우리는 뒷마당에서 파티를 벌였다. 동네 사람들은 흑인 남자 네 명이 웃통을 벗고 불타는 기름통 주위에 둘러서 맥주 마시는 모습을 창문 너머로 심심찮게 목격했을 것이다. 가끔은 누군가가 "조용히 해!" 하고 소리를 질렀는데, 그러면 우리는 "아줌마나 집에 들어가서 얌전히 주무시지" 또는 그보다 더 심한 말로 맞받아치곤 했다. 이 가난하고 불쌍한 사람들에게 우리 패거리는 얼마나 악몽 같은 존재였을까. 지옥에 사는 것처럼 괴로웠을 것이다. 이제 와서야 그 사람들에게 너무 죄송하다. 지금은 진심으로 뉘우치고 있지만 그 당시의 나는 너무 오만했고 그들을 배려할 정신적 여유가 없었다. 우리 역시 그들만큼이나 인생이 힘들고 고달팠던 거다.

제일 힘들었던 건, 우리 옷이 정말 사람들에게 호응을 얻을 수 있을지 알 수가 없었다는 점이다. 매직 쇼에서 받은 주문이 처음이자 마지막 주문이 되면 어쩌나 하는 걱정이 앞섰고, 하루에 세 시간밖에 잠을 못 자면서 열심히 일하다가도 누구 한 사람이 일주일에 한 번 꼴로 "그만두고 싶다"고 하면 맥이 쫙 빠지는 느낌이었다. 신경은 늘 곤두서 있었고, 스트레스가 너무 심해서 어떤 때는 이성을 잃고 주먹다짐을 할 때도 있었다. 하지만 하루도 안 되어 다시 화해하고 의기투합하여 형제애를 맹세하곤 했다. 우리가 하는 일이 도박은 도박이되 선의의 도박이니 더 힘을 내자고 서로를 격려하면 정말로 새 힘이 솟아났다.

우리는 미친 듯이 뛰어다니며 일했고, 첫 주문을 실수 없이 처리하기 위해 노력했으며, 운송비를 절약하기 위해 가까운 거래처에는 직접 제품을 날랐다. 부족한 수면은 일하는 사이사이에 한두 시간씩 조각잠으로 보충했다. 괴상망측한 보라색 구름이 잔뜩 덮인 우리 집 지붕 아래에는 그보다 더 괴상한 생활을 하는 우리가 있었다. 낮에는 각자 일터에서 일을 했고, 또 한편으론 후부 일에 매달리며 클럽과 파티장과 뮤직비디오 촬영장을 돌며 홍보에 여념이 없었다. 우리 옷을 입을 사람들과 끈끈한 유대 관계를 유지하는 일은 몸이 아무리 피곤해도, 시간이 아무리 부족해도 절대 포기할 수 없는 중대한 업무 중 하나였다. 그렇게 우리는 후부의 도약을 기대하며 하루하루를 보냈다.

힘들고 지칠 때 가장 큰 보약은 우리 옷이 TV에 나오는 것이었다. 그무렵 우리 집에는 아직도 작은 흑백 TV 한 대가 전부였는데 나는 그 구닥다리를 주방에 갖다놓고 우리 옷이 출연한 뮤직비디오가 나올 때마다 숨을 죽인 채 지켜보곤 했다. 랄프 맥다니엘즈 쇼에 우리 옷이 출연한 뮤직비디오가 나오는 걸 보고 모두가 흥분을 감추지 못하고 펄쩍펄쩍 뛴 기억은 아직도 생생하다. 온 집 안을 뛰어다니고 서로의 등을 때리며 정신 나간 사람들마냥 좋아했었다.

처음 한두 번은 이렇게 큰 소란을 떨다가 방송 출연 횟수가 거듭될수록 그 소란의 정도가 점차 낮아지긴 했지만, 그래도 그 감격과 전율은 완전히 사그라지지 않았다. 나는 요즘도 랩 가수나 유명 배우가 우리 옷을 입고 나오는 걸 보면 그때마다 온몸이 감전된 듯 찌르르하다.

또, 내가 하는 일이 무엇인지 가장 가깝고 확실하게 보여주기 때문인지 길거리나 클럽에서 누군가가 우리 옷을 입고 있는 걸 마주치면 그 전율의 볼트 수는 더 올라간다.

그래도 역시 처음 몇 차례의 경험, 우리의 하키 저지나 재킷이 비디오에 등장하는 걸 최초로 목격하던 그때가 내 인생에 다시는 오지 않을 가장 유쾌한 순간이었다. TV를 끄고 나면? 우리는 현실로 돌아와 주문받은 제품을 무사히 납품할 때까지 추가 대출금으로 회사를 지탱할 수 있기만 바랄 뿐이었다.

게임의 규칙은 바뀐다

얼마 지나지 않아 이 세상 모든 의류 회사들이 뮤직비디오를 새로운 홍보 수단으로 지목하기 시작했다. 나로서는 '왜 진작들 그런 생각을 하지 않았을까' 하는 안타까움에 그들이 한심해 보이기도 했다. 어쨌든 우리가 6개월 정도 꾸준히 뮤직비디오를 통해 후부 브랜드를 알린 뒤 1995년 3/4분기인가 1996년 1/4분기인가부터 MTV의 뮤직비디오를 통해 전파를 탄 의류 로고의 숫자는 가히 기하급수적으로 늘어났다. 그런데 조금은 지나치다 싶게 전략적인 브랜드 로고 노출은 오히려 그 브랜드의 이미지를 반감시킨다는 느낌을 주었다.

MTV에서 반복 상영되는 뮤직비디오 한 편의 가치는 PPL로 인한 판촉 효과와 브랜드 인지도 상승 면에서 여전히 수백만 달러의 가치를 지녔다. 이런 반복 상영은 수퍼볼 중계 사이에 들어가는 30초 광고나 마찬가지의 효과를 냈다. 그 효과가 여전하다면, 뮤직비디오 PPL의 원조나 다름없는 나도 뭔가 신무기를 개발해서 다시 MTV의 문을 두드려야 했다. 가만히 팔짱 끼고 앉아 있어봐야 MTV에서 나를 알아서 챙겨줄 리도 없고, 뭔가 방법을 찾아야 했기에(뜻이 있는 곳에 길이 있다!) 나는 새로운 개념의 로고 개발을 추진하기로 했다.

우리 후부 내의 분위기도 쇄신하면서 동시에 우리 브랜드를 암시하는 상징적인 로고가 필요했다. 나는 수많은 의류 회사들로부터 새 로고의 아이디어를 얻었다. 아베크롬비 앤 피치(Abercrombie &

Fitch)나 폴로(Polo)처럼 역사가 있는 브랜드들은 제품 곳곳에 브랜드 출범 연도를 디자인화하고 있었고, 나이키는 마이클 조던의 유니폼 번호 23을 일종의 브랜드처럼 사용하고 있었는데, 나는 기념일이나 스포츠 아이콘을 사용하지 않는 대신에 나와 내 동료들을 합한 숫자 '05'를 생각해냈다(여기서 '우리' 란 나, 키이스, 칼, 제이, 그리고 아직 채워지지 않은 다섯 번째 비틀까지 포함한 다섯 명이다). 그리고 나서 임시로 우리는 셔츠, 재킷, 하키 저지, 모자 등 모든 아이템에 '05'를 새겨넣었다. 대부분의 사람들에게는 무슨 스포츠팀의 유니폼 번호처럼 보였겠지만, 5번 백넘버를 가진 운동선수는 많아도 5 앞에 0을 넣는 사람은 없었으니 우리의 05는 정말 독창적이고 특별한 번호였다. 게다가 그 당시만 해도 새로운 밀레니엄이 오려면 2년이나 남아 있던 시기였기 때문에, 자기 옷에 붙은 05를 매일 보면서도 그걸 2005년의 05로 연상하는 사람도 없었다. 그러니 그 숫자는 거의 우리만을 위한 숫자나 다름 없었다(그리고 후부가 그 로고를 2005년까지 계속 사용한다면 브랜드 인지도 면에서 더 효과가 높아지리라는 것 또한 계산에 들어 있었다).

새로 만드는 아이템이란 아이템에 한동안 05를 집어넣었더니 얼마 후부터 사람들은 05와 후부를 연관시켜 생각하기 시작했다. 우리가 일일이 설명할 필요도 없었다. 맨 처음 티셔츠를 팔기 시작할 때도 그랬었다. 우리가 자세히 설명하지 않아도 후부의 이름이 뭘 상징하는지 알아주더니 이번에도 그냥 자연스럽게 '05=후부' 라는 등식을 성립시키는 것이었다. 우리는 심지어 05로 상표권 등록까지 했고, 꼼꼼한 이 준비 정신 덕택에 훗날 다른 회사가 우리 상표권을 침해하려고 할 때 소송을 걸어 1,600만 달러의 위자료까지 받을 수 있었다.

하지만 내가 말하려는 요점은 이제부터다. 변호사나 상표권도 사업에 없어서는 안 될 중요한 요소이지만 그것보다 더 중요한 건 객관적인 시각이다. 상자 안에 들어앉아 세상을 보지 말고 상자 밖에서 생각해야 하는 것이다. 상자가 어디로 움직이는지 어떻게 모양이 바뀌는지 알아야 한다. 뮤직비디오만이 이 바닥에서 우리의 생명줄이 되어주던 시절이 있었지만 게임의 규칙은 바뀌었다. 부스타 라임즈가 비디오 속에서 우리의 스쿠버 재킷을 입어주는 것도 좋지만, 집에서 TV를 보는 사람들이 후부와의 유대감을 느끼지 못한다면 이 모든 게 아무 소용이 없는 일이다. '05'는 후부와 대중을 연결하는 새로운 고리 역할을 했다. 그 덕분에 게임은 계속될 수 있었다.

누구, 우리한테 투자할 분 안 계신가요?

모두들 광기와 흥분으로 가득 차 정신없이 일하고 있는데 하루는 어머니가 나를 따로 불러냈다. 그러고는 "아무래도 네가 미친 것 같다"고 했다. 지금 생각해보니 어머니가 아주 정확한 표현을 한 것 같다. 어머니는 우리 일에 훼방을 놓지는 않았지만 한 가지에 관해서만은 단호하게 나를 몰아세웠다. 나 혼자서 회사 재정을 책임지려고 하는 건 바보짓이라는 얘기였다. 나는 "은행들이 우리를 도와주지 않았다"며 열심히 변명했지만 어머니는 귀담아 듣지 않았다.

"데이몬드. 네 돈을 돌려다 대지 말고 다른 사람 돈을 사업 자금으로 투자받았어야지. 그게 이 바닥에서 살아남는 법이야."

어머니는 너무나 강경하고 고집스럽게 말했다. 그후 어머니는 내게 일언반구도 없이 〈뉴욕타임스〉의 일요일자 세 줄 광고에 "백만 달러 어음 있음, 융자 원함"이라는 광고를 실었다.

20통이 넘는 전화 문의가 쇄도해서 바로 다음날인 월요일에 이미 자동응답기 메모리가 꽉 찰 정도였다. 걸려온 전화들 중 반은 우리 상황이 어떤지 자세히 알아보려는 사람들이 걸어온 조금은 막연한 문의 전화였다. 무슨 사업을 하고 있는지, 백만 달러짜리 어음은 어디서 받은 건지 등의 질문이 대부분이었다. 나머지 반은 폭력조직 아니면 고리대금업자들로서 기가 막힌 조건, 예를 들면 '50퍼센트 선이자' 같은 말도 안 되는 조건을 제시하는 사람들이었다. 그중 한둘은 거래 보증을 위해 우리의 가족사진까지 요구했다. 당연히 그런 부류의 사람들과 관계를 맺을 이유는 없었다.

하지만 서너 통은 괜찮은 투자 기회를 찾는 패션 업계 임원들로부터 걸려온 전화였다. 손해 될 건 없겠다 싶어 나는 그들과 몇 차례 미팅을 가졌다. 그때 나는 어머니를 미팅에 대동했는데, 이제야 그때 내가 얼마나 우스꽝스런 광경을 연출했는지 알 것 같다. 진지한 사업상의 미팅에 어머니를 대동하고 나선 홀리스 출신의 껄렁해 보이는 흑인 남자, 그게 바로 그때의 내 모습이었다.

물론 어머니는 꿔다놓은 보릿자루가 아니었다. 이 남자들은 나를 마마보이라며 깔봤겠지만 나는 그다지 신경 쓰지 않았다. 사업상의 미팅에 애완견을 대동하는 유명한 사업가도 있다는데, 내 관점에서는 그거나 이거나 마찬가지였다. 어머니는 심지어 강아지가 할 수 없는 몫을 해냈다. 어떤 질문을 해야 하는지, 각각의 미팅을 끝내고 나면 우리 변호사에게 어떤 질문을 해야 하는지 어머니는 잘 알고 있었다. 게다가 어머니에게는 사람을 볼 줄 아는 눈이 있었다.

그러던 어느 날, 삼성 그룹의 섬유 사업 분야에서 나온 노만 웨이스펠드(Narman Weisfeld)라는 사람과 미팅을 가졌는데, 그 자리에 배석한 그의 동생 브루스(Bruce)는 지나치다 싶을 정도로 친근감을 표시하며 동업을 제안했다. 미팅은 엠파이어 스테이트 빌딩에 있는 그들의 사무실에서 이루어졌는데, 한눈에 봐도 우리와 거래를 하고 싶어하는 눈치였다. 그들의 회사에 돈은 많아 보였지만 유감스럽게도 그들은 나와 어머니에게 좋은 첫인상을 남기지는 못했다. 그들 역시 테이블 너머로 나와 나란히 앉은 내 어머니를 마주한 상황을 우습게 봤을 수 있지만.

이 미팅은 매직 쇼가 끝나고 두 달 정도 지난 시점에 이뤄졌는데, 노만과 브루스는 베니 마일즈라는 또 다른 디자이너와도(그는 자칭 "베니 마일즈 경"이라고 했다) 유통 계약을 타진하기 위해 접촉을 시도하는 중이었다. 나는 내가 노만, 브루스와 미팅하는 동안 그 베니 경이라는 사람이 바로 옆방에 앉아 있었다는 걸 알게 되었고 몹시 자존심이 상했다. 나를 무시하는 태도라는 판단이 들었기 때문이다. 베니에게도 내가 하려고 하는 협상과 같은 내용으로 그들을 설득할 권리가 있다는 걸 분명히 알고 있고, 노만과 브루스가 젊은 신인 디자이너 여럿을 데려다놓고 얘기를 나누건 말건 그것은 전적으로 그들의 선택이자 권리라는 것 역시 모르는 바는 아니었다. 하지만 또 다른 디자이너를 뒷방에 숨겨놓고는 그 사실을 다른 한 사람에게 속인 것은, 나를 충분히 폭발하게 만드는 행동이었다.

베니는 전문적인 디자이너였다. 그는 정장 수트, 코트, 팬츠 등 뭐든 만들 수 있었다. 그는 30분 만에 정말 멋진 코트 디자인을 완성해서 나타났다. 게다가 직접 바느질도 할 수 있다고 했다. 재능이 남다른 디자이너라는 것을 금세 알 수 있었다. 하지만 세상에 재능 있는 사람은 많다. 기술은 뛰어나지만 추진력이나 직관력이 부족해서 도태되는 사람이 얼마나 많은가. 베니에게는 40만 달러어치의 주문서도 없었고, 머라이어 캐리와 부스타 라임즈 같은 가수들과의 인맥도 없었다. 그는 LL 쿨 제이에게 자기가 만든 옷을 입힐 수도 없었고, 그의 옷은 클럽에서 히트하지도 못했다. 그는 음악과의 교감이 소비 시장에서 경쟁자들을 얼마나 멀리 따돌리고 앞서갈 수 있는지도 몰랐다. 우리는 베니 같은 사람들이 맞추지 못하는 과녁을 겨냥해야 했다.

그래서 나는 후부의 차별성을 협상 테이블에서 제시했다. 노만과 브루스는 순수하고 기술 좋은 누군가를 원하는지, 아니면 힙합 커뮤니티에 딱 어울리는 네 명의 거친 패거리를 원하는지 결정해야 했다. 내가 봐도 정말 힘든 선택이었을 것 같다. 아무튼 나는 우리가 미팅하는 동안 그들이 다른 방에 베니를 데려다놓았다는 사실이 계속 맘에 걸렸다. 아무래도 뺨을 맞은 것 같은 기분이었기 때문에 설사 그 거래가 성사된다 해도 깨고 싶을 정도였다. 아무 말도 할 수 없었지만 펄펄 뛰고 싶은 심정이었다. 하지만 다행히 나는 냉정을 유지했고 입을 꽉 다물고 있었다. 어머니는 내가 원하는 대로 다 주장하지 말고 적당한 선에서 협상을 해야 좋은 결과를 얻을 수 있다고 반복해서 말했다. 먼저 그들의 제안을 들은 다음에 내가 하고 싶은 말을 꺼내놓으라는 뜻이었다.

한편 그들은 베니와 나, 그리고 나중에 알게 된 바로는 또 다른 두 명의 디자이너까지 함께 저울질하고 있었다. 하지만 무턱대고 그들을 무시할 수만은 없었다. 앞서 말했듯이, 어떤 매장은 제품이 입고되는 동시에 현금을 내주는 곳도 있지만 어떤 곳은 제품 대금을 받으려면 90일이나 기다려야 하기 때문이다. 내가 추가로 대출받은 돈은 점점 바닥을 드러내고 있었다. 들어올 돈이 좀 있긴 했지만 내보낼 돈에 비하면 턱도 없었다.

마침내 노만에게서 전화가 걸려왔다. 그들이 제시한 것은, 우리 제품의 제작비를 전부 대주고 우리가 브랜드를 개발하는 데 드는 비용을 미리 제공해주겠다는 것이었다. 그러고는 우리 사업의 3분의 2만큼의 권리를 갖겠다는 제안이었다. 예상했던 대로 그들에게 유리한 조건이라는 걸 알 수 있었다. 회사에 일단 발을 들여놓고 재정권을 쥔 뒤 수익 분배를 마음대로 할 수 있게 되는, 의류 업계에서 아주 보편적으로 이루어지는 거래 방식이라고 어디선가 들은 적이 있었다. 하지만 제작비를 지원해준다는 말은 내 귀를 솔깃하게 했다. 나와 친구들 모두 두둑한 월급을 보장받을 수 있겠지. 사무실도 멋진 곳에 얻을 수 있을 테고. 현재의 직장은 다 때려치우고 하루 종일 후부 일에만 매달릴 수 있게 될 것이다. 다시 말해 우리 모두가 안정된 생활을 누리게 되리라는 뜻이었다.

'막무가내' 협상 전략의 힘!

다른 어디서도 얻을 수 없는 사업 전략 하나를 소개할까 한다.

어떤 거래나 협상에 임하든 그 분야에 대해 문외한이거나 관심이 아예 없는 척할 것, 협상 테이블에 나갈 때는 아무 정보도 아무 준비도 없이 나갈 것, 모든 협상 항목을 모욕적으로 받아들일 것, 제일 사소한 문제를 물고늘어질 준비를 할 것… 이상이 내 실제 경험을 바탕으로 한 막무가내 협상 전략이다.

협상의 지혜는 강한 위치에서 상대방을 압도하는 것이다. 그래야 내가 원하는 최상의 조건으로 거래가 이루어진다. 하지만 우리 후부가 내밀 수 있는 카드는 강점인 동시에 약점이었다. 우리는 스트리트 패션에 조예가 깊었고, 따라서 회의실보다는 길거리가 편했다. 대신 우리는 사무 경험이 없고 매너가 부족했다. 나는 심각한 교섭 자리에서 어떻게 처신해야 하는지 하나도 몰랐다. 나는 참을성도 없었고 치밀하지도 못했다.

그런데 내 경우엔 무지함이 복이었다. 내가 후부를 탄생시키기 위해 알아둬야 할 지식들이 이렇게 많은 줄 알았다면 애초에 후부의 F자도 입에 올리지 않았을 테니까. 만약 그 모든 장애물들을 미리 봤더라면 아마도 난 다른 길을 찾았을 것이다. 그리고 만일 내가 평정심이나 우아함을 갖춘 인간이었다면 우리 사업에 스폰서가 될지도 모르는 사람들에게 초면에 그렇게 거만하게 굴지도 않았을 것이다(나의 거만함이 그들을 매료시켰다는 사실이 참으로 아이러니컬하지만 말이다).

노만과 브루스를 만났을 때 우리 브랜드는 인기 절정이었다. 우리 앞에는 주문서가 산더미처럼 쌓여 있었고, 우리는 전도유망한 청년 사업가들이었다. 꽃을 찾는 벌처럼 사람들은 우리 주변을 맴돌고 있었다. 하지만 우리 회사의 은행 잔고는 제로를 향해 달리고 있었다. 우리 중에는 사업적 센스를 가진 사람도, 정식으로 학교 교육을 받은 사람도 없었다. 그리고 무엇보다도 중요한 것은, 아무리 불리한 조건의 협상이라도 당장 받아들이지 않으면 회사 문을 닫아야 할 형편이었다는 점이다.

CEO로 거듭나다

라스베이거스 매직 쇼는 일 년에 두 번 열리는 행사였기 때문에 벌써 다음번 쇼가 다가오고 있었다. 나는 우선은 노만이 제시한 조건을 받아들이겠다는 뜻을 밝히기 위해 통화를 시도했다. 그런데 연락이 되질 않았다. 계속 전화를 해보면서 한편으로는 그들이 다른 쪽으로 무슨 일을 벌이는지 알 수 없어 답답하기만 했다. 나중에 들은 얘기로는, 당시 노만과 브루스도 사업상의 어려운 일로 인해 괴로운 마음으로 지내고 있었다고 한다. 비즈니스란 역시 힘든 것인가 보다.

그들의 아버지는 웨이스필드 가문의 가업을 일으킨 창업주로서 2차 대전 때 나치의 유태인 학살에서 살아남은 사람이었다. 그는 항상 "어떤 경우에도 문을 열어놓으라"고 자식들에게 가르쳤다. 그 문을 통해 어떤 복이 들어올지 모른다는 뜻이었다. 나치의 손아귀에서 살아남은 사람이니 얼마나 현명한 사람일지 상상이 갔다. 아버지의 인생철학을 특히 맹목적으로 신봉하는 아들 브루스 덕분에 그 문은 흑인에게도 열렸다. 만일 퀸스에서 온 네 명의 흑인 애들을 들어오게 하려고 문을 열어났다는 사실을 알게 되면 지하에 계신 그 아버지도 손사래를 치며 "하나님 맙소사!"를 외쳤을지 모르지만……. 어쨌든 그들이 우리를 위해 문을 열어놨다는 건 기특한 일이지만(그들이야 늘상 해오던 일을 한 것뿐이고), 다가오는 매직 쇼 준비에 차질을 빚으면서까지 그들과의 협상에만 매달려 있을 순 없는 노릇이었다.

협상을 마무리 짓지 못한 상황에서도 나는 라스베이거스에 가면 다른 투자자를 찾을 수 있을 거라는 낙관적인 기대를 갖고 있었다. 우리 옷에 열광하는 사람들이 줄을 섰는데 투자자 하나 못 찾겠나 싶었던 거다. 그래서 우리는 다시 아메리칸 항공의 라스베이거스행 비행기에 몸을 실었다. 물론 제일 싼 왕복표를 사서. 그때 우린 판매할 신제품 하나 챙기지 못했다. 해결해야 할 주문이 산더미였기 때문에 새 주문을 받을 형편이 못 되었다. 일을 하나라도 더 벌이면 전체 작업에 차질이 생길 터였다.

이번 매직 쇼에 참가한 목적은 숨어 있는 다른 투자자를 찾아내는 것이었기 때문에 우리는 후부 옷을 쫙 빼입고 컨벤션 센터 안을 어슬렁거리며 사람들의 시선을 끌려고 노력했다. 그리고 예상대로 주목을 받긴 했다. 하지만 우리가 애초에 의도한 그런 주목은 아니었다. 즉, 누가 다가와서 명함을 내밀며 투자를 제안한 게 아니란 거다. 하지만 사람들이 우리를 알아본 건 확실했다. 우리는 지난번 첫 번째 매직 쇼에서 사용했던, LL 쿨 제이 사진이 들어간 똑같은 광고 전단을 다시 돌렸다. 전국에 약 25개의 매장을 가진 꽤 탄탄한 소매 업체인 닥터 제이(Dr. Jay)의 부스 앞을 지날 때 갑자기 그자가 큰 목소리로 우리를 불러세우고는 물었다. "이봐요, 당신들 브랜드가 요즘 인기 최고라고 들었는데 어디 가면 옷을 구할 수 있죠?"

그냥 들어도 반가운 질문이었을 텐데, 마침 노만과 브루스의 부스가 닥터 제이의 부스 바로 옆이라 브루스가 우리 대화를 전부 엿듣고 있었다. 나는 그 상황이 너무 신나고 고소해서 처음부터 다시 한 번 재연하고 싶을 정도였다. 브루스가 급히 노만에게 전화를 거는 소리가 들렸다. "형, 후부랑 협상은 어떻게 된 거야? 얘들 여기서 완전히 인기 폭발이란 말이야. 지금 당장 계약을 성사시켜야 해! 지금 당장!"

브루스가 엿들은 건 분명 우리에게 기회였지만, 순간 나는 그들 유태인 형제에게 돌아가야 할지 아니면 다른 쪽을 선택해야 할지 골치가 아팠다. 열쇠는 분명 우리가 쥐고 있고, 모든 관심은 우리에게 집중되어 있었다. 우리는 베일에 가려진 브랜드라 모두가 그 베일을 벗겨보고 싶어했다. 게다가 뉴욕의 패션 바닥이 나름대로 좁은 편이라 서로가 서로를 잘 안다. 비록 정식으로 전시장에 등록한 업체가 아니라 해도 우리는 충분히 모든 참가자들로부터 주목을 받고 있었다. 어찌 됐든 우리는 또 노만 형제의 관심을 끌게 되었고, 그들은 우리를 포기할까 하는 갈등을 접고 다시 우리를 영입할 계획을 짜는 눈치였다.

그러면 그렇지, 뉴욕에 돌아오자마자 노만으로부터 전화가 걸려왔다. 하지만 나는 일부러 그의 첫 번째 전화를 받지 않았다. 두 번째, 세 번째 전화 역시 따돌렸다. 그때까지도 나는 약간 뾰족한 상태였고, 어떻게 해야 이 부자 형제에게 내 자존심을 세울 수 있을지 계획이 잡히지 않은 상태였다. 첫 미팅에서 나를 그런 식으로 대한 노만의 태도가 여전히 마음에 앙금으로 남아 있었던 것이다. 물론 그는 보편적이고 합당한 제안을 했지만 그간 우리를 애태웠다는 괘씸죄도 작용했다. 무슨 사연이 있었는지는 모르겠으나, 그는 내가 라스베이거스에 가기 전에 그에게 남긴 메시지에 응답하지 않았다. 그래서 나도 그의 전화가 왔다는 걸 알면서도 그에게 응답 전화를 하지 않았다. 그렇게 여러 차례 그의 약을 올릴 대로 올린 뒤 마침내 전화를 받아주었다. 그러고는 다짜고짜 그에게 이렇게 퍼부었다.

"당신은 거짓말쟁이 사기꾼이야!"

"무슨 말이오?" 그가 놀란 목소리로 물었다. "나는 후부와 계약을 하고 싶소."

"안 들려? 당신은 거짓말쟁이 사기꾼이라고!" 나는 재차 소리를 지르고는 먼저 전화를 끊어버렸다.

내가 왜 그렇게 광분해서 날뛰었는지는 지금 생각해도 잘 모르겠다. 그와 사적인 말다툼을 할 상황도 아니었고 사업상 예의를 지켜야 했는데……. 게다가 노만은 그저 자신의 선택권을 여러 방면으로 열어놓았을 뿐이거나 밑지는 거래를 하고 싶지 않았을 뿐이다. 그런데 나는 그걸 사적인 감정으로 받아들인 것이다. 처음 나한테 접근할 때부터 이리저리 저울질하면서 내 약을 올린다고 생각했다. 그렇다고 우리 후부에 새로운 믿는 구석이 생긴 것도 아니었다. 두 번째 매직 쇼에서 우리한테 투자하겠다는 업체를 둘이나 발견하긴 했지만 그쪽의 협상 조건도 맘에 들진 않았다. 그러니 아무리 봐도 장기적인 해답을 찾을 길이 막막했다.

더 심각한 사실은, 그 시점에서는 감정이 앞선 나머지 우리가 누구와도 손을 잡을 필요가 없다는 생각마저 들더라는 것이다. 내 생각에 우리는 이미 부자였다. 어음도 빵빵하게 받아놓았고, 후부 티셔츠랑 재킷들이 다양한 뮤직비디오에서 번갈아 모습을 드러내고 있으니 우리는 한마디로 한창 뜨는 브랜드였다. 하지만 나는 두 달 앞을 내다보지 못하고 있었다. 현실은 두 달 뒤에 파산할 지경이었는데……. 넉 달이면 집을 팔아야 할지도 모르는 상황이었는데…….

결국 노만은 끈기를 가지고 나를 설득하여 내가 두 손 들게 만들었다. 그리고 심지어 이번에는 좀 더 좋은 조건을 우리 측에 제시해왔다. 이번 조건은 내가 혼자 상상했던 조건보다도 나았다. 경영권을 우리 쪽에 주겠다는 것이었다. 노만의 제안은, 우리가 브랜드 소유권과 상표권을 독자적으로 행사할 수 있도록 하겠다는, 즉 지난번 그가 제안했던 후부 경영권의 3분의 2를 포기하겠다는 뜻이었다. 이것은 그가 우리 입장을 이해해서 관용을 베풀었다기보다는, 이런 식의 회사 구조가 흑인 커뮤니티 안에서는 더욱 유리하다는 걸 간파했기 때문이다.

결과적으로 그의 제안은 우리에게도, 우리 회사에도, 그리고 궁극적으로는 그들 형제에게도, 누이 좋고 매부 좋은 조건이 될 수 있었다. 우리는 그의 제안을 흔쾌히 받아들이기로 했다. 그 다음 단계는 회사를 둘로 나누어 후부 위에 지주 회사(holding company)를 두는 것이었다. 노만과의 협상을 끝낸 날 밤 우연히 들여다본 거울 속의 내 모습은 옛날과 달랐다. 그것은 드디어 진정한 사업가로 거듭난 데이몬드 존의 당당한 모습이었다.

노만 측이 얻게 될 이익도 만만치 않았다. 흑인 커뮤니티에서는 흑인 회사의 소유주가 흑인이라는 게 알려지면 사업이 절대적으로 유리하게 돌아가는 경향이 있다. 즉, 그 브랜드는 흑인들로부터 엄청난 신뢰와 지지를 받을 수 있으며 흑인 사회의 자존심의 상징이 되는 것이다. 한마디로 흑인 사회로부터 공식적인 인증을 받는다고 볼 수 있다. 노만은 우리를 이용해서 투자 효과를 극대화할 수 있어 좋고, 우리는 자금 압박에서 벗어나 마음놓고 후부 일에만 전념할 수 있어서 좋았다. 게다가 이 깐깐한 유태인 형제와 50대 50의 동업 계약을 맺고 있지만, 만일 그들이 이 동업 관계를 유지할 수 없는 사태에 처하게 되더라도 여전히 우리가 후부의 주인으로 남게 되는 것이다. 우리가 계속해서 우리 회사의 공식적인 대표가 되는 것이며, 여전히 후부에 담긴 슬로건 '우리를 위한, 우리에 의한'에 대한 신의를 지키게 되는 것이었다.

협상이 타결되자 우리에게는 드디어 월급날이 생겼고, 생산비에 대한 걱정도 완전히 덜게 되었다. 그리고 (이건 우리가 제일 중요하게 생각하는 것이었는데) 이젠 상대편에서도 우리에 대한 존중감을 충분히 표시해주었다. 그들은 인기 좋은 브랜드와 동업자가 된 기념으로 힙합 커뮤니티와도 적극적이고 다양한 접촉을 시도하기 시작했다. 우리는 빠르게 교통정리를 해나갔다. 계약서에 서명한 바로 다음날, 우리의 사무실은 엠파이어 스테이트 빌딩의 새 방으로 이동했다. 작업장은 일단 파머스 거리의 집에 그대로 남겨두었다. 사실 우리 모두가 그 새로운 사무실에 함께 머물기에는 공간이 좀 부족했지만, 어쨌든 우리는 사무실에 우리를 끼워맞췄다. 노만과 브루스를 비롯한 그쪽 회사 사람들이 지나치게 우리를 신경 쓰고 챙겨주느라 힘들지 않도록 우리가 먼저 그곳에 잘 적응하는 게 좋겠다고 생각했다.

3개월 정도의 적응 기간 동안 우리는 새로운 동업자를 후부 스타일로 변신시키는 작업에 매달렸다. 그들은 (다른 분야에선 몰라도) 우리가 만드는 제품 분야에서는 초보나 다름없었다. 따라서 청바지와 티셔츠 제조방법을 배워야 했고, 우리 시장의 생리에 대해 기초부터 이해해야 했다. 우리의 급선무는 계절에 맞춰 업무를 진행하는 일이었다. 주문에 맞춰 제품을 제작하는 대신, 다가오는 겨울 성수기에 맞춰 매장에 내놓을 겨울 신제품들을 빨리 제작해서 납품에 착수해야 했다. 빈민가 출신의 부랑아들이 벼락출세를 한 것치곤 이것도 감지덕지였고, 그나마 한두 시즌이 지나고 나서는 시스템에 완전히 적응해서 더는 고생스러울 것도 없었다. 하지만 그때야말로 우리의 미래를 다시 설계할 시기였다. 더 성공적인 미래를 위해 변화를 꾀하든지, 그 자리에 안주하든지 양단간에 결정을 내려야 할 순간이었다.

05

이렇게 해서
나는 부자가 되었다

엠파이어 스테이트 빌딩 48층에서 바라본 돈과 비즈니스의 세계

처음으로 제대로 된 급여를 수표로 받아보게 되고 이제 더는 배가 고프지 않아도 된다는 생각
에 벅찬 감정을 주체할 수가 없었다. 우리는 별도의 수익배당금을 받는 날을 '크리스마스'라
고 부르곤 했다. 매년 두 번씩 배당금이 들어오는 날은 우리들의 기쁜 크리스마스 날이었다.

수많은 사업가들이 사업을 게임과 같다고 말한다. 우리는 모두
이기기 위해 게임을 한다. 사업도 마찬가지다.

엠파이어 스테이트 빌딩 48층, 그곳에 우리 사무실이 있었다.
어떻게 보면 굉장히 만족스러웠지만 나는 아직 우리가 성공했다고 생각
할 수 없었다. 남들 눈에는 우리가 미국인들을 겁주며 엠파이어 빌딩 꼭
대기를 향해 벽을 타고 올라가는 시커먼 킹콩들로 보였을지 모르지만
우리는 여전히 갈 길이 먼 청년들일 뿐이었다. 할 일은 산더미처럼 쌓여
있었고 여기저기에 장애물도 많았다. 게다가 마약 한번 파는 것으로도
우리보다 훨씬 더 많은 돈을 버는 친구들이 동네에 허다한 걸 볼 때면
상실감이 들기도 했다.

아무튼 근무 환경 자체는 일류에 가까웠다. 세계적인 명소로 손꼽히
는 고층 빌딩 엘리베이터를 매일매일 타고 다녔고 근사한 정장을 차려
입은 사람들과 중대한 비즈니스를 논의했다. 그리고 고백할 것은 그들
사이에서 우리가 무척이나 거만하게 목에 힘을 주고 다녔다는 것. 급여

조건도 좋았다. 내 초봉이 5만 달러였고, 칼과 제이가 받는 액수도 나보다 약간 낮은 정도였다. 키이스는 내심 우리가 후부 일을 계속하게 될지에 대한 확신을 갖지 못해 원래 하던 일인 빌딩 관리직을 완전히 그만두지 못하다가 우리가 조르고 조르는 바람에 결국 두 주 후에 후부에 합류하여 연봉 협상을 마쳤다.

연봉 협상 후 우리 앞에 닥친 가장 중요한 임무는, 우리가 하던 방식대로 일하되 초기 3년 동안 적어도 500만 달러 상당의 제품을 납품하는 것이었다. 그러지 못할 경우 모든 동업 계약은 파기되는 것으로 정했다. 우리가 협상 당시 어떻게 그런 어마어마한 숫자에 동의하게 됐는지 모르지만 어쨌든 우리는 약속대로 사업 실적을 올릴 자신이 있었다. 예전에는 열악한 조건에서 홍보도 하고 그랬는데 이제는 많은 사람들이 후부를 알아주고 있기도 하고, 또한 라스베이거스 매직 쇼에서 상당한 액수의 주문도 받아왔기 때문에 별 걱정은 없었다. 실제로 협상시의 목표액에 도달하는 데 겨우 넉 달인가 다섯 달 정도밖에 걸리지 않았다.

지금 되돌아보면, 우리는 후부가 잘될 거라는 선견지명을 갖고 있었던 것 같다. 우리는 브랜드의 일관성을 유지하는 데 많은 노력을 들였다. 특히 랩과 힙합 가수들로부터 영감을 얻어 옷을 만들었는데 그렇다고 해서 그게 전부는 아니었다. 우리는 우리 브랜드에 대해 그 누구보다 명쾌한 개념을 갖고 있었다. 우리는 우리가 입고 싶은 옷을 만들었고, 우리라면 그 옷을 얼마에 사고 싶을까 생각하며 가격을 정했다.

후부 스타일 만들기

후부가 태어나기 전에 흑인들은 칼하트(Carhartt)나 팀버랜드 또는 노스 페이스(North Face)처럼 기능성 위주의 브랜드 제품을 주로 사 입었다. 땀을 잘 방출한다거나 방수가 잘 된다거나 해서는 아니었다. 제품이 멋지다는 것 외에는 아무 이유가 없었다. 기능성 어쩌구 하는 건 말할 것도 없이 오버였다. 어린이 풀장에서 최고급 기능성 스쿠버 복장을 하고 다이빙을 하는 것처럼 말이다.

칼하트는 방염 소재를 사용하여 건설 인부들의 작업복을 만드는 브랜드였고, 팀버랜드는 거친 야외 활동을 하는 사람들을 위해 흡습성이나 투과성을 극대화한 기능성 소재(고어텍스나 섬유 유리 같은) 의류와 장비를 만드는 브랜드였다. 그런데 우리는 이 고가의 제품을 단지 디자인이 멋지다는 이유로 사 입었다. 스키 재킷 하나에 800달러나 주면서 말이다. 우리는 그 옷이 영하의 날씨에 체온을 어떻게 지켜주는지, 그 주머니가 스키 고글을 넣으라고 만들었든 말든 거기에는 통 관심이 없었다. 우린 등산을 할 것도 아니었고 건설 현장에서 일할 것도 아니었다. 그저 길거리에서 멋지게 보이고 싶었을 뿐이다.

후부를 처음 만들 때도 이런 사고에서 출발했다. 일상에서는 거의 불필요한 기능성을 배제한 덕분에 가격을 800달러에서 300달러로 낮출 수 있었다. 새로운 가격대로 새로운 시장을 창출한 것이다. 기능적인 면을 없앤다고 해서 디자인까지 나빠질 리 없었다.

게다가 스키 고글용 주머니는 아니라도 휴대전화나 콘돔, 담배는 넣을 수 있는 비밀주머니를 달아주는 센스도 잊지 않았다.

스타일, 편안함, 가격… 우리가 디자인할 때 가장 염두에 두는 요소들이었다. 우리는 우리 고객들이 애용하는 다른 브랜드들이 어떻게 옷을 만드는지 유심히 살펴본 다음 지혜롭게 그들의 아이디어를 차용했다. 예를 들어 나이키에서 짙은 오렌지색 로고를 찍은 파랑 스니커즈를 출시하면 우리는 짙은 오렌지색 FB 로고를 찍은 파랑 티셔츠를 만들었다. 신발에 대한 관심은 늘 지대했기 때문에 우리는 후부 옷에 어울리는 신발 라인도 전개할 계획을 세웠다. 우리 고객들이 굳이 나이키나 아디다스 같은 곳에 찾아가서 스니커즈를 사지 않아도 되도록 우리 매장에도 스니커즈를 준비해놓을 생각이었다.

우리는 운동복 셔츠 하나를 만들어도 좀 더 중량감 있는 소재를 사용했다. 그냥 프린트는 가벼워 보이기 때문에 대신 자수를 주로 사용하면서 가능하면 덧대는 천을 두툼한 것으로 골랐다. 지퍼도 그에 어울리는 무겁고 투박한 것으로 달았다. 옷은 세탁 후에도 절대 줄어들지 말아야 했고 보풀도 일어나지 않아야 했다. 우리가 사용한 염료는 절대 낡지 않기 때문에 아무리 잦은 세탁을 해도 풍부하고 선명한 컬러를 유지할 수 있었다. 아는 사람은 다 알다시피 그 당시에는 운동복 셔츠는 물론 일반 티셔츠도 일부러 흠을 내서 오래된 것처럼 꾸민 것이나 빛이 바랜 듯한 스타일이 인기였다. 하지만 흑인 커뮤니티에서는 가능한 한 금방 새로 사 입은 듯이 옷을 입는 게 대세였다. 사람들은 통통 튀는 컬러를 원했고 개성을 드러내주는 스타일을 찾았다. 칙칙한 컬러에 낡아 보이는 옷차림은 돈 많은 백인 아이들이 일부러 연출하는 그들만의 스타일이었다. 우리는 그와는 다른 방향으로 우리식의 스타일을 개척했다.

돈방석에 앉다

1990년대 중반 도시의 흑인 젊은이들을 매료시킨 빅 트렌드는 일반적인 실루엣보다 약간 더 크고 펑퍼짐한 옷차림이었다. 흔히 '힙합 스타일'이라고 불리게 된 이 스타일의 선봉에 후부가 있었다. 몸에 맞는 리바이스 청바지에 근육이 드러나는 꼭 맞는 티셔츠, 예술적으로 곡선미를 살려주는 재킷, 칼라 달린 셔츠 등은 우리가 겨냥하는 시장에서는 소위 쳐주지 않는 아이템이었다. 우리가 지향하는 옷차림의 정반대 스타일이라고 보면 되었다. 우리는 좀 더 헐렁하고 좀 더 캐주얼한 옷을 만들었다. 물 좋은 클럽이나 흑인 동네 길거리에서 흔히 볼 수 있는 스타일을 제품에 반영하면 대부분 인기가 좋았다.

힙합 스타일은 정말 순식간에 흑인 사회를 휩쓸었다. 그 순식간이 문화적으로 얼마나 많은 변화를 일으킬 수 있는 시간인지, 특히 의류 산업에서 그 순식간을 방심하면 많은 것을 놓쳐버릴 수 있다는 걸 우리는 잘 알고 있었다. 한 시즌을 풍미한 히트 아이템이 다음 시즌에는 할인 매장 옷걸이에 걸려 2달러에 팔리는 게 바로 패션계의 현실인 것이다.

헐렁한 실루엣의 힙합 패션이 유행한 후부터 젊은이들은 바지를 거의 엉덩이가 다 보일 정도로 내려 입기 시작했다. 팬티가 바지 위로 드러나도 부끄러운 게 아니라 패셔너블한 걸로 여겨졌다. 이런 옷차림은 한가롭고 자유로우면서 스타일리시한 패션으로 그 시절 무척 유행하던 스타일이다. 바지를 내려 입는 것 못지않게 빅 사이즈의 셔츠도 유행했다. 보통의 헐렁한 셔츠가 아니라 두 사람이 들어가서 헤엄을 쳐도 공간이 남을 정도로 커다란 셔츠였다. 이 스타일은 홀리스 출신에게는 헐리우드 스타들 못지않은 영향력을 끼치는 잘나가는 랩과 힙합 가수들, 심지어 NBA로 방향을 거슬러 유행하는 흥미로운 일례를 남겼다.

예전에 마이클 조던이 활약할 당시의 비디오를 보면 농구 선수들이 몸에 착 붙는 반바지를 입은 것이 눈에 띈다. 하지만 그가 은퇴할 때쯤의 비디오를 보면 모든 선수들이 무릎까지 내려오는 길고 헐렁한 유니폼을 입은 채 경기를 펼치고 있다. 농구 선수 유니폼이 이렇듯 완전히 디자인을 바꾼 데는, 그들이 평소 입고 다니며 익숙해진 스타일을 코트에서도 입기 원했기 때문이라는 후문이다.

헐렁하게 입는 스타일이 튼튼하게 뿌리 내린 요인에 대해서는 두 가지 이론이 제시되었다. 첫 번째 이론은 미국 흑인 사회의 비정상적으로 높은 투옥률이 엉덩이에 걸치는 바지의 유행과도 무관하지 않다는 것. 이 이론을 주장한 사람들의 말에 따르면 원래는 감옥 수감자들이 이렇게 옷을 헐렁하게 입었다는 것이다. 자살 도구가 될 수 있는 벨트나 허리끈이 아예 없는 감방에서 바지는 자연히 엉덩이에 걸쳐지게 되었고, 아무렇게나 입는 그 옷차림이 일반 사회에서까지 유행하게 된 것이라는 이론이다. 나는 이 이론에 절대 동조할 수 없다. 교도소 복장을 한 사람들의 사진을 보면 실제로는 그들이 무척 단정하게 몸에 잘 맞는 옷을 입은 걸 볼 수 있으니까. 게다가 교도소 안에서 벨트 착용이 금지된 건 어제오늘의 일이 아니기 때문에 만일 이 주장이 근거를 가지려면 엉덩이에 걸쳐지는 커다란 바지가 예전에 벌써 유행했어야 한다.

또 하나의 이론은 도시에 사는 흑인 청소년들은 집이 너무 가난해서 몸에 잘 안 맞는 옷이라도 그냥 입고 다니는 데 익숙해졌다는 것이다. 형이나 사촌 또는 동네 사람에게서 물려받아 입기 때문에 옷이 큰데도 무조건 입다가 유행이 되어버렸다는 주장. 물려받은 옷이라 좀 크긴 하지만 형의 스타일을 흉내 내는 것만으로도 좋아서 자랑스럽게 어깨에 힘을 주고 동네를 활보하는 아이들을 꽤 많이 봤기 때문에 사회학적 측면에서 봐도 이 주장은 그나마 앞서 말한 죄수복 이론보다는 훨씬 신빙성 있게 들린다. 하지만 옛날부터 아이들은 늘 형이나 나이 많은 사촌 형제들로부터 옷을 물려받아 입어왔으니, 이 한 가지 주장만으로 모든 것을 설명하기는 힘들지 않을까?

우리 흑인들의 옷이 더 헐렁해지고 더 느슨해진 것은, 그 당시 우리가 심취해 있던 문화들과 너무나 절묘하게 어울렸기 때문이라는 의견도 있다. 다음의 예를 들어보면 무슨 뜻인지 쉽게 이해가 갈 것이다. 건물 외벽이나 열차 등에 스프레이 물감으로 어지럽게 낙서하는 일명 그래피티 태깅(grafitti tagging)이 뉴욕에서 1970년대를 거쳐 1980년대에도 크게 유행했고, 전국의 다른 도시로 번져나갔다. 커다란 스프레이 물감 깡통을 들고 뛰어다니려면 바지나 재킷 속에 티가 나지 않게 수납할 수 있는 공간이 필요할 것이다. 고로 그래피티에 빠진 아이들이 모인 특정 그룹 안에서는 크고 깊은 주머니가 달린 헐렁한 바지가 인기였다. 커다랗고 헐렁한 윗옷 역시 옷 자체가 부풀어 있어서 이런 깡통들이 있건 없건 티가 나지 않고 똑같은 모양을 유지할 수 있어 좋았을 것이다.

하나 더 예를 들어보자. 청소년들은 브레이크 댄스와 랩과 힙합을 즐기기 때문에 너무 꽉 끼는 옷을 입으면 움직임에 지장이 많았다. 춤출 때 여유가 필요해서 조금 큰 옷을 입기 시작한 것이 갑자기 유행으로 번진 것이다. 많이들 오해하곤 하는데, 헐렁한 옷을 입는 유행은 단순히 뉴욕에서만 일어난 현상이 아니었다. 흑인 사회에만 국한된 현상도 아니었다. 더 일찍이 시애틀의 스케이트 보더들 사이에서 우리 후부 옷이 큰 호응을 얻었고, 그 비슷한 시기에 일본의 브레이크 댄서들도 우리 옷을 열렬히 사랑해주었다. 어떤 스타일이 어느 지역에서 어떻게, 왜 유행할지는 아무도 쉽게 예측할 수 없다.

내 지론은 위에서 얘기한 이 모든 문화적 · 사회적 요소들이 힙합 패션의 유행에 '복합적'으로 작용했다는 것이다. 입던 옷 물려 입기, 그래피티, 브레이크 댄싱, 정말 인정하기 싫지만 교도소 스타일의 차용 등등의 요소에 탄력을 받아서 힙합 스타일은 더욱 크게 유행할 수 있었다. 아무튼 본격적인 빅 사이즈의 힙합 패션을 지향한 우리는 마침내 돈방석에 올라앉게 되었고, 나중에는 칼 카니, 워커 웨어, 크로스 컬러즈 등의 선발 브랜드들도 가세하여 우리가 만든 유행에 더 강력한 힘을 실어주었다.

길거리 광고의 힘

삼성 그룹과 손을 잡음으로써 입게 된 가장 큰 혜택은 역시 넉넉한 자금 지원이었다. 우리는 삼성의 지원을 받아 드디어 전통적인 의미의 광고를 진행할 수 있게 되었다. 하지만 광고에 쏟아부은 우리의 수고는 "참 잘 만든 광고였다"라는 평가를 받았을 뿐, 매출 면에서는 큰 성과가 없었다. 사실대로 말하자면, 우리가 처음에 사용했던 길거리 마케팅 전략이야말로 대규모 광고 제작보다 훨씬 돈이 덜 들면서도 실질적인 효과를 가져왔던 것 같다. 참 고생스러웠지만 다신 경험하지 못할 즐거운 추억이기도 하다.

우리가 했던 그 '길거리 광고'는(편의상 그것도 '광고'였다고 치자)는 뉴욕 같은 대도시에서 큰 효과를 봤다. 도둑이 많은 뉴욕 시내의 매장들은 밤마다 엄청나게 볼썽사나운 방범 셔터를 정문과 쇼윈도 앞에 쳐놓는다. 거리를 지날 때마다 그 꼴사나운 모양새에 마음이 불편했던 나는 도시 곳곳 약 50군데의 매장 보안용 셔터 위에 우리 후부 로고를 스프레이로 페인팅하면 어떨까 하는 아이디어를 떠올렸다.

이 방법은 광고를 하는 내 입장에서도 이익이고 가게 주인에게도 이익이 될 수 있는 장치였다. 다행히 가게 주인들 역시 나처럼 그 무지막지한 방범 셔터가 보기 싫다고 판단했는지, 한 명도 거절하지 않고 내 의견에 찬성해주었다. 우리는 이 금속 문짝들을 깨끗이 닦아내는 작업부터 시작했다. 문짝 하나를 새로 꾸미는 데는 200달러 정도의 비용이 들어갔다. 비용도 적게 들었거니와, 그 어떤 전통적인 광고 형식으로도 이렇게 큰 효과를 낼 수 없었을 것이다. 나는 직접 팔을 걷어붙인 채 대부분의 미술 작업을 내 힘으로 했다. 물론 셔터가 내려진 밤 시간을 이용했고 조수도 한 명 데리고 일했다. 은색 페인트를 셔터 전체에 바탕색으로 칠하고 그 위에 우리의 후부 로고를 그린 뒤 '정식 판매 매장'을 안내하는 문구도 덧붙여 썼다. 완성된 '광고'는 낙서 자국으로 얼룩덜룩하고 더러운 무늬로 녹이 슨 예전의 방범 셔터에 비하면 훨씬 보기 좋았고 아주 섹시했다.

우리는 각 도시마다 제일 중심이 되는 동네 몇 개를 골라서 하나씩 차례차례 이 방법으로 소규모 마케팅 전초 기지를 만들었다. 너무 열심히 하다 보니 나중에는 필라델피아까지 내려가 있었다. 방범 셔터 위의 페인팅 광고는 아무리 생각해도 정말 효과적인 마케팅 방법이었다. 매일 저녁 6시나 7시가 되면 그때부터 가게들은 문을 닫는다. 그러면 밤새 그곳을 지나가는 버스, 승용차, 택시, 게다가 보행자들까지 우리 광고를 완벽한 시야에서 감상할 수 있게 되는 것이다. 밤뿐만 아니라 사람들이 복작대는 아침 출근길 러시아워 때도 마찬가지였다. 대부분의 가게들이 오전 10시에서 11시 사이에 셔터를 올리니, 그 도시 전체 인구에게 우리 광고가 노출되는 거나 마찬가지였다. 더 신나는 것은 작업할 때 들어간 시간과 재료를 빼면 거의 돈이 들지 않았다는 점이었다.

당신이 광고비로 많은 예산을 투입할 수 있는 여유 있는 사업가라 치자. 그래도 때에 따라서는 훨씬 저렴한 비용으로 많은 시간을 들이지 않고 성공할 수 있는 다양한 마케팅 비법이 있다는 사실을 잊지 말라.

그 많은 '5,000달러'들은 다 어디로 갔나?

사람들이 나에 대해 제일 궁금해하는 점은 아마도 '대체 이 남자는 뭘 해서 저렇게 큰돈을 번 거야?' 일 것이다. 월세랑 전기료만이라도 꼬박꼬박 잘 낼 수 있으면 좋겠다는 소박한 바람에서 출발해서, 어떻게 써야 될지 모를 정도로 많은 돈을 갖게 되기까지, 참 많은 일들이 있었다.

나에게 '돈'은 단순한 재물의 의미를 넘어서서 더 깊은 의미를 갖는다. 돈이 많으니까 별 배부른 소리를 다 한다고 오해하지는 말기를…, 나 역시 돈이 생기니까 좋았다. 그렇지만 후부를 통해 벌어들인 돈은 우리 성공의 잣대이자 성적표이자 자부심과 같았다. 우리 옷의 콘셉트가 모든 사람들에게 받아들여졌다는 것, 삼성과 손을 잡기로 한 우리의 결정이 잘한 일이었다는 것, 고로 앞으로 더 밝은 미래를 기대해도 되겠다는 것 등을 상징하는 일종의 인증이었다.

모든 일은 일사천리로 진행되었다. 나는 합병 계약을 맺은 지 6개월 만에 파머스 거리에 있는 집을 팔았다. 그 전에 작업실을 다른 곳으로 옮겼고, 다른 동료들도 차례차례 각자의 집으로 돌아갔다. 하지만 나는 한동안 옛날 그 집에 머물렀다. 의외로 고지식했던 나는 달리 어떻게 해야 할지 방법이 떠오르지 않았던 것이다. 그러다가 후부라는 브랜드가 너무나 유명해졌고, 동네 사람들이 나와 친분을 쌓으려고 우리 집에 시도 때도 없이 드나들기 시작했다. 우리 집이 마치 동네의 성지처럼 변했달까. 예수가 탄생한 베들레헴의 마구간을 구경하듯 사람들이 우리 집으로 몰려든 것이다. 공짜로 후부 옷을 좀 얻어갈 수 있을까, 아니면 무슨 도움이라도 받을 수 있을까, 아니면 어떻게 해놓고 사는지 그냥 구경이나 할까 등등 갖가지 이유로 그들은 우리 집을 찾았다.

슬프게도 내가 개인적으로 알고 지내는 거의 모든 사람과 돈 문제에 얽히게 된 건 정말 순식간의 일이었다. 글쎄, 얽히게 되었다는 건 좀 심한 표현일 수 있겠지만, 우리의 모든 대화에 돈 얘기가 들어가게 된 건 사실이었다. 어쩜 그렇게 내가 아는 모든 사람은 죄다 5,000달러 때문에 고민을 하고 있었는지……. 우스운 일이지만 정말 5,000달러가 필요한 사람 천지였다. 우리가 돈을 번다고 소문이 나기 시작한 처음 두 달 동안은 사람들이 100달러 내지 많으면 1,000달러 정도만 꿔달라고 찾아왔지만 그 후 얼마 안 가서 5,000달러로 그 액수가 훌쩍 뛰어올랐다. 어디서 회의라도 해서 액수를 정한 것인지 정말 하나같이 입만 열면 5,000달러 타령이었다. 그 이상을 원하면 내가 부담스러워서 거절할 것 같고, 그 이하를 원하면 자기들한테 왠지 손해일 것 같아서 5,000달러로 담합했나 하는 생각까지 들었으니까.

"이봐, 데이몬드." 보통은 이렇게 시작됐다. "나랑 잠깐 얘기 좀 할 수 있을까? 네가 날 좀 도와줄 수 있나 궁금해서 말야."

그 다음에는 그 돈이 어디에 필요한지에 대해 이러쿵저러쿵 수다가 늘어졌다. 정직하게 사업을 하다가 망했다느니, 월세 낼 돈이 없다느니, 자동차 할부금 낼 돈을 잃어버렸다느니, 어머니가 몸져누워 계시다느니, 감옥에 잡혀들어간 동생의 보석금이 필요하다느니……. 듣던 중 제일 황당했던 것은, 자기 여자 친구가 임신을 해서 중절 수술을 받아야 한다는 거짓말이었다. 뭐, 물론, 여기까지는 그러려니 하고 들어줄 수 있는데, 진짜 황당한 부분은 따로 있다. 며칠 후 그 녀석이 다시 찾아와서는, 여자 친구가 중절 수술을 했는데 의사가 아기 팔 한 쪽을 뱃속에 남겨놨기 때문에 그게 썩어서 감염이 되기 전에 재수술을 해야 해서 돈이 필요하다고 죽는 소리를 하는 것이었다. 나는 이번만큼은 말할 필요도 없이 거절했지만, 생각할수록 기분이 나빴다.

정말 잘 아는 사람의 부탁이면 진심으로 돕고 싶은 마음에 얼마가 필요하냐고 묻기도 했다. "5,000달러면 되는데…" 그들은 한결같이 내 말이 채 끝나기도 전에 이렇게 대답하곤 했다. 돈을 받아갈 때는 마치 꿔가는 것처럼 말했지만, 아무도 돈을 갚으러 오지 않았다. 그 와중에도 후부는 더 번창했고 나도 그만큼 여유가 생긴 뒤로는 아예 주고 나서 잊어버리고 살 심산으로 돈을 내놓곤 했다. 이 사람들이 내 호의에 감복해서 어떻게 해서든 돈을 꼭 마련해서 찾아올 거라는 미련한 착각 따위는 하지 않았다.

후부 일로 돈을 꽤 벌기 시작한 처음 1년간은 줄잡아 5만 달러 정도를 남한테 떼인 것 같다. 그러고 나선 벌이가 좀 더 나아졌기 때문에 나도 좀 더 후해졌다. 매년 가족들, 친구들, 친구의 친구들한테까지 돈을 빌려(?)주었는데 그 액수가 대충 20만 달러 정도 되었다. 돈을 갚은 사람은? 물론 한 명도 없었다.

그 후로 나는 이런 식으로 남들한테 무작정 돈을 퍼주는 짓을 더는 하지 말아야겠다고 결심했다. 해도 해도 너무한다 싶어서 나도 사람들에게 "안 돼"라고 말하기 시작한 것이다. 요구하는 게 뭔지, 누가 요구하는지에 관계없이 내 대답은 "안 돼"였고, 그래서 그 무렵 정말 많은 친구를 잃었다.

내가 돈을 많이 번다는 말을 들은 사람들은 내가 왜 그 돈을 풀지 않는지 이해하려 하지 않았다. 그렇다고 언제까지나 이렇게 무책임한 사람들의 요구를 다 들어줄 수는 없었다. 게다가 내 눈으로 확인한 사실이 있다. 내가 주지 않으면 금방이라도 죽게 될 것처럼 안달했던 5,000달러짜리 문제들을(진짜 문제가 있었는지도 의심스럽지만) 안고 있던 그들이 내가 도와주지 않았는데도 어떻게든 문제를 잘 해결하고 살아남더라는 것이다. 이럴 수가……

그러나 사실은 돈 쓸 시간도 없이 바빴다

노골적으로 찾아와서 손을 벌리는 사람들 탓에 더는 파머스 거리의 집에서 살 수 없겠다는 결론을 내린 나는 오랫동안 정들었던 집에서 나와 약 16킬로미터 정도 떨어진 베이사이드(Bayside)의 아파트로 이사했다. 여전히 퀸스 주민인 데다 어렸을 때부터 돌아다니던 그 길을 계속 지나가고, 여전히 그때 같이 놀던 친구들과 일을 했지만 나는 좀 더 좋은 것들로 둘러싸인 쾌적한 공간에 살면서 남부럽지 않은 수입으로 고급스런 생활을 만끽했다.

노만의 회사에는 영업 자문을 해주는 나이 많은 유태인 남자 할(Hal)이 있었다. 그는 우리가 엠파이어 빌딩으로 출근한 직후부터 우리를 유심히 지켜보았다. 우리가 뭔가 해낼 녀석들이라는 걸 알고 있는 듯한 표정이었달까. 그는 다른 사람의 잠재력을 꿰뚫어볼 줄 아는 노인이었다. 복도에서 마주칠 때마다 그는 내게 말하곤 했다. "젊은이, 돈을 아껴." 그게 다였다. 지금 와서 생각하니 그때 그 노인의 말이 절실하게 가슴에 와닿는다. 다행히 아직까지는 우리의 사업이 탄탄하기 때문에 돈 걱정은 하지 않고 지내지만, 사실 생각 없이 낭비하면 가진 돈 바닥내기가 얼마나 쉬운 일인가. 원래 벼락부자들이 옛날 고생하던 게 억울해서 보상심리로 더 흥청망청 돈을 쓴다는데 우리도 있을 때 조심하지 않으면 얼마든지 돈 문제로 괴로워질 수 있다.

당시 우리는 그렇게까지 낭비하거나 헤프지는 않았다. 아니, 돈 쓸 궁리를 할 시간적 여유도 없었다는 말이 맞다. 그런데 아무래도 자동차 욕심만은 모두들 어쩔 수 없었나 보다. 합병한 후 얼마 만에 제이는 작은 지프(Jeep)를 장만해서 그 차에 샘플들을 싣고 우리와 함께 비디오 촬영장을 돌았다. 나는 잘 빠진 신형 렉서스를 구입했다(이 책 첫머리에 등장한 바로 그 차. 강도를 만나 머리에 총부리가 겨눠졌던 그날의 뒷얘기는 나중에 다시 하겠다).

우리 모두는 각각 자기 취향의 자동차를 마련하는 사치를 제외하고는 정말 미친 듯이 일에 매달렸다. 일하기 위해 산다는 말이 딱 어울릴 정도로 우리는 브랜드를 띄우고 회사를 번창시키기 위해 자기 시간을 모두 할애했다. 나는 한 달의 절반은 사무실에서 잤다. 몇 년 뒤에는 아예 사무실 건너편에 집을 하나 얻어서 일이 늦어질 때는 거기 가서 눈을 붙였다. 그 당시에는 한두 시간 짬이 생기면 편안한 데 누워 잠을 보충한 다음 다시 일하러 가는 게 일과였다.

과소비 청년(?)의 부동산 투자

후부가 어느 정도 제 궤도에 들어서고 약간의 숨 돌릴 여유가 생기자 우리는 차츰 돈 쓸 시간을 갖게 되었다. 바쁠 때는 몰랐던 돈 쓰는 재미에 푹 빠진 우리 네 명은 한동안 서로를 '과소비 청년들'이라고 놀려댔다. 누구 입에서 제일 먼저 나온 별명인지 몰라도, 우리 모두 과거에 남 못지않게 가난을 겪어본 덕택에 그 별명을 부를 때면 만감이 교차하곤 했다. 처음으로 제대로 된 급여를 수표로 받아보게 되고 이제 더는 배가 고프지 않아도 된다는 생각에 벅찬 감정을 주체할 수가 없었다. 우리는 별도의 수익배당금을 받는 날을 '크리스마스'라고 부르곤 했다. 매년 두 번씩 배당금이 들어오는 날은 우리들의 기쁜 크리스마스 날이었다.

그 당시 나의 가장 큰 소비 대상은 부동산이었다. 나는 나 자신을 통제하지 못할 정도로 여기저기에 집을 사기 시작했다. 롱아일랜드, 플로리다, 뉴욕 등등 맘에 드는 곳이 생길 때마다 거기에 살고 싶은 마음을 누를 수가 없었기 때문이다. 플로리다 여행을 몇 번 하다 보니 그곳이 너무 맘에 들었다. 나는 결국 작은 맨션 하나와, 거기서 두 블록 떨어진 곳에 있는 콘도미니엄을 구입했다. 나로서는 이게 낭비라기보다는 일종의 투자였다. 부동산 투자에 원래부터 능한 것도 아니었고 그다지 셈이 빠르지도 못한 나로서는, 1년에 며칠 가 있지도 못할 걸 알면서도 남한테 그 흔한 세도 놓지 않고 그 많은 집을 끌어안고 있었다(그렇지만 결과적으로는 이 부동산 투자로 돈을 좀 벌었다).

부동산은 그나마 투자 가치가 높다는 걸 인정하지만, 고급 자동차에 쏟은 거금은 극도의 과소비였다. 서른 살이 되던 해에 우리는 서로에게 새 차를 선물했다. 아무리 생각해도 괜찮은 아이디어였다. 나는 이미 여러 대의 차를 가지고 있었기 때문에 제이에게서 보트를 선물받았고 그에게 영국산 수제 명차 벤틀리 (Bentley)를 사주었다. 칼에게는 정통 스포츠카 콜벳(Corvette)이 생겼고 키이스에게는 벤츠 S500(Benz S500)이 생겼다. 홀리스 뒷골목의 배고픈 청춘들이 서른 살 선물로 이렇게 좋은 차를 타게 될 줄은 정말 몰랐다. 예전 같으면 축배를 들고 기념해야 할 일이었지만 우리에겐 매일이 기념일이고 잔칫날이었다. 자동차, 보석, 샴페인, 파티, 기자 접대 등에 우리는 돌이킬 수 없이 엄청난 돈을 썼지만 너무 즐겁고 행복해서 후회할 틈이 없었다. 모든 것이 너무나 새롭고 신선하고 꿈만 같았다. 하지만 지금 생각하니까 그때만 해도 우리가 어렸던 것 같다. 갑자기 불어난 돈에 적응을 못하고 허우적대던 시절이라 좀 바보같이 돈을 써댔던 것이다. 서로에게 그 비싼 차를, 그것도 너무나 충동적으로 선물하다니! 말 그대로 우스꽝스러운 과소비 청년들의 향연이었다.

융합의 힘

합병 계약서에 서명한 뒤 약 7개월 동안은 우리 모두 좀 이상할 정도로 돈을 쓰지 않고 있었다. 일종의 과도기였던 듯하다. 돈은 계속 굴러들어오기 시작했고 우리는 그 속도에 맞춰 돈을 쓸 새가 없이 계속 일에만 몰두했다. 원래 돈 한 푼 없이 초라했던 디자이너들이 갑자기 최고급 옷을 입고 매일 서류에 서명하고 회의에 참석하다 보니 자연스럽게 스트레스가 생겼다. 게다가 왜 그리도 '처음'이 많은지, 첫 배당금, 첫 유럽 출장, 첫 아시아 출장, 첫 부하직원 채용 등등 처음 겪는 일이 줄을 이었다.

배당금 얘기가 나왔으니 그 얘기를 좀 더 자세히 해보자. 앞에서도 썼듯이 나를 비롯한 네 명의 후부 원년 멤버들은 우리 브랜드에 대한 소유권 전체를 갖기로 계약이 되어 있었다. 완전히 분리된 독립체 형태로 일하는 시스템이었던 셈이다. 그러고 나서 우리 외에 노만과 브루스와 그들의 회사 알리앙스 월드와이드(Alliance Worldwide)가 있었다. 이 회사는 모 회사인 삼성에서 분리된 새로운 회사였다. 그 뒤에 우리는 이 두 회사를 관리하는 지주 회사를 만들어서 GTFM(Get the Fucking Money)이라는 이름을 붙였다(돈을 힘껏 벌어보자는 의미에서 이 과격한 이름을 붙였다). 전체적인 경영 체계는 이렇게 구축했고, 회사가 얼마의 수익을 올리든 경상비를 비롯하여 모든 지출을 제하고 남은 돈은 우리가 가졌다. 우리는 이것을 수익 배당금으로 책정했다.

처음부터 끝까지 양측 모두에게 손해가 되지 않는 거래였고, 나는 그 문제에 있어서 노만과 브루스를 전적으로 신뢰했다. 실제로 이 모든 교섭 조건은 그들의 머리에서 나온 것이었다. 생각해보면 그들이 우리를 이렇게 환대해준 건 정말 대단한 일이었다. 그들은 원래 가족 중심으로 사업을 운영하고 있었다. 사무실에는 그들의 누이 팜(Pam)과 두 명의 영업사원을 위시하여 여섯 명의 직원이 일하고 있었다. 삼성 쪽에 합병되면서 회사 규모를 조금 더 키웠지만 그들은 여전히 가족적인 분위기의 회사였다. 그런 유태인 일색의 회사에 우리 네 명이 들어갔고, 그 후로 열 명의 흑인 직원을 차례로 고용한 뒤부터는 회사 분위기가 확 바뀌었다. 여전히 작고 가족적인 회사였지만 눈 깜짝할 사이에 혼혈 가족이 되어버린 것이다. 우리는 이들의 집안 경조사에 전부 참석했고 그들도 우리의 잔치에 모두 와주었다. 우린 의외로 잘 어울리는 조합이었다.

내가 노만 형제였다면 우리 같은 애들에게 문을 활짝 열어주진 않았을 것 같다. 우리 후부 패거리는 하나같이 성질이 사나워서 우리가 원하는 대로 일이 안 되면 상대방 편의를 봐주거나 하지 않았다. 그들은 우리에게 많은 것을 양보했다. 우리가 쓸 예산은 우리가 직접 책정할 수 있었고 제품 기획도 우리 몫이었다. 그들은 우리를 전적으로 의지하고 믿어주었다. 나 역시 그 은혜에 보답하려고 마음먹었다. 하지만 고백할 게 있다. 만약 이 훌륭한 가업이 내 거였다면 절대로 거리에서 굴러먹던 이 네 명의 양아치들을 받아들이지도 않았을 것이고, 일면식도 없던 흑인 남자 네 명이 내 삶에 개입하도록 하지 않았을 것이며, 내 돈을 테이블 위에 펼쳐놓고 '너희와 한 배를 타겠다' 고 말하지도 않았을 것이다.

이런 형태의 동업을 흔히 볼 수는 없다. 있다 해도 별 효과 없는 일이었다. 전혀 다른 두 개의 문화가 한데 어우러져서 양쪽 모두 상대편을 독립적인 문화로 인정하고 존중한다면 결과는 좋을 수 있다. 그렇다면 아주 바람직한 일이다. 하지만 아직은 그런 예가 별로 없다. 대부분의 경우 흑인과 백인이 동업을 하면 흑인은 백인이 자기들을 공평하게 대우하지 않는다고 불평할 것이다.

나는 둘 사이의 문화적 충돌이 빚어질 때마다 마음이 편치 않다. 그래서 얻을 수 있는 게 뭐라고 서로 부딪치며 상처를 받는지 알 수 없을 때가 많다. 물론 내게 이미 익숙한 것, 내가 이미 가지고 있는 것에 둘러싸여 있을 때 편안함을 느끼는 건 당연하다. 무조건 내 문화에 대한 열등감을 가지고 상대방을 따라야 할 필요도 없다. 하지만 만일 서로 융합

해서 존중하고 협조하면 우리는 빠른 시간 안에 하나가 될 수 있다. 후부와 알리앙스 월드와이드와 GTFM이 그 좋은 예다. 흑과 백이 하나로 합쳐져 새로운 컬러인 녹색을 만들어낸 것이다.

서로에게 익숙해지기까지, 오래도록 함께 일할 수 있을지 확신하기까지는 모두에게 시간이 필요했다. 나를 위시한 후부의 원년 멤버들은 처음 두 주 동안은 정오 무렵에 사무실에 출근했고 옷차림도 정말 가관으로 입고 다녔다. 하지만 그건 게을러서가 아니라 새벽까지 클럽에 나가서 가수들이나 뮤직비디오 감독들과 배우들을 비롯하여 우리 브랜드를 유행시키며 여러 가지 도움을 줄 트렌드세터(trend setter)들과 교류하느라 그랬던 거다. 그것 역시 밤늦게까지 사무실에서 일한 뒤의 일이었다. 우리는 열심히 일하고 있었기에 다른 사람들마냥 아침 9시에 정확히 출근하지 않아도 전혀 미안하지 않았다.

한편 사무실을 벗어나 우리가 늘 놀고 일하던 곳에서는 변함없이 우리를 예전처럼 대하는 사람들이 있었다. 클럽 사람들은 여전히 우리를 티셔츠 장사로 유명해진 '홀리스의 총각들'로 봐주었다. 랩과 힙합 가수들은 여전히 후부를 작은 브랜드로 보고 있었다. 우리와 정말 가까운 반경에서 벗어나 있는 세상 사람들은 그 짧은 시간 안에 우리가 이렇게 클 수 있으리라고는 전혀 생각지 않았기 때문에, 우리는 우리의 은신처를 잃지 않을 수 있었다. 그들 눈에 우리는 여전히 패션계의 주변인이자, 아직 뜨지 못한 신인 디자이너들이었으며, 어디서도 찾기 힘든 헐렁한 옷들을 사람들에게 입히려고 애쓰는 동네 친구들일 뿐이었다.

그러나 정작 그 네 명의 흑인들은, 흑인으로서 래퍼나 운동선수 같은 인력 상품이 아닌 의류 상품을 만들어서 수출하고 있다는 사실에 굉장

<크레인즈 뉴욕 비즈니스> 지에
소개된 후부.

한 자부심을 가지고 있었다. 그리고 어느 순
간 갑자기 우리는 우리가 바라던 대로 흑인
사회의 자랑이 되었다. 우리는 경제 전문 리
서치 그룹 <크레인즈 뉴욕 비즈니스(Crain's
New York Business)>에서 선정한, 뉴욕에서
두 번째로 큰 소수민족 소유 기업으로 꼽혔
다. 우리는 한 걸음 멈추고 우리가 지나온
길을 돌아볼 수 있는 기회를 얻었다. 우리는
이제 풋내기도 애송이도 아니었다. 우리는
어엿한 비즈니스맨들이었다. 목화 농장에서 솜을 따던 우리 조상들이
면으로 제품을 만들어 파는 사업가 후손들을 천국에서 내려다보며 뿌듯
해하기를 바라는 마음이었다.

졸지에 어엿한 패션 사업가가 된 나는 암스테르담, 런던, 파리, 홍콩
까지 제트기를 타고 출장을 다녔다. 당연히 이젠 아메리칸 항공의 대기
좌석을 이용할 필요도 없었다. 더군다나 한 침대에 두 명이 누워 새우잠
을 잘 필요도 없었다. 우리는 우리끼리 하는 말로 "NBA 농구 선수 부
럽지 않다"며 웃었다. 호화판 일류 생활에 거물들과 게임을 하니 NBA
선수나 마찬가지라는 말이었다. 우리의 경우는 아주 짧은 시간에 신분
상승을 이룬 셈이었다. 남의 밑에서 뼈가 빠져라 일하는 수습 기간도 없
었고, 경험 많다고 거들먹거리는 상사들한테 밟히지도 않았다. 우리는
우리가 그냥 하던 대로 하면서 윗자리에 앉게 된 것이다.

뉴욕에 있는 청바지 하청 업체의 미스터 조(Mr. Cho)에게 첫 번째 작
업 지시서를 내리던 날이 기억난다. 그때 그는 나에게 이렇게 말했었다.

"잘 팔리지도 않을 옷을 가지고 왜 작업 지시를 하는지 모르겠네. 쓸모도 없는걸." 시키는 대로만 하면 되지 웬 말이 그리 많냐고 말하고 싶어 입이 근질근질했고, 내심 화가 머리끝까지 치밀었지만 나는 성실한 사업가답게 냉정함을 유지했다. 그 남자에게 조급하게 덤비지도 않았다. 아니, 그러지 못했다. 그도 나도 이 새로운 혼혈 가족의 일원이니 잘못이 있어도 감싸고 덮어줘야 할 판이었다.

나는 그의 간섭을 애써 한 귀로 흘려버렸고, 그 뒤로 매번 우리 청바지 매출이 조금씩 상승하고 있다는 매출 보고서를 보며 특별한 자부심을 느꼈다. 여태까지 우리가 미스터 조의 공장을 통해 생산해낸 청바지 개수는 줄잡아 3,000만 장이 넘고, 조는 나를 만날 때마다 그때 했던 실언을 취소하겠다고 난리다. 이제는 모두 웃으며 지나갈 수 있는 옛날 얘기가 되었다. 그는 여전히 뉴욕의 제조 공장을 통틀어 최고의 실력을 가졌으며, 우리와 즐겁게 일하고 있다.

왜 양키스는 항상 이길까?

스티븐 스필버그 감독의 경쾌한 범죄 영화 〈캐치 미 이프 유 캔(Catch Me If You Can)〉에 보면 이런 명장면이 나온다. 주인공 프랭크의 아버지 역을 맡은 연기파 배우 크리스토퍼 월켄(Christopher Walken)이 레오나르도 디카프리오에게 왜 양키스가 항상 이기는지 설명하는 장면이다. 그는 이렇게 말한다. "다른 녀석들은 그들의 유니폼을 보느라 정신이 없거든."

나는 이 대사를 정말 자주 머릿속에 떠올린다. 이 대사에 대해서는 각자가 원하는 대로 긱자의 상황에 맞춰 얼마든지 다르게 해석할 수 있다. 나는 두 가지 측면에서 이 말을 해석한다. 하나는, 양키스 유니폼이 말 그대로 너무 멋지다는 것이다. 그리고 자기 외모에 만족하면 일종의 자신감과 과시가 생기고 자기가 하는 일에 대해서도 자긍심이 생겨 그 성과도 좋게 나타난다는 것. 그들의 유니폼에 그려진 가는 스트라이프 무늬는 언제나 세련된 느낌을 준다. 그리고 지극히 고전적으로 보인다. 오랜 전통은 상대방을 은근히 위축시키는 힘을 갖는다. 또 다른 해석은, 양키스가 그들 자신을 브랜드화하는 것과 그 브랜드를 유리하게 사용하는 데 성공했다는 것이다. 그들은 자기들의 성공, 역사를 감추지 않고 드러내며 자부심과 명예로 상대방을 겁먹게 만든다. 그들의 경쟁자들은 그 양키스 유니폼에 그려진 가는 스트라이프를 보는 것만으로도 혼란에 빠지기 시작한다. 첫 투구가 시작되기도 전에 그들은 점수를 잃게 되는 것이다.

흑인 사회 역시 스타일과 첫인상을 중시하고, 자기 외모에 대한 만족도가 상당 부분에서 중요하게 작용한다. 그 사람이 입은 옷과 직접 디자인한 액세서리, 그 사람이 타고 다니는 자동차, 이런 것들이 그 사람에 관한 많은 것들을 대변한다. 그 사람이 누구인지, 어디 사는지, 남의 눈에 어떻게 보이고 싶어하는지를 그 사람의 차림새로 판단할 수 있는 것이다. 내가 금으로 만든 FB 체인을 목에 두르고 나타나면 누군가는 나를 촌스럽게 멋을 낸 품위 없는 졸부로 보고, 다른 누군가는 '저 사람, 돈 굉장히 많이 벌었나 보다' 하며 부러운 시선을 보낸다. 내 얼굴은 알아보지 못해도 우리의 후부(FB) 휘장을 알아보는 사람이 있다면 그 사람이야말로 날 제대로 본 것이다. FB 휘장, 그게 바로 나의 '스트라이프'다.

그렇다, 돈이 아무리 많아도 남들에게 "나 부자야, 그러니까 내 말을 들어줘"라고 말할 수는 없다. 다만 이렇게 말할 수는 있다. "내 말을 진지하게 들어줘. 왜냐면 나는 내 외모에 신경을 쓰니까. 난 나 자신을 소중하게 생각하니까." 이게 양키스 정신이다. 그들은 자신의 모습에 대단한 자부심을 가지고 있으며, 그들이 대표하는 전통과 명예에 대한 애정을 갖고 있다. 모두가 그들의 스트라이프에서 눈을 떼지 못하는 건 바로 그 상징성 때문인 것이다.

직원이 행복한 회사 만들기

후부를 우리 네 명이 단출하게 꾸려갈 때는 우리끼리 그럭저럭 조직을 운영해갈 수 있었지만 일을 제대로 하기 위해서는 좀 더 많은 직원이 필요했다. 우리에게도 차츰 그런 시기가 찾아왔다. 입 밖에 내서 말한 적은 없지만 처음 사람을 뽑기로 했을 때 '이왕이면 흑인을 뽑아야 하는 게 아닌가' 하는 압박감을 느꼈다. 하지만 내가 제일 중요하게 생각하는 건 그 일에 가장 잘 맞는 적임자를 고용한다는, 지극히 단순 명료한 조건이었다. 내 친형제나 자매를 밀어줄 수 있었다면 제일 좋았겠지만, 그렇지 않다 해도 상관없었다. 그들보다 더 이 일에 맞는 적임자를 마침

내 찾아냈으니 말이나.

초창기에 후부에 취직하고 싶다고 전화를 해온 사람들은 대부분 지나치게 비속어를 남발하는, 소위 못 배우고 질 나쁜 흑인들이었다. 내가 만약 이 사람들을 고용했으면 아마 우리 사업은 망했을 것이고 나는 그 누구에게도 더는 도움을 줄 수 없는 형편으로 전락했을 것이다.

사람을 고용하고 해고하는 일, 사무실의 품격을 갖추는 일은 꽤 오랜 기간 나를 골치 아프게 했다. 우리 직원들로부터 최상의 업무 효과를 끌어내는 동시에 후부라는 이름이 가진 분위기를 살릴 수 있는 인원 구성이 생각만큼 쉽지는 않았던 것이다. 우리 스스로가 책상과 친하지 않기 때문에 직원들 역시 9시에 출근해서 5시에 퇴근하며 단조롭게 시키는 일만 받아서 하는 사람들로 만들고 싶지 않았다. 우리는 창의적이고 재미있고 활기가 넘치는 근무 환경을 만들고 싶었다. 자발적으로 열심히 일거리를 찾아서 추진할 수 있는 멋진 사람을 만나고 싶었다.

나는 직원 한 사람이 대충 자기 업무에 대한 흉내라도 내기까지는 약 2주 정도의 수습 기간이 필요하다는 걸 알게 되었다. 회사가 직원을 쓰레기 취급하면 그들은 자기도 모르게 고객들을 홀대하게 된다. 직원을 소중하게 대하면 그들은 나와 내 제품을 위해 최선을 다할 것이다. 직원을 교육하는 2주는 신혼여행 기간이나 마찬가지다. 이 기간 동안 상사들은 최대한 관대하게 직원들을 대해야 하고, 그러면 직원들은 어떤 대우를 받건 관계없이 상사를 기쁘게 하려고 혼신의 힘을 다한다. 그 뒤부터는 회사에서 어떻게 직원을 대우하느냐에 따라 직원의 태도가 달라진다. 왜 우체국이나 구청의 카운터 뒤에 앉아 있는 사람들이 그렇게 심술궂고 불친절한지 알 수 있을 것이다. 그들은 자기가 하는 일이 싫은 것이다. 일부 경찰이나 공무원도 마찬가지다. 매장의 판매 사원들도 그렇다. 최저 임금을 받는 직종의 사람들은 그들의 서비스에도 최저 임금 수준의 노력만 하게 되어 있다. 그래서 우리는 직원들에게 우리가 할 수 있는 한 많은 월급을 주려고 했다. 우리 직원들이 행복해야 업무가 생산적으로 이루어질 테니까.

모노폴리 게임의 또 다른 활용법

초창기에 내가 개발한 사내 여가 활동 중 하나는 한 달에 한 번 정도 일과가 끝난 후 직원들을 모아놓고 보드 게임의 일종인 모노폴리(Monopoly) 게임을 시킨 뒤 그 모습을 지켜보는 것이었다. 한동안은 일주일에 두 번이나 이 게임을 했다. 직원들이 근무 시간 동안 쌓인 긴장감과 스트레스를 털어버릴 수 있도록 돕고자 하는 의도도 있었지만, 그보다는 일하는 사람들이 틀에 박힌 사무실을 나서면 어떤 사람으로 변하는지 관찰할 수 있는 기회가 되었기 때문이다.

모노폴리 보드 앞에 둘러앉으면 누가 얼마나 예리한지, 그들이 사람들을 어떻게 다루는지, 그들이 우유부단한지 지조 있는지를 한눈에 알 수 있게 된다. 처음에는 별 뜻 없이 몇몇 사람이 모여서 놀기 시작하더니, 차츰 게임의 가치를 알게 되면서 다른 사람들도 끌어들여 아예 대대적인 사내 이벤트를 만들어버렸다.

이해를 돕기 위해 한마디 덧붙이자면, 모노폴리는 어릴 때 우리가 하던 흔해빠진 게임이 아니었다. 절대 아니고말고! 이 게임은 부도덕하고 타락한 게임이었다. 우리는 실제로 50달러 또는 100달러 정도에서 그날의 컨디션에 따라 판돈을 걸고 내기를 하곤 했다. 하지만 절대로 돈 때문에 하는 놀이는 아니었다. 승리한 사람만이 맛보는 자부심과 주위의 관심이 더 중요했다.

얼마 후 나는 직원 몇 사람을 해고하고 몇 사람은 승진시켰다. 보드 게임 하나만을 근거로 이런 결정을 내렸다는 뜻은 아니지만 어느 정도 영향을 받았다는 것은 인정한다. 누군가와 열 번 게임을 하는데 그들이 계속 속임수를 쓰거나 교활하게 사기를 치는 모습을 보게 되면 '이 인간들이 내 회사를 대표할 만한 타입의 사람들인가' 하는 의문이 생길 수밖에 없다. 반대로, 누군가와 열 번 게임을 하는데 그들이 지혜롭게 게임을 풀어가서 결국 게임에서 승리하는 걸 보게 되면 '이 사람은 능력이 있다'고 생각하게 된다. 보드를 둘러싸고 벌어지는 정황에서 여러 가지를 유추할 수 있는 것이다. 게임을 해보면 결단력이 없고 시야가 짧고 상황 파악을 못하는 인간이 꼭 있다. 이런 사람은 내 눈 밖에 나게 된다. 자기 뜻대로 안 풀릴 때 쉽게 화를 내고 다 포기하는 인간 역시 내 눈 밖에 나게 된다.

그냥 단순한 게임일 뿐인데 너무 과민하게 보는 것 아니냐고? 하지만 수많은 사업가들이 사업을 게임과 같다고 말한다. 우리는 모두 이기기 위해 게임을 한다. 사업도 마찬가지다. 모노폴리를 하다 보면 그 사람의 성격이 그대로 드러난다. 모노폴리뿐 아니라 포커로도 상대방을 파악할 수 있다. 돈 많은 백인들이 골프장에서 그렇게 많은 시간을 투자하며 비즈니스 미팅을 하고 협상을 하는 데도 이런 이유가 있는 것이다. 게임의 종류가 무엇이든 상관없다. 당신과 당신 회사에 도움이 될 만한 것이라면 지금 당장 시도해보라.

CEO는 괴로워

어느 날 세어보니 우리 회사에서 정식으로 일하는 직원이 200명을 넘어 있었다. 하청 업체 사람들까지 합하면 300명을 훌쩍 넘겼다. 이제 어지간히 큰 조직의 고용주가 되고 보니, 그들 가운데 하찮은 일에 매달려서 큰일을 그르치는 사람이 꽤 많다는 것을 알게 되었다. 그들 대부분은 사소한 잡무에 지나치게 많은 시간을 할애하기 때문에 정작 중요한 업무를 할 때에는 시간을 충분히 쓰지 못한다.

나를 비롯한 네 명의 동료들은 우리가 브랜드를 키워가는 데 필요한 그 모든 다양한 업무에 어울리는 사람이 누구인지 골라내야 한다는 의견 일치를 보았다. 물론 우리 네 명도 업무 처리에 있어 강한 부분이나 취약한 부분이 제각각이었으며 재미있게 열심히 집중하는 일과 대충 넘겨버리는 일이 있었지만, 심각하게 반성해야 할 정도는 아니었다. 우리는 서로에게 딱 어울리는 파트너였으며 함께 어울려 완벽한 균형을 이루고 있었다.

직원들을 충원하거나 내보낼 때 가끔은 문제가 발생하기도 했다. 현실적으로 모든 사람이 다 맡은 일을 완벽하게 처리하는 것은 아닌데, 인정만으로 그들 모두를 끌어안을 수는 없었기 때문이다. 때로는 내 선에서 식섭 식원에게 나가라고 말해야 하는 경우도 생겼다. 나는 지금도 처음으로 내가 누군가를 해고해야 했던 그 순간을 생생히 기억하고 있다. 나는 당시 이런 류의 일을 어떻게 처리해야 하는지 잘 몰랐다. 어릴 때 아르바이트로 일하던 팝콘 노점상에서 쫓겨난 적이 있었는데, 그때 가게 주인은 돈주머니에 2달러가 빈다면서 "당장 나가라"고 고래고래 고함을 쳤다. 그는 고민하지도, 주저하지도 않고 그냥 나를 해고했다.

그런데 이제 내 손으로 직접 방아쇠를 당겨야 할 상황이 된 것이다. 나는 은근히 짜증이 났다. 나는 한 남자를 디자이너로 데려왔고 그는 충분히 재능이 있었다. 하지만 나는 그가 우리 회사에 들어온 지 얼마 되지 않은 시점부터 우리가 필요로 하는 사람이 아니라는 걸 알 수 있었다. 그는 성실하고 긍정적인 에너지가 넘쳤지만 내가 좋아하는 방식으로 일을 처리하지 못했다. 처음에는 그에게 우리 스타일을 따라잡을 시간을 조금만 주면 얼마든지 변할 수 있을 거라고 생각했지만, 내 판단이 틀렸다는 걸 인정해야 할 때가 와버렸다. 그래서 나는 그를 내 방으로 불렀다. 언제나처럼 웃는 얼굴로 생기 있게 방에 들어선 그에게 나는 말했다. "당신을 내보내야 할 것 같아."

남자는 깜짝 놀란 눈치였다. 그는 얼굴빛이 노래지고 가쁜 숨을 몰아쉬기 시작했다. 그에게는 부양가족이 있었다. 두 아이와 아내, 그리고 대출로 장만한 집까지……. 그는 초조함을 감추지 못하며 앞으로 어떻게 수입과 지출을 맞춰야 할지 걱정이라고 했다. 나는 그를 일단 진정시킨 뒤에 섭섭지 않을 만큼 목돈을 챙겨 보내며 다른 회사에 꼭 연결시켜주겠노라 약속했다. 그가 만약 스스로에게 정직했다면 자신이 우리 회사에 어울리지 않았다는 걸 인정했겠지만, 어쨌든 나는 마음이 괴로웠다. 게다가 고의적으로 회사에 큰 손해를 입히거나 공금을 횡령한 게 아니라, 성실하게 좋은 뜻으로 일하던 사람을 해고하는 일이라 더 그랬다.

사실 '회사의 문제야' 들을 쫓아내는 건 식은 죽 먹기였다. 이런 멍청이들을 내보내는 일이라면 나는 다른 업무를 제쳐두고라도 빨리 처리해버렸다. 나를 폭발하게 만들거나 업무에 집중하지 못하는 모습을 내게 들킨 직원들은 그 즉시 짐을 싸도록 했다. 키이스는 이런 나를 말렸다. 그는 기업 내의 리더십 면에서 나보다 약간 더 경험이 많았다. 그는 늘 나에게 마음을 가라앉히고 먼 미래를 생각하라고 충고했다.

나는 오프라(?)를 해고했다

때로는 내가 선택하지 않은 길이 오히려 내가 가고자 했던 목적지로 인도해줄 때가 있다. 후부의 빠른 성공에도 불구하고, 그리고 주요 잡지들이 후부 관련 기사를 싣고 주요 뉴스 프로그램마다 우리를 인터뷰했는데도 불구하고, 유독 오프라 쪽에서는 연락이 없었다. 오프라 윈프리 쇼의 출연 섭외자 명단에서 당연히 영순위일 거라 생각했는데 왜 그녀가 우리를 안 부르는지 정말 수수께끼였다.

오프라는 마케팅이나 홍보 면에서 내가 처음으로 깨지 못한 단단한 바위였고, 나는 달리 어떻게 접근해야 할지 몰라 애만 태우고 있었다. 그러다가 1999년인가, 후부 홍보 담당으로 채용한 아가씨가 알고 보니 오프라의 조카딸이었다. 전략적으로 그녀를 데려온 건 아니었다. 우리는 그녀가 오프라의 친척이라는 사실조차 몰랐다. 그리고 그 사실을 우연히 알게 된 뒤에도 내가 먼저 나서서 "오프라에게 우리의 방송 출연을 졸라보라"는 식의 요구를 절대로 하지 않았다. 혹시 그녀가 오프라의 조카인 것을 숨기고 싶어한다면 그녀의 사생활을 존중해주는 게 옳다고 여겼기 때문이다.

하지만 내 생각과는 달리 그녀는 이미 오프라의 스타 파워에 접속해 있었다. 그녀는 우리보다 먼저 레드 카펫을 밟아본 여자였고, 온갖 시사회와 유명 스타의 콘서트에서 맨 앞줄을 배정받는 사람이었다(우리는 네 번째나 다섯 번째 줄에 앉는데 말이다). 그녀는 한마디로 연예계의 마당발이었다. 단 하나 문제가 있다면 그녀는 발만 넓었을 뿐 자기가 맡은 홍보 업무에 대해서는 그다지 베테랑이 못 되었다는 점이다.

아무리 기다려도 그녀 입에서 내가 듣고 싶은 말은 나오지 않았다. 나는 커다란 딜레마에 봉착했다. 이 오프라의 조카딸을 어떻게 해야 하나? 우리는 이미 오프라 쇼의 프로듀서들과 약간 껄끄러운 일이 있었다. 후부 초창기에 이 쇼에 출연할 기회가 한번 있었는데, 그들이 우리 집에 와서 나와 가족들까지 촬영하고 싶어하길래 그런 식으로 대중 앞에 사생활을 노출시키기 싫다며 거절했던 것이다. 그렇게 해서 첫 번째 기회는 무산되고 말았다.

우리는 오프라 쇼를 통해 우리가 가진 사업가로서의 면모나 힙합 시장에 통달한 지적인 디자이너로서의 면모를 보여줄 수 있기를 바랐다. 만약 이 아가씨를 그냥 해고해버리면 그나마 두 번째 기회는 오지 않을 것이었다. 하지만 그녀가 홍보 업무에 적합

한 사람이 아니라는 게 여전히 문제로 남아 있었다. 그녀를 개인적으로 미워한 건 아니지만 우리에겐 뭔가 변화가 필요했다.

나는 고민하고 또 고민하다 결론에 도달했다. 만약 오프라가 이런 상황을 안다면 그녀는 아마 자기 조카딸이 이모의 유명세를 등에 업고 어디든 무임승차하기를 원치 않을 거라는 생각이었다 (그랬으면 그녀는 우리 회사에 오기 전에 벌써 이모 소개로 더 좋은 회사에 가서 일하고 있었을 것이다). 그래서 나는 더 늦기 전에 이 아가씨를 해고해야겠다는 쪽으로 마음을 굳혔다. 해고하는 순간에도 '이게 과연 잘 하는 짓일까' 하는 불길한 생각을 떨쳐버리지 못했지만 말이다.

그런데 실제로는 이 일이 전화위복이 되었다. 우리는 결국 또 다른 인기 프로그램 몬텔 윌리엄스 쇼(Montel Williams Show)에 출연해서 화제를 모았고 더할 나위 없는 홍보 효과를 보았다. 우리는 자진해서 몬텔의 쇼에 출연 계약을 맺었고, 나는 그와 죽이 잘 맞는 친구 사이가 되었다. 지금도 나는 그와 같이 술도 마시고, 유타 주에 있는 그의 집에 놀러 가서 스노우 보드를 타기도 한다. 그는 나에게 막대한 영감을 주는 한 사람이 되었다. 그의 쇼에 여러 번 출연하면서 좋은 일도 도모했다. 카트리나 참사 직후 피해를 입은 뉴올리언스 지역 사람들에게 그의 프로그램을 통해 백만 달러어치 옷을 기부한 것.

그리하여 오프라의 경쟁자와 동맹을 맺게 된 우리는 그녀의 쇼에 대한 미련을 완전히 떨쳐버렸고, 나는 수많은 힙합 커뮤니티가 가진 것과 똑같이 그녀에 대한 분노 내지는 적개심을 품게 되었다. 그녀가 자기 쇼에 흑인 래퍼들을 출연시키는 것을 거부하고 있다는 느낌이 들었기 때문이다. 지금이야 당시 그녀는 우리가 자기 쇼에 나오고 싶어한다는 사실조차 몰랐다는 걸 알게 되었지만, 내가 머릿속에 구축해놓은 그녀에 대한 이미지는 그랬다. 사람들이 그녀에 대해 말하는 걸 자주 듣게 되는데 주로 '오프라는 편견이 심하다', '그녀는 래퍼들을 싫어한다' 등등이었다. 나 역시 그 말에 동감했다. 그런 소문이 틀리지 않다는 걸 증명할 뻔하기도 했다. 그녀가 결코 우리에게 손을 내밀지 않았기 때문이다.

그러다가 그녀에 대한 편견을 깨는 계기가 생겼다. 우연히 오프라 윈프리 쇼의 특집 방송 '영향력 있는 25명의 흑인 여성들에게 바치는 오마주'를 시청하게 된 것이다. 이 프로그램에서는 모델 타이라 뱅크스(Tyra Banks)와 나오미 캠벨(Naomi Campbell) 같은 젊은 흑인 여성 25명을 별도로 선정해서 집중 조명해주기도 했는데, 오프라는 그 25명 안에 자기 자신을 집어넣으면서 겸손하고 재치 있게 말했다. "내가 나오미 캠벨만큼 젊지는 않지만 앞서 방송된 '영향력 있는 25명의 여성'에 들기에는 비교적 어려서 뒤의 25명 안에 끼게 되었다." 그 특집 방송은 우리 시대의 가장 뛰어난 흑인 여성들에 대한 신세대들의 시각을 딱딱하지 않은 방식으로 보여주었다. 그 어느 것보다 잘 만들어진 최고의 방송이었다.

나는 그 방송을 보고 감동을 받지 않을 수가 없었다. 그 한 편의 쇼를 통해 나는 나와 오프라 사이에 너무나 많은 공통점이 있다는 사실을 알게 되었다. 우리는 사는 방식도, 회사를 운영하는 방식도 비슷했다. 나는 그녀를 향해 알 수 없는 적개심을 쌓아왔지만 그녀는 우리 사이에 무슨 일이 있었는지 아무것도 모르고 있다. 따지고 보면 우리도 그녀처럼 말도 안 되는 루머에 시달리고 있었다. 사실은 흑인 회사가 아니라는 둥, 흑인 사회에 아무 이익도 환원하지 않는다는 둥 여러 가지 괴소문이 우리를 괴롭힌 생각을 하니 그녀의 입장을 더욱 이해할 수 있었다. 연못의 개구리에게 재미삼아 던지는 돌이 얼마나 무서운 것인지 아는 사람은 알 것이다. 나는 충분히 존경받을 자격을 갖춘 그녀를 애써 무시하고 있었다.

그나저나 나는 아직도 그녀의 쇼에 초대받지 못하고 있다. 하지만 이제 나는 그 문제로 그녀를 원망하지 않는다. 그리고 내가 그녀의 조카딸을 해고한 사실 역시 후회하지 않는다.

나는 정말 악덕 고용주인가?

해고도 어렵지만 누군가를 고용하는 일도 어렵기는 매한가지다. 나는 그런 면에서 주위 사람들을 좀 어리둥절하게 만드는 편이었다. 다시 말해 꽤나 특이한 방식으로 직원을 골랐다. 내가 사람을 뽑을 때 제일 중시한 것은 '직감'이었다. 누군가가 직감적으로 마음에 들면 나는 보통 그들에게 일자리를 제공했다. 비록 그들이 그 일을 잘해낼 수 있을 거라는 직감을 뒷받침해주는 아무 근거가 없더라도 말이다.

초창기에는 내가 일하던 레드 로브스터에서 직원들을 일부 데려와서 일을 시켜봤는데 결과는 언제나 실패였다. 하지만 나는 이왕이면 배고픈 사람, 기회가 주어지면 감사하게 생각할 사람을 데려다 쓰고 싶었다. 입장을 바꿔서 만약 내가 그들이었다면 '저 녀석이 얼마나 일을 잘하나 보자' 하는 의심을 깨주기 위해서라도 두 배로 열심히 일할 거라는 생각이 들었던 것이다. 누군가가 나를 믿고 일을 맡겨준다면 나는 그를 실망시키지 않을 것 같다.

앞으로 회사의 큰 자산이 될 사람을 어디서 찾을 수 있을지는 정말 아무도 모르는 일이다. 우리 회사의 마케팅 이사 레슬리 쇼트(Leslie Short)는 신이 내린 선물이다. 우리가 후부를 시작할 때만 해도 그녀는 전혀 다른 세계에서 살던 사람이었다. 사실 그녀는 앞서 말한 토크 쇼 진행자이자 내 친구가 된 몬텔과 예전에 함께 일하던 프로듀서들 중 한 사람이었고, 그 전에는 유럽과 아시아를 무대로 활동하던 발레리나였다. 하지만 지금은 그녀의 통찰력과 영감 없이는 우리 사업을 지탱할 수 없을 정도다. 어디서 나타났는지 모르는 그녀가 이제 우리에게 없어선 안 될 사람이 되어버린 것이다.

현재 후부의 수석 디자이너인 시몬느 뉴볼트(Simone Newbolt)는 초창기에 인턴사원으로 들어와서 인연이 시작되었다. 이제 나는 그녀 없이는 아무 일도 할 수 없다. 그녀는 자타가 공인하는 나의 오른팔이다. 내 개인 비서 말콤 윌슨(Malcolm Wilson) 얘기도 빼놓을 수 없다. 그는 내가 계획성 있게 일을 추진할 수 있도록 내 옆을 지켜준다. 그리고 우리 회사의 영업부장 조 레빈(Joe Levin), 그는 후부가 전달하고자 하는 메시지를 정확하게 파악하여 그것을 고객들에게 전달하는 데 많은 도움을 주고 있다.

내가 이렇게 신임하고 자랑하는 최고의 직원들은 대부분 우리 회사에서 인턴사원으로 출발했다. 6개월 내지는 1년, 혹은 2년 정도 인턴으로 일을 시켜본 뒤 제 몫을 해낼 인물이라는 판단이 섰기 때문에 부서 발령을 내렸다. 물론 인턴 과정에서는 무급이었다. 하지만 그들은 마치 돈을 받고 일하는 것처럼 열심히 일했다. 열심히 하면 정식 직원이 될 수 있다는 게 무언의 약속이었다. 하지만 될 수 있는 한 많이 주고 싶은 내 마음과 달리 후부의 급여 기준은 상대적으로 낮게 책정되어 있었다. 예를 들어 3만 달러에서 디자이너 초봉을 체결하면 얼마 뒤에 다른 회사에서 5만 달러를 부르며 우리 디자이너들을 스카우트하려고 했다. 우리는 도저히 그 수준에는 맞출 수가 없었다. 처음에는 맞춰보려고 애썼고 그래서 3만 달러에서 10만 달러까지 급여를 올려보기도 했다. 그러나 한 사람만 올려주는 거면 몰라도, 경력사원 24명의 급여를 다 인상하고 나니까 지불 급여 총액이 정말 미친 듯이 뛰어오르는 것이 아닌가. 한 해 300만 달러였던 급여액이 다음 해에는 700만 달러가 되어 있었고, 그 다음 해에는 또다시 900만 달러로 올라 있었다. 말도 안 되는 결과였다. 임금 동결은 불가피했다.

그러자 회사 안에서는 볼썽사나운 일이 벌어졌다. 우리의 훌륭한 사원들이 회사를 떠날 생각을 하게 된 건 그나마 예측했던 일이다. 하지만 "다른 데서 제시하는 연봉을 왜 맞춰줄 수 없느냐"며 화를 내는 그들을 보는 건 참을 수 없었다. 나는 이렇게 생각했다. '그래, 너희들이 다른 데 가서 일을 더 잘할 수 있으면 그리로 가버려라.' 나는 그들의 행동에 실망했다. 우리는 그들을 받아들여 기회를 주고 훈련을 하며 공들였는

네, 어디선가 누가 나타나서 좋은 소선을 넌지니까 뒤노 돌아보지 않고 나가버리다니. 그들은 이렇게 말했다. "데이몬드, 나는 첫해에는 공짜로 일했고 그 다음에는 겨우 3만 달러만 받고 일했어요!" 그러면 나로서는 "유능한 거래처 명함을 한 보따리 챙겨들고 후부에 들어오려는, 우리 사업을 더 크게 키워줄 수 있는 경력자를 채용할 수도 있었지만 나는 당신을 택했다"는 말 외에는 달리 할 말이 없었다. 하지만 사람들은 내 말을 들으려 하지도 않았다. 그들은 우리가 자기들에게 투자하고 기회를 주었다는 말에는 귀를 기울이지 않았다. 그들은 자기가 듣고 싶은 말만 골라 들으려 했고, 나에게서 원하는 말은 오로지 밖에서 부르는 연봉을 맞춰주겠다는 말뿐이었다(하지만 그들 이름 앞에 후부라는 수식어가 붙지 않았다면 밖에서 그런 파격적인 조건을 제시하지도 않았을 거다).

내가 중요하게 생각하는 건 그들이 회사를 떠났다는 사실이 아니라, 그들이 나가면서 "후부 사람들은 이 우주에서 가장 나쁜 악덕 고용주들"이라고 말하고 떠났다는 사실이다. 대체 무슨 생각으로 그런 말들을 한 걸까? 만일 나라면 다르게 행동했을 것이다. 일단 나는 좀 더 충성심을 가지고 내게 첫 번째 기회를 준 회사를 위해 자리를 지켰을 것이다. 비록 더 높은 연봉을 따라 회사를 떠나야 할 상황이 와도 나는 나를 뽑아준 사람에게 가서 이렇게 말했을 것이다. "감사합니다. 당신에게서 많이 배웠습니다. 이제 다른 곳에서 일해보고 싶습니다." 그게 품위 있는 행동 아닐까?

퇴사하면서 그다지 듣기 좋지 않은 험담만 늘어놓는 그들의 뒷모습을 그냥 두고 보는 게 쉬운 일은 아니었지만, 급여 구조를 깬다는 것은 회사에 너무나 막대한 출혈을 입히기 때문에 그렇게 할 수 없었다. 우리 생각은 그랬다. 돌아오면 받아주겠다, 만일 후부에 남겠다면 다시 채용할 용의가 있다, 호봉을 조정해줄 수도 있다, 하지만 우리는 우리의 훌륭한 직원들을 꾀어내려는 헤드헌터가 미끼로 내놓은 금액 전부에는 맞춰줄 수 없다.

그렇다고 모두를 다 내쫓을 수는 없었다. 회사를 떠났던 직원들 중 몇몇은 다시 돌아왔다. 나는 그들을 너그럽게 받아주었다. 돌아보니 우리 회사는 지난 수 년 동안 줄잡아 수천 명의 재능 있는 흑인들에게 일자리를 제공해왔다. 우리는 패션계 외에 연예계에서 끼를 발휘할 수 있는 젊은 흑인들도 언제든지 우리를 찾아올 수 있도록 등용문을 활짝 열어놓았다. 나는 우리 흑인 사회에 영향력을 끼치는 인재들을 개발하는 일에 작은 부분이나마 공헌했다는 사실이 자랑스럽다. 비록 그들 중 일부는 돈을 따라 철새처럼 다른 곳으로 떠났지만.

후부는 비빔밥이다

우리 후부는 하도 다양한 나라 사람들이 모여서 일하고 있기 때문에 마치 국제연합 같다. 처음부터 의도했던 건 아닌데 어쩌다 보니 이렇게 여러 인종들이 뒤섞인 채 꽤 많은 시간을 함께 보냈다. 우리 회사 전체 직원회의 시간에 회의실을 들여다보면 무슨 시트콤을 보는 것 같다. 디자인, 판촉, 영업 쪽에는 흑인들이 앉아 있고, 도매상을 상대하는 건 한국인들이 맡고 있으며, 제품 생산은 인도인들이, 영업과 회계 쪽은 유태인들이 맡았다.

우리들은 대체로 잘 어울려 지내는 편이었지만, 간혹 사소한 문화적 충돌이 일어나기도 했는데, 서로의 문화적 특징을 배우기까지는 한동안 재미있는 에피소드들이 많았다. 나와 내 친구들에 관련된 문제의 대부분은 음식 때문에 일어났다. 먹는 것에 예민한 건 우리도 몰랐는데 사람들이 말해줘서 알았다. 우스꽝스럽게 들리겠지만 먹는 게 얼마나 중요한가. 가끔 회의 탁자에서 일하면서 점심을 먹을 때면 우리는 누가 훔쳐 먹기라도 할까 봐 그릇 주위를 둥그렇게 둘러싸고 앉아 먹곤 했다. 누가 허락 없이 포크 가득 음식을 집어가면 마치 여동생한테 집적거리는 놈 대하듯 화를 냈다. 우리 동네에서는 절대 남의 음식에 포크를 꽂지 않는데, 다른 사람들은 친구들끼리는 그렇게 묻지도 않고 서로의 음식을 뺏어먹어도 괜찮다는 게 이상했다. 아마도 우리는 어릴 때 늘 먹을 게 모자라서 배가 고팠기 때문에 먹는 걸 더 심각하게 생각하는 것일까.

반면 사람들 또한 뭘 먹을 때면 항상 우리를 조심해야 했다. 우리는 말 없이 포크를 꽂지는 않지만 기다리고 있다가 얻어먹는 데는 도사들이었다. 아무튼 우리는 맛있는 걸 보면 꼭 먹고야 마는 하이에나들이었다. 우리 회사의 유태인 남자들 중 몇몇은 종교적으로 이름 붙은 날에는 사무실에서 기도 의식을 가지곤 했는데, 우리가 잽싸게 알아낸 바로는 그들이 의식용으로 음식을 제단에 쌓아둔다는 것이었다. 그래서 우리 흑인들은 전부 사무실 밖에서 기도가 끝날 때까지 기다리고 있다가 의식이 끝나자마자 문을 박차고 들어가 열심히 음식을 챙겼다.

한국인들은 아주 독특한, 그들만의 방식으로 일을 했다. 예를 들어 생산 담당인 미스터 조에게 어떤 바지를 보라색으로 염색하고 길이는 어느 정도로 맞춰서 몇 월 몇 일까지 입고해달라고 말하면, 그는 한국에 있는 공장에 "검정색으로 염색하고 길이는 더 키우라"는 식으로 내 지시사항을 딴판으로 전달하는 한편, 심지어 납기일마저도 자기 생각에 괜찮을 것 같은 날짜로 바꿔버렸다. 나는 그에게 영어로 지시하고 그는 공장에 한국어로 지시하니, 나는 그저 그가 내 주문을 잘 전달했겠거니 하고 믿는 수밖에 없었다. 그는 내 지시를 제대로 지키기도 했고 그러지 않기도 했다. 그가 내 지시대로 일을 처리하지 않을 때면 혹시 그가 나를 무시하는 건가 의심도 했는데 알고 보니 그건 아니었다. 그는 단지 이 방면의 고참으로서 자신의 의견을 내 의견보다 우선순위에 둘 뿐 나에 대한 사적인 감정이 있는 건 아니었다. 당신이 만일 쉰다섯 살의 한국 남자라면 누구 말을 듣겠는가? 모르긴 몰라도 서른다섯 살 먹은 흑인 남자가 하는 말이 전부 옳게 들리진 않을 것이다. 그래서 우리는 한국 사람들과 약간의 거리를 두어야 했다. 그들은 돈줄을 쥔 어린 흑인들 말을 잘 듣지 않았다. 한국인들에게는 고참이나 선배, 연장자… 이런 것들이 아마 더 중요한 모양이다.

또 하나, 한국인 여직원들 사이에는 이상한 호칭이 있다. 그러니까 여성들은 자기보다 연장자인 사람에게 '언니(처음에 나는 이게 Annie라는 이름인 줄 알았다)'라는 호칭을 사용하며 깍듯이 예의를 표하는 것이다. 나이가 더 많으면 그 어떤 상황에서도 상대방을 한 수 꺾고 들어갈 수 있다는 사실도 알게 되었다. 그래서 우리는 한국 사람들이랑 계약을 맺거나 거래를 성사시키려고 할 때는 상대편보다 어리면서 직급은 더 높은 여직원은 내보내지 않았다. 문제가 생길 확률이 높았기 때문이다. 특히 상대편이 우리 여직원보다 나이가 많은 데다 직급은 더 낮고 게다가 남자라면 말할 필요도 없이 절대 내보내지 않았다.

갖가지 다른 문화가 한데 어울려 있다는 건 정말 재미난 일이다. 우리랑 같이 일하는 인도 사람들은 '예스'라는 표시를 할 때 머리를 좌우로 흔들곤 해서 처음엔 우리를 혼란에 빠뜨렸는데, 차츰 서로에 대해 알게 되고 익숙해지니까 머리 흔드는 방향 정도는 대수롭지 않게 여겨졌다. 함께 일하면서 우리들 모두는 자기 자신의 문화를 너무 심각하게 고집할 필요가 없다는 사실을 배웠다. 결국 우리는 모두 서로를 닮아가고 있었다.

밑바닥에서 발을 떼지 마라

대부분의 간부 사원들이나 사장은 말단직 사원들이 맡은 기본적인 실무를 잘 모르기 때문에 그들로부터 약점을 잡히곤 한다. 직접 해보지도 않고 뭘 아느냐는 식이 되는 거다. 하지만 후부에서 이런 태도는 통하지 않는다. 우리는 이미 직접 나서서 모든 일을 해봤기 때문에 업무의 밑바닥부터 훤히 꿰고 있었다. 디자인부터 시작해서 제품 샘플을 만들고, 박람회에 가져가서 직접 판매까지 하고, 주문을 받아 포장하고 발송하고 장부 정리도 다 우리가 함께 했다(심지어 처음 두 차례 제품 생산 때는 내가 직접 거의 모든 바느질을 맡아 했다).

우리는 여전히 트랙을 도는 육상 선수들이다. 나는 요즘도 시간이 나면 타이를 뒤로 젖히고 재봉틀 앞에 앉는다. 나야 뭐 평소에 타이를 맬일도 별로 없지만 그냥 그만큼 실무에 충실한다는 뜻으로 하는 말이다. 요즘이야 예전보다는 자주 찾지 못하지만 우리 직원들이나 또는 거래처 사람들에게 좋은 본보기가 되는 것 같아 틈나는 대로 작업장을 찾게된다.

내가 하는 이런 사소한 마음 씀씀이가 아랫사람들에게 큰 영향을 끼칠 수 있기 때문이다. 예컨대 나는 우리 옷을 입는 가수들의 비디오 촬영 현장에 자주 찾아가서 그들과 얘기를 나눈다. 직원을 보내면 물론 나야 편하겠지만, 사장이 직접 찾아가준다는 건 현장 사람들에게 전혀 다른 의미를 심어준다. 이 사람은 정말 내 일에 관심을 갖고 있고 아주 작은 부분까지 신경을 써주고 있구나 하는 생각을 갖게 되는 것이다. 사람들은 내가 찾아온 걸 알고 무척 고마워하며 묻는다. "혼자 여기까지 직접 왔어요?" 그러면 나는 이렇게 대답한다. "물론이지. 여러분이 나한테 얼마나 중요한 사람들인데……. 우리 회사가 당신들 손에 달려 있잖아."

하청 공장들에 대해서도 마찬가지다. 그들은 우리가 갑의 입장을 내세워 제작 단가나 납기일 또는 그 밖의 문제점을 가지고 을의 입장인 자기들을 이리저리 휘두른다고 생각하겠지만, 우리는 외국에 나갈 때마다 꼭 하청 공장들을 둘러보는 걸 잊지 않는다. 우리 물건이 잘 만들어지고 있는지 확인하기 위한 방문이기도 하지만, 그들과의 파트너십을 우리가 아주 중요하게 여긴다는 걸 보여주기 위한 목적이 더 크다. 두바이, 인도, 홍콩 등 어디라도 상관없다. 일부러 여정을 바꿔서라도, 공장이 아무리 외진 곳에 있어도 나는 그들을 일부러 찾아가서 격려한다. 이런 인간관계를 만들고 키워나가는 게 마지막에는 우리에게 큰 도움이 될 거라고 믿기 때문이다. 옛날 레드 로브스터에서 일할 때 한창 손님이 밀리는 토요일 저녁 6시에 요리사가 앞치마를 팽개치고 퇴근해버리는 위급한 상황을 보면서, 사업은 절대 혼자만 열심히 한다고 되는 게 아니란 걸 깨달았다.

젊은 기업인들에게 이런 충고를 꼭 해주고 싶다. 사업을 시작하겠다면 반드시 그 밑바닥 일부터 배우라는 것. 그 밑바닥이 얼마나 낮은지 깊은지는 미리 따져볼 필요가 없다. 그렇게 엎드려서 궂은일을 하며 업무를 배운 뒤에 사업을 시작해도 늦지 않다. 직접 사업을 하게 되면 내가 왜 이런 충고를 했는지 이해할 날이 올 것이다.

브랜드의 히트 주기

가끔 유명 브랜드의 수명 주기를 따져보면 이런 계산이 나온다. 처음 두 달은 약간 유행하기 시작하고 점점 사람들이 좋아해주기 시작한다. 실제로 많은 돈이 벌리지는 않지만 내 브랜드가 시대 풍조가 되고 사람들 사이에서 최고라는 평을 받고 입소문이 자자해진다.

사람들은 누구나 뭔가 새로운 것을 시도하고 싶어하고 다른 사람과의 유대 관계를 원한다. 깡패 집단이건 패션 트렌드건, 함께 어울려 열광할 만한 분위기를 가진 것이면 뭐든 상관없다. 그리고 그 안에 들어가고 나면 뿌듯한 소속감이 생긴다. 뭔가 특별한 공통점이나 공유할 만한 정서가 있으면 사람들은 그 울타리 안에서 강력한 연대 의식을 갖는다. 그래서 심지어 음반 회사들도 신인 가수를 영입할 때, 그 가수가 자기 고향이나 현재 살고 있는 도시에서 어느 정도 유명한지를 먼저 확인하려고 드는 것이다. 고향에 지지 기반이 없는 가수는 전국적으로도 인기를 끌 수 없다는 걸 그들은 경험으로 잘 알고 있다. 사실 자기 고향에서도 인기가 없었는데 어디 가서 명함을 내밀겠는가?

우리 후부는 이 모든 지지층을 확실히 확보해두고 있었다. 우리 고객들은 그들의 세계에서 자신이 '후부를 입는 사람'으로 알려지는 것에 특별한 자긍심을 갖는 사람들이었다. 그것은 그들에게도 중요한 일이었지만 우리 사업에도 너무나 중요한 일이었다. 그들이 주인의식과 자부심을 가지고 우리 브랜드와 교감함으로써 주변에 미치는 파급 효과가 아주 크기 때문이었다.

미국의 소비자는 항상 새로운 유행을 좇는다. 그리고 뭔가 특별한 것을 모든 사람이 공유하게 되고 〈타임〉이나 〈뉴스위크〉 또는 〈피플〉의 표지까지 장식하게 되면 그것은 이제 특별한 것이 아니기 때문에 그 이후부터는 내리막길을 걷게 된다. 의류 업계에서는 그 주기를 2년에서 5년 정도로 잡는다. 사람들이 열광할 만한 신제품을 만들어서 트렌드세터나 트렌드리더에게 입히는 것이 첫 번째 단계. 그렇게 해서 처음에는 뉴욕이나 로스앤젤레스, 시카고나 애틀랜타 등의 대형 시장에서 히트를 친다(요즘에는 그 대형 시장이라는 것이 음반과 모델 업계를 장악하는 도시들로 바뀌는 추세다). 그 다음에는 나머지 지역들을 두루 훑으며 유행하게 되고, 전국 구석구석의 시장에서 우리 제품이 팔리는 단계까지 가게 되는 것이다.

현재 인기 절정을 달리는 브랜드에는 화려한 명성 뒤에 숨겨진 남모르는 고충이 있다. 그동안 회사를 키우느라 재고 부담이 커졌고, 이익은 예전보다 높지 않고, 그 브랜드를 호시탐탐 깎아 내리려는 공격적인 짝퉁 브랜드들이 즐비하다. 단골 고객들 옷장에 그 회사 제품이 3년에서 5년 동안 쌓이게 되면 단골들도 슬슬 새로운 브랜드를 찾아나설 준비를 한다. 그러면 상대적으로 유행 전파 속도가 느린 중부의 중소 도시 사람들이 드디어 그 브랜드에 주목하기 시작한다. 중소 도시의 학부모들이 자기 아이들에게 그 브랜드 옷을 사 입히기 시작하면, 예전에 유행의 첨단을 이끌던 시절에 누리던 화려한 인기는 없을지라도 그 회사는 그 어느 때보다 많은 돈을 벌게 된다. 인기의 전성시대는 지나갔지만 어쨌든 더 많은 물량의 제품을 팔게 되는 것이다. 단 한 가지 유감스러운 사실은, 당신 제품을 사는 사람이 그 옷을 입을 당사자가 아닌 그들의 부모로 바뀐다는 점이다.

본 더치(Von Dutch) 브랜드가 처음 히트했을 때를 기억하는가? 영화배우 애시턴 커처(Ashton Kutcher)를 위시한 MTV 타입의 젊은이들이 떼거지로 본 더치의 트러커 캡(trucker cap)*을 쓰기 시작했고, 패리스 힐튼(Paris Hilton)은 매일 그 모자만 쓰고

*앞에 둥글고 딱딱한 챙이 달린 캐주얼한 모자로 흔히 야구모자로 불린다.

다녔다. 그들은 로스앤젤레스에서 젊은이들이 가장 많이 모여드는 멜로즈(Melrose) 거리에 직영 아울렛을 가지고 있었는데, 무슨 이유에선지 수많은 할리우드 타입 젊은이들로 늘 인산인해를 이루곤 했다. 본 더치 모자는 보는 눈에 따라선 촌스럽게 보일 수도 있는, 품질에 비해서는 저속한 디자인이었다. 그런데도 사람들은 그 모자에 열광했고, 어딜 가나 본 더치 모자를 쓴 사람들 천지였다.

한때 우리도 그 회사를 살까 심각하게 고려한 적이 있었을 정도다. 인수 합병을 추진해볼까 하고 본 더치 외에도 여러 회사들을 물망에 올려놓고 있을 때의 이야기다. 하지만 얼마 뒤 그 회사는 자멸하고 말았다. 매장 두 개를 더 오픈하고 유통망을 확산시킨 뒤 브랜드가 뜨기 무섭게 유행이 끝나버리고 만 것이다. 그렇게 너무 빨리 성장하는 브랜드는 보편적이고 일반적인 시장을 공략하기엔 치명적인 위험 요소를 많이 가지고 있다.

그렇게 허무하게 무너진 까닭은 무엇일까? 글쎄, 본 더치의 문제라면 핵심 디자인을 전혀 바꾸지 않은 데 있었다. 그들은 날개 달린 눈알 모양 로고 아니면 눈에 띄는 특유의 필기체를 사용한 '본 더치' 프린트를 티셔츠, 운동복, 모자에 무조건 박아넣었다. 그렇게 변화 없는 디자인을 계속 진행했기 때문에 경쟁사들은 그들을 쉽게 모방하여 그들의 시장을 잠식할 수 있었다. 게다가 본 더치는 자사에서 직접 운영하는 소매 매장을 충분히 확보하지 못했다. 매장 관리 능력이 부족하여 수억 달러를 코앞에서 날려버린 것이다. 실패의 이유는 또 있다. 과정을 무시한 그들의 백화점 입섬은 브랜드의 생명력을 갉아먹는 행위였다. 나라면 긴 안목으로 기다리다가 좀 더 차별화된 고급 브랜드를 런칭했을 것이다. 우리는 후부라는 브랜드에 관록을 심어주기 위해 이런 노력을 쏟았다.

본 더치는 한때 무서운 돌풍을 일으키며 인기몰이를 했지만 그런 열기를 유지하면서 섬세하게 방향을 전환하는 판단력은 부족했다. 요즘의 시장 추세는 저가 시장을 공략하거나 극도로 고급스런 브랜드를 지향하는 것, 둘 중 하나다. 사람들은 이제 중저가 브랜드 위주의 백화점인 시어스(Sears)에서 옷을 사지 않는다. 초대형 저가 할인 매장들인 월마트(Wal-Mart)나 케이마트(K-Mart), 타깃(Target)이 있기 때문이다. 그러니 아예 그렇게 저가 대형 마트 쪽을 선택하거나 고가 시장을 선택해야 살아남는다. 여기서 내가 말하는 고가 시장은 말 그대로 최고급 품질과 높은 가격을 내세운 진정한 고가 시장을 말하는 것이다. 그렇지 않고 어정쩡한 위치에 브랜드를 포지셔닝하면 다른 브랜드들과의 차별성을 가질 수 없다. 우리가 선택한 것이 바로 이 고가 시장이었다.

우리는 후부의 고품격 라인으로 '플래티넘 후부(Platinum FUBU)'를 런칭한 데 이어 호주의 고급 브랜드 쿠기(Coogi)를 인수하여 미국 시장에 맞게 재구성했다. 품질을 더 높이고 가격을 더 올리면서 우리가 할 수 있는 한도 내에서 최선을 다해 브랜드를 리뉴얼했다. 후부에 이어 또 한 번의 돌풍을 일으킬 심산이었다. 후부 초창기에 얻은 성공만큼이야 기대하기 어렵겠지만 충분히 도전해볼 가치가 있는 작업이라는 생각이었다.

앞서 내가 여러 가지로 실패 요인을 분석하긴 했지만 그래도 본 더치 사람들은 똑똑하다. 한 차례 브랜드를 히트시킨 경험이 있는 이상, 그들은 언젠가 새로운 브랜드를 가지고 다시 나타날 것이다.

아, 우리가 결국 해낸 겁니까?

우리는 시작 단계부터 전속력으로 뜨겁게 흑인 젊은이들을 몰아붙였다. 나는 여기서, 믿을 수 없을 정도로 미친 듯이 열광적이었던 그 당시 상황과, 우리 후부 브랜드가 어떻게 히트했는지를 보여주는 여러 가지 재미있는 사건을 집중 조명해보고 싶다. 우리 브랜드가 뜨기 시작하던 무렵의 후부 사무실 안팎 정황이 어땠는지 상상할 수 있는 흥미로운 시간이 될 것도 같다.

- 우리는 각종 파티와 이벤트로 유명해졌다. 그중에서도 400만 달러를 투자한 '2000년 밀레니엄 맞이 주말 파티'와 더 갭 밴드(The Gap Band), 메리 제이 블리즈(Mary J. Blige), 케이스(Case), 티나 마리(Tina Marie)를 비롯한 가수들이 대거 참여한 '이틀짜리 콘서트'가 가장 큰 인기를 모았다. 우리는 무대 위에서 크리스털 샴페인 200병을 나눠주고(그때만 해도 크리스털이 정치적으로 올바르지 못한 발언으로 우리의 반감을 사지 않은 때였다), 천 명이나 되는 각종 대회

수상자들을 축제에 참가시켜 그 후로도 오랫동안 가수들과 유명인사들 사이에서 좋은 평가를 받았다.

- 이런 편지를 받은 적이 있다. "내 아이가 '죽을 때까지 후부만 입겠다' 며 '혹시 죽더라도 후부 옷을 입혀서 무덤에 묻어달라' 고 합니다." 후부를 좋아하는 자녀를 가진 부모들이 심심찮게 이런 편지를 보내오곤 했다. 그들은 그 사실을 증명하겠다며 아이들의 사진을 함께 찍어 보내기도 했다. 그 편지들 중에는 우리 후부 옷을 입고 학교에서 히트를 쳤다는 백인 아이의 편지도 있었다. 그럴 때마다 우리는 항상 '후부는 피부색을 중시하지 않고 문화를 중시한다' 는 메시지를 담아 그들에게 포스터나 사은품을 보내주었다.

- 후부의 성공으로 인해 나는 결혼 생활에 실패했다. 내 아내와 아이들에 대해 이 책에서 별로 언급하지 않은 이유는 나와 가족의 사생활을 지키고 싶어서다. 하지만 후부가 한창 성공의 정점을 달리고 있을 때 내가 가족을 잃었다는 것은 이야기 전개상 여러 모로 중요한 부분이기에 간단히 밝혀두려고 한다. 생사를 오가는 절박한 시점에 유언으로 "사무실에서 좀 더 많은 시간을 보내고 싶었다"고 말할 사람은 아무도 없겠지만 나는 그럴 수 있을 것 같다. 나는 그 정도로 심하게 일에 빠져 살았다. 성공을 원하는 사람이라면 내 말에 깊이 공감할 것이다. 아내는 내가 필요로 하는 현실적인 조언을 해주었고 내가 일에 집중할 수 있는 환경을 조성해주었다. 하지만 그럼으로써 우리는 보이지 않는 사이에 서로에게서 조금씩 멀어지

고 있었다. 부부 사이에서 일과 가정 모두의 건강한 균형을 지키려고 노력할 수는 있다. 나도 노력할 만큼 했다. 하지만 때로는 사업이 다른 모든 것을 포기하게 만든다.

• 2001년 조지아 주에 있는 한 지방학교위원회에서 고등학생들이 흑인을 폄하하는 남부 동맹 지지 깃발이 그려진 티셔츠를 입고 등교하는 것을 금지하자 다른 한쪽에서는 후부 옷도 입히지 말아야 한다는 반대 의견이 발의된 일이 있다. 사람들은 우리 브랜드를 백인우월주의에 반대하는 흑인 주권 운동의 상징으로 인식하고 있었던 것이다. 마치 KKK의 블랙 버전처럼…….

• 역시 2001년에는 힐러리 클린턴 상원의원이 뉴욕 지역의 사회 봉사에 기여했다는 공로로 우리 후부 창립자들에게 표창장을 수여했다. 이 상은 전 영부인이 공직자로 선출된 후 처음으로 수여한 표창장이라는 자랑스러운 기록도 함께 남겼다.

• 비슷한 경우로, 사임을 앞둔 뉴욕 시장 루돌프 줄리아니는 공직에 있을 때 수여하는 마지막 표창장을 우리에게 주었다.

• 우리가 후부를 시작하던 초창기에 오매불망 꿈꾸던 것 중 하나가 메이시즈 백화점에 우리 제품을 진열하는 것이었다고 내가 이 책 초반에서 말한 것을 기억하는지. 우리는 그 꿈을 이루고도 남았다. 열두 군데도 더 되는 메이시즈의 쇼윈도 디스플레이를 우리가 장

악했으니 말이다. 업계 최초로 우리 네 명을 포함하여 살아 있는
사람들이 쇼윈도에 들어가서 디스플레이의 일부로 활약하기도 했
다. 길 가던 쇼핑객들은 고개를 갸웃거렸고 카메라를 가진 사람들
은 사진을 찍느라 바빴다.

• 우리는 스포츠계에서도 대성공을 거두었다. 전 WBC 헤비급 챔피언
  인 레녹스 루이스(Lenox Lewis)의 경기마다 후부 로고가 새겨진 팬
  츠를 그에게 입혔고 그의 코너도 우리 로고로 장식했다. 그리고 그
  를 우리 광고에 기용하여 스포츠계에서 우리 후부의 얼굴로 삼았다.

• 후부 창립 멤버들 중 두 사람이 남아프리카 최초로 후부 단독 매장
  을 오픈하기 위해 요하네스버그에 간 적이 있다. 그들은 거의 비밀
  경호 수준의 에스코트를 받으며 도시를 둘러보는 호사를 누리다가
  결국은 넬슨 만델라 전 대통령까지 만나보는 영광을 누렸다. 남아
  프리카공화국의 대통령 타보 엠베키(Thabo Mbeki)가 그 사실을
  알고 왜 자기들끼리만 만났냐며 펄펄 뛰는 바람에 따로 대통령을
  알현하는 스케줄을 잡는 웃지 못할 해프닝도 있었다고 한다.

• 후부는 매년 5월 하순 인디애나폴리스에서 열리는 유명한 자동차
  경주대회 '인디애나폴리스 500'에서 자동차를 후원한 최초의 흑
  인 회사이기도 하다. 이것은 뮤직비디오 협찬에 버금가는 또 하나
  의 기발한 마케팅 전략이었다. 흑인 직원이 많은 우리 회사가 스폰
  서 역할을 맡은 차의 드라이버는 칠레인이었으며, 또 한 명의 팀원

인디 500에 참가했을 당시 경주용
자동차 안에 앉아 있는 내(왼쪽 사진)
와 기자 회견 석상의 내(오른쪽 사진
가운데).
유감스럽게도 우리 후부 카는 다섯 번
째 랩에서 충돌 사고를 일으켰다. 하
지만 인디에 참가한 첫 흑인 소유의
회사라는 기록은 남길 수 있었다.

역시 남미 출신이었다. 전통과 역사를 자랑하는 대회에서 단연코
뛰는 팀 구성이 아닐 수 없었다.

• 우리는 전국 각지의 다양한 도시들로부터 수십 개의 열쇠*를 받았
고, 디트로이트와 마이애미 등의 몇몇 도시에서는 '후부의 날' 을
지정받기도 했다. 전국의 여러 커뮤니티들과 우리 브랜드가 얼마
나 깊게 교감하고 있는지를 보여주는 뜻 깊은 사례이다.

• 커뮤니티 말이 나와서 하는 말인데, 우리는 매년 추수감사절마다
뉴욕 시 전역에 수천 마리의 칠면조를 나눠주는 특별한 이벤트를

*미국의 각 도시에서는 자기 고장에 이익이 되는 일을 하거나 명예로운 일을
한 사람 또는 단체에게 감사장의 형식으로 '기념 열쇠' 를 수여한다.

벌였다. 이웃에게 작은 것이나마 조용히 환원하기 위한 우리만의
방식이었다.

• 어느 날 마이클 잭슨이 사무실로 전화를 걸어왔다. 그가 새 앨범을
녹음하기 위해 뉴욕에 머물 때였다. 패션 스타일을 바꿔보려고 고
심하는 중이라는 말에 나는 그의 녹음실에 우리 옷을 한 보따리 싸
가지고 갔다. 녹음실 부스는 갖가지 크기와 색깔의 봉제 인형들로
꽉 차 있었고 엠앤엠즈(M&M's)와 리즈(Reese) 같은 초콜릿으로
가득해서 앉을 자리조차 없었다. 물론 모두가 그를 위한 것들이었
다. 우리는 둘러앉아 이런저런 이야기를 나누었는데, 그에 대한 괴
상한 소문과 달리 마이클은 보통의 평범한 남자와 다르지 않아 보
였다.

• 내 경력 가운데 가장 화려한 것을 꼽으라면, 후부가 에센스
(Essence) 상*을 수상한 최초의 기업이라는 점이다. 상을 받으러
시상대에 올라가면서 '아, 우리가 결국 해냈구나' 하고 감격하던
순간이 기억에 생생하다.

• 그리고 우리가 처음으로 성공을 맛본 그때, 격렬하고 무모했던 그
시절, 팝 문화에 얽힌 재미난 추억이 있다. 우리가 하이프 윌리엄

---

*미국의 〈에센스〉 잡지가 주관하여 매년 음악, 영화, 연극, TV, 라디오, 코미디,
사회실천 부문에서 뛰어난 활약을 보인 사람이나 단체에게 수여하는 상.

스와 함께 제작하고 있던 '뚱녀(Fatty girl)' 뮤직비디오 촬영장에 오제이 심슨(O. J. Simpson)이 찾아왔다. 당시 우리는 새로 출시한 여성복 라인을 홍보하기 위한 비디오 촬영 작업을 하고 있었다. 비디오의 여주인공으로 발탁된 섹시 모델 캐린 스테판스(Karrine Steffans)가 열정적으로 춤을 추고 가수인 루다크리스는 수갑이 달린 체인을 두르고 있었는데, 오제이가 갑자기 그 속에 뛰어들어 캐린에게 가까이 다가서서는 수갑 체인을 목에 두르고 우리의 카메라들을 향해 달려들었다. 그러더니 자기가 얼마나 수갑에 익숙한지에 관해 수다를 떨기 시작했다(우와! 천하의 악동 오제이가 우리 비디오 속에서 캐린과 흔들어젖히는 모습이라니! 혼자 보기 아까운 장면이었다). 나중에 우리는 그가 나온 부분을 전부 편집해버렸다. 논란의 여지가 많았기 때문이다. 하지만 그때를 회상하면 그의 돌출 행동이 마치 우리 자신의 혼란스럽고 무질서했던 삶을 상징하는 것 같아 웃음이 나온다.

나의 패션 비즈니스 학습기

우리는 패션 비즈니스를 너무 급하게 배웠다. 아니, 아직도 우리는 배우고 있는 상태다. 후부를 막 시작할 무렵에 우리가 아는 것이라곤 우리가 무엇을 좋아하는가, 그리고 인기 가수들에게 우리 옷을 어떻게 입혀야 하는가 정도였다. 하지만 사이즈를 구분하는 문제나 시즌에 맞는 제품 구성, 선적에 관해서는 완전 초보였다. 다행히 노만 일가가 그 방면의 전문가들이었기 때문에 그들로부터 노하우를 전수빈을 수 있었지만 그 나머지는 우리가 직접 움직이며 알아내야 했다. 우리는 부족한 게 많았지만 준비 과정도 없이 본격적으로 일을 시작하지 않으면 안 되었다. 솔직히 말하자면, 우리는 시시때때로 실수를 연발했다.

사이즈부터 문제였다. 우리가 시급히 해결해야 할 일 중 하나는 소, 중, 대, 특대, 즉 스몰(small), 미디엄(medium), 라지(large), 엑스트라 - 라지(extra-large)를 몇 벌씩 만들어야 하는지 알아내는 것이었다. 처음 라스베이거스 매직 쇼에서 받은 소규모 주문들은 매장 주인들이 각각의 사이즈별로 원하는 수량을 우리에게 지정해주었기 때문에 문제가 되지 않았지만, 일을 크게 벌이고 나니 우리 스스로 사이즈 수요를 예측해내야 했다. 결국 우리는 라지 사이즈를 많이 생산하기로 했다. 통계 수치나 다른 조사 없이 내린 결론으로서 그냥 직감적으로 그래야 할 것 같았다. 나중에 생산 비율을 정하는 공식을 얻어내긴 했지만 그렇게 되기까지는 여러 번의 시행착오와 타깃 시장에 대한 이해가 필요했다.

디즈니 월드에 마지막 갔을 때가 언제였던가? 기억을 더듬어보면 놀이기구를 타려고 길게 늘어선 줄 속에는 뚱뚱한 남자들이 무척이나 많았다. 우리는 트렌디하고 패셔너블하고 요가와 헬스를 즐기는 사람들이 모여 사는 뉴욕이나 로스앤젤레스나 마이애미 안에서만 움직이느라 그 사실을 잊고 사는 경향이 있지만, 사실 미국 인구의 대부분은 과체중이다. 게다가 젊은 흑인 남성 위주로 이뤄진 우리의 핵심 고객들은 옷을 자기 사이즈보다 약간 크게 입는 걸 좋아했기 때문에 그 점에 착안해서 사이즈를 구성했다.

초창기 라인에서는 XL에서 6XL까지 구분되는 특이한 사이즈 분류를 만들었다. 물론 우리가 만든 XL는 절대로 일반적인 XL가 아니었다. 실제로는 그보다 훨씬 작았다. 하지만 이것 역시 우리 브랜드의 전략 중 하나였다. 우리 생각은 이랬다. 남자들은 자기가 키 작고 왜소한 사람으로 비쳐지길 원하지 않기 때문에 셔츠에 '작은 사이즈'라고 쓰여 있는 걸 좋아하지 않는다. 그래서 우리는 우리 옷 중 제일 작은 사이즈를 XL로 부른 것이다. 역시나 고객들은 우리가 기대한 것 이상으로 만족해했다.

나 역시 개인적으로도 절대 라지 사이즈 셔츠를 사지 않는다. 내가 객관적으로 볼 때 덩치가 좋은 건 아니지만 꼭 XXL에서 내 옷을 찾는다. 움직이기 편할 정도의 품이 넓은 옷을 좋아하기도 하거니와 왠지 큰 사이즈 옷을 입어야 기분이 좋고 자신감이 생긴다. 나뿐만 아니라 다른 남자들도 다 비슷한 생각을 한다는 걸 후부를 경영하면서 확실히 알게 되었다. 반대로 미국의 백인들은 마른 게 더 좋다고 믿고 있으며, 몸에 맞는 옷이 더 좋다고 생각한다. 때문에 우리는 지난 몇 년간 이런 타입의 사이즈를 가진 고객들을 꽤 많이 놓쳤을지 모른다. 하지만 흑인 사회에서는 아무래도 큰 사이즈가 먹히기 때문에 우리는 그쪽에 주력할 수밖에 없다.

공장 일은 모든 게 새로 배워야 할 것들이었다. 우리 옷에 들어가는 모든 종류의 작업 내용을 다 알아야 했기 때문이다. 단추 공장 따로, 지퍼 공장 따로, 염색 공장 따로, 재단 공장 따로, 봉제 공장 따로… 눈이 핑핑 돌았다. 자수와 포장과 선적까지 합치면 옷 하나를 만드는 데 많게는 아홉 개의 공장이 맞물려 일한다. 따라다녀야 할 곳이 너무나 많았다. 가끔은 모든 제조 공정을 한군데에서 다 처리해주는 소위 '전천후 공장'을 만나서 비용도 줄이고 혼란도 덜 수 있었지만, 우리 일정과 그들의 일정을 항상 맞추기는 어렵기 때문에 세계 곳곳에 있는 임금 싼 하청 공장을 찾아다니는 일이 빈번했다. 때와 장소를 불문하고 지구상 모든 대륙에서 후부 상품이 만들어졌다.

사업의 전성기를 맞게 되면서 정말 눈이 튀어나오도록 놀란 사실은, 우리가 다른 의류 제조 업체들과 하청 공장을 공유하고 있었다는 점이다. 아베크롬비 앤 피치, 타미 힐피거, 구찌 등이 다 같은 공장에서 생산되고 있었다. 이들 회사는 모두 자체 공장을 갖고 있지 않았고, 우리 후부도 그랬다. 나는 이들과 미묘한 자리다툼을 벌이며 제품을 만들어야 했다. 단점이라면 우리 옷을 경쟁자들이 쉽게 볼 수 있다는 것이었다. 어떤 때는 신제품이 판매 시점보다 몇 달 먼저 경쟁사에 노출되기도 했고, 가끔은 상대편에서 우리 디자인을 훔쳐보고 잽싸게 먼저 생산해서 매장에 내놓는 얄미운 경우도 있었다. 우리 역시 시간이 허락하는 대로 여러 차례 공장을 방문해서 경쟁 브랜드의 옷을 살펴보고 우리 옷이랑 잘 어울릴 것 같은 요소를 차용하거나 응용했다. 물론 상대방도 우리 옷을 보고 맘에 드는 부분을 같은 방법으로 차용할 것임을 당연하게 받아들여야 했다.

그러나 자기 제품을 염탐하는 사람들을 내버려두다가는 모조품 제조업자들에 맞서 디자인을 지키기가 정말 어려워지고, 나중에는 걷잡을 수 없는 사면초가 상황에 놓이게 된다. 한편으로는 당신의 브랜드가 모조품이 생길 정도로 인기가 높아졌다는 것에 우쭐해질 수도 있지만 얼마 후에는 정말 생각지도 못했던 부분에서 막대한 손해를 입게 될 것이다. 당신이 만든 제품의 매출을 자연스럽게 잠식당하는 것도 문제겠지만, 더 큰 문제는 그 짝퉁 제품의 형편없는 품질로 인해 브랜드 이미지가 실추될 수도 있다는 것이다. 흔한 경우로, 당신이 어느 하청 공장에서 한 가지 아이템으로 10만 장을 제작하기로 하면 그들은 추가로 10만 장을 더 만들이시 뒷문으로 **빼돌린다**. 이렇게 **빼돌린** 물건들은 절대로 메이시즈 백화점이나 풋 로커(Foot Locker) 같은 대규모 스포츠화 전문점에는 파고들지 못하지만 소규모 부티크에서는 합법적인 제품들 사이에 놓여 당당하게 판매되는데, 그 가게 주인은 자기가 판매하는 제품이 모조품인지조차 모르는 경우도 종종 있다.

초반에는 나도 아예 마음을 비워버렸다. 모조품 때문에 본 매출에 큰 차질이 온 것도 아니었고, 싸구려 짝퉁을 사 입는 사람들의 대부분은 아마 우리 옷을 정식 매장에서 제 값 주고 사 입어본 사람들이 아닐 거라는 판단에서였다. 그렇다면 우리 고객을 상대방에게 **빼앗겼다**고 억울해할 필요가 없었다. 긍정적인 쪽으로 생각을 바꾸니 화가 덜 났다. 저렇게 후부라고 쓴 옷을 입고 모자를 써서 다른 사람들에게 후부의 존재를 알려주니 그들은 우리를 간접 광고해주고 있다고 여기기로 했다. 아무튼 그들은 우리의 이름을 밖으로 드러내주고 있지 않은가.

부정적인 생각을 긍정적으로 바꾸는 것은 정말 중요하다. 하지만 옳지 않은 것들을 바로잡는 일도 그 못지않게 중요하다. 우리는 수년에 걸쳐 대규모 짝퉁 공장 두 곳의 문을 닫게 하려고 애썼다. 엠파이어 스테이트 빌딩으로 옮기고 난 뒤 1년 내지 2년 정도가 지났을 때의 일이다.

우리는 뉴욕 경찰서 형사들과 함께 우리 사무실 바로 근처에 포진한 **짝퉁 지역**(앞서 말한 적 있는 23번 가에서 30번 가 사이의 7번 가에 공장들이 모여 있었는데 지금도 뉴욕에 있는 노점상들 사이에서는 이 지역을 모르면 간첩이란 소리를 듣는다)에서 제일 유명한 건물들 중 하나를 불시에 단속하기로 했다. 노점 상인들은 거기서 핸드백, 지갑, 티셔츠 등 보따리 장사가 가능하다고 생각되는 것이년 뭐든지 사다가 뉴욕 곳곳에서 좌판을 벌인다.

나도 예전에 민짜 티셔츠를 사려고 그 짝퉁 지역을 출입하곤 했다. 콜로세움 쇼핑몰 밖에서 프린트 티셔츠를 팔던 시절 두 번 정도 드나든 기억이 있다. 이 건물들은 일반인이 들어가는 걸 막지는 않지만 밖에 간판이나 표시도 없는 데다 워낙 많은 물건들이 어지럽게 널려 있어서 딱히 뭘 찾고 있지 않다면 뭔가를 골라볼 엄두도 나지 않는다.

경찰들을 동원하기 위해 몇 달을 기다린 끝에 결국 두 명을 배정받을 수 있었다. 우리는 이삿짐 운반용 대형 탑차(塔車)와 트럭을 빌려서 건물 밖에 주차시켰다. 엄밀히 말하면 형식을 갖춘 정식 수사라고 말할 수는 없었다. 우리가 데려간 사람들이 경찰인 건 맞지만, 나와 동료들이 주도한 일이었으니까.

우리는 위층으로 올라가서 후부 모조품들을 찾아낸 뒤 트럭에 싣기 위해 박스들을 나르기 시작했다. 함께 간 경찰 중 한 명이 무허가 제품들을 압수하겠다고 그들에게 알린 뒤 공장 주인이 서명해야 하는 서류를 작성했다. 그런데 거기 있던 사람 중 한 사람이 가방이 없어졌다고 소리를 지르면서부터 일이 복잡하게 꼬여버렸다. 결국 공장에 있던 사람들과 우리들이 한데 뒤엉켜서 엄청난 소동이 일어났다. 그날 꽤 많은 사람들이 다쳤다. 경찰들도 다쳤고 심지어 내 친구 키이스도 상처를 입었다. 거리에 몰려든 사람들도 수백 명이 넘었다. 그 '불시 단속'은 뉴스거리가 되었지만 결국에는 짝퉁 제작의 뿌리를 뽑는 데는 큰 기여를 하지 못하고 끝났다.

이후로 우리는 짝퉁 문제에 대해서만큼은 이를 악물고 웃으며 참는 법을 배웠다. 옷을 만들어 파는 이 바닥에서는 우리가 아무리 단속해도 절대 사라지지 않을 필요악이기도 하거니와, 만일 짝퉁 근절을 위해 우리의 시간을 다 바친다면 정작 우리 브랜드의 디자인이나 마케팅에 전력할 수 없기 때문이다. 이들을 어렵게 하는 방법은, 한 발 먼저 부지런히 신제품을 만들고, 믿을 수 있는 공장들만 골라서 일함으로써 최대한 우리 제품을 보호하는 것뿐이다.

예습해라

학교 선생도 아닌 내가 다짜고짜 예습부터 하라고 해서 놀랐다면 미안한데, 이 말을 하고 싶어서 그랬다. 사업상 중요한 미팅을 망치는 가장 확실한 요소가 뭐라고 생각하는지? 그건 바로 준비 없이 미팅에 임하는 태도다. 직감이나 본능도 좋다. 하지만 부지런함과 상식을 먼저 갖춘 다음의 얘기다.

예를 하나 들어보자. 두 명의 중년 남자가 후부 브랜드 마케팅 일을 맡겠다며 찾아왔다. 만나고 보니 둘 다 백인이었다. 그들은 분명 노만 앞에서 근사한 프레젠테이션을 한 덕분에 최종 단계까지 올라왔을 것이다. 노만은 이들 외에도 많은 광고 담당자 후보들을 면접했고, 그중에서 강력하게 추천하고 싶은 후보자들 몇몇을 선별해서 나와 우리 회사 마케팅 이사 레슬리 쇼트에게 보냈다.

후보자들은 회의실 밖에서 미팅이 시작되기를 기다리고 있었다. 나는 그때 10만 달러짜리 팔찌를 한쪽 손목에, 롤렉스 시계를 다른 쪽 손목에 차고 있었고, 아마 번쩍거리는 금목걸이도 걸고 있었던 걸로 기억한다. 그리고 가장 확실히 기억나는 건, 정장 차림이 아닌 청바지 차림이었다는 것.

비싼 액세서리를 한 것만 빼면 나는 우리 동네에서 흔히 볼 수 있는 수많은 힙합 스타일 청년들과 다를 게 없어 보였을 것이다. 그 백인 중년 남자 중 한 사람이 나를 보자마자 입을 딱 벌렸다. "우와! 당신은 여기서 직급이 뭡니까?" 그리고 그는 이렇게 말했다. "아니 직급이 뭐건 간에 진짜 월급을 너무 많이 받나보군요."

그는 단지 실언을 한 것뿐이었지만, 그리고 나 역시 그의 말에 수긍했지만, 그가 점수 깎일 짓을 한 건 분명하다. 옆자리에 앉은 그의 동료가 일이 어그러진 걸 알았는지 얼굴을 두 손으로 감싸고 고개를 떨구었다. 여태까지는 일사천리로 진행되어온 면접을 그 자리에서 다 망치게 되었다는 사실을 감지한 것 같았다. 나는 남자의 말에 전혀 화가 나거나 기분이 상하진 않았지만, 이 바보에게 우리 회사 일을 맡겨야겠다는 생각은 하기 힘들었다. 그는 예습 없이 미팅에 임한 것이다. 얼마나 우리 회사에 대한 공부가 없었으면 자기가 일을 따려고 하는 회사 대표가 누군지도 몰랐겠는가. 특히 그 무렵 나는 한 주에도 수십 번씩 TV에 얼굴을 내밀고 있었기 때문에 조금만 관심이 있었다면 충분히 나를 알아볼 수 있었다. 소위 우리 회사 이미지 메이킹을 해주겠다는 작자가 그 회사와 연관성이 깊은 문화에 그토록 문외한이라니! 그리고 자기가 광고하게 될지도 모를 브랜드의 옷을 입은 남자를 그런 식으로 비웃다니… 경솔한 행동이었다.

나는 레슬리에게 그들을 내보내라는 눈짓을 보냈다. 그녀는 내 뜻을 이미 파악하고 있었다. 나는 첫 대화부터 이렇게 풀어나가는 멍청이와 계속 얘기를 나눌 정도로 참을성이 많은 사람은 아니었다. 그녀는 이렇게 말했다. "당신들은 이 사람이 누군지 전혀 모르는군요. 후부의 사장이자 대표이사인 데이몬드 존입니다. 우리 회사 사장은 아까 만난 백인 남자가 아니라 이 사람이에요. 여기서 나가주세요." 간단하고 명확하게 핵심을 찌르는 말이었다. 그 백인 남자도 미리 몇 가지만 준비했더라면 자기 발등을 찍지 않았을 텐데. 하지만 그는 이 중요한 미팅에서 말 한마디 잘못 내뱉고 민망하게 쫓겨나는 신세가 되어버렸다.

시간을 뛰어넘어라!

생산 담당자들과 짝퉁 제조업자들 다루는 법을 배운 후에 남은 중요한 숙제는 남보다 한발 앞서야 하는 패션계의 시즌에 어떻게 적응하고 맞춰 갈 것이냐였다. 처음에는 이런 세상도 있구나 하며 놀라울 뿐이었고, 요즘도 늘 긴장하며 살고 있다. 나는 현재 우리가 어느 시즌 일을 하고 있는지 달력을 보며 주의를 환기하곤 한다. 내 말을 이해하기 힘든 사람들을 위해 자세히 설명하자면 이렇다. 오늘이 3월 1일이라 치자. 달력에서 제일 눈에 띄는 날짜는 역시 매직 쇼가 있는 8월이다. 그때가 되면 내년 봄에 매장에 내놓을 제품들을 선보여야 한다. 일 년이나 후의 일이지만 미리 준비해야 하니 마음이 바빠진다. 다른 분야도 그렇겠지만 특히 패션은 긴 안목으로 내다보고 남보다 몇 시즌 앞서가야 하는 그런 분야다.

정식으로 판매를 시작한 첫 두 시즌 동안 후부는 완전히 인기 폭발이었고 뉴욕 사무실에서 일하는 디자이너만 해도 15명이나 되었다. 4월 무렵이면 우리는 일종의 입찰 형식으로 하청 업체들에 패키지를 보낸다. 패키지 안에는 우리 신제품 디자인을 자세히 보여주는 CAD(Computer Animated Design)와 샘플 제작에 필요한 전체 자재를 넣는다. 아주 세밀한 부분에 대한 정보도 모두 문서로 작성해서 소포 안에 포함시킨다. 지퍼 길이는 어느 정도이며, 밑위길이는 얼마나 길어야 하는지, 또 제품단가는 얼마를 예상하는지 등등의 정보들이 그 안에 담기게 된다.

한 달쯤 뒤부터는 하나의 옷에 대한 1차 샘플을 여러 업체들로부터 동시에 거둬들이기 시작한다. 하지만 각 시즌마다 실제 생산해야 할 아이템보다 훨씬 많은 디자인을 한 후에 그중에서 옥석을 가려내야 하기 때문에 샘플 개수는 사람들이 상상하는 것 이상이다. 우리가 뿌리는 패키지 개수만 해도 백 개가 넘기 때문에 1차 샘플을 수거하는 일만 해도 만만치가 않다. 그렇게 6월 중순까지 조정할 것들을 조정해서 다시 이들 공장들로부터 2차 샘플을 받아야 한다. 그리고 7월이 오면 우리 쪽 직원들을 투입해서 몇 가지 마지막 공정을 거치게 하는 것이다. 단추를 달거나 자수를 놓거나, 일부 디자인을 수정해야 하는 상황이 생기면 이때 재빨리 손을 본다.

매직 쇼가 열리기 직전인 7월 말 무렵이면 우리는 뉴욕에 있는 회사 전시실로 찾아온 바이어들에게 이들 샘플 중 일부를 선보이기 시작한다. 하지만 우리 매출의 대부분을 책임져줄 곳으로는 라스베이거스를 기대한다. 만약 매직 쇼에서 좋은 반응을 얻지 못하면 우리는 해당 디자인을 거의 없애버린다. 하지만 가끔은 매직 쇼에서 뜨뜻미지근한 반응을 얻은 디자인도 미친 척하고 강행해봤는데 의외로 잘 팔릴 때가 있으니 사람 일은 정말 알다가도 모를 일이다. 평균적으로 따져보면 매직 쇼에서 100개의 아이템을 선보인다고 할 때 바이어들의 첫 반응에 따라 그중 20~30개는 본 생산에서 누락시키는 게 상례다.

오랜 시간 일해오면서 우리는 계절에 따라 잘 팔리는 컬러가 따로 있다는 걸 배웠다. 계절에 맞는 컬러란 게 사실 뻔하지만, 우리는 그 뻔한 것에 박자를 맞추지는 않았다. 보통 블랙은 계절을 불문하고 늘 잘 팔린다. 봄에는 화이트를 비롯해서 훨씬 더 부드러워진 라임색이나 하늘색을 많이 쓴다. 남색같이 전통적이고 클래식한 컬러도 무난하게 많이 쓰인다. 가을에는 오렌지나 그린 같은 컬러를 더 많이 사용하는 편이다. 하지만 이것 역시 상대적으로 많이 사용한다는 의미일 뿐, 우리 후부는 지나치게 유행에 집착하기보다는 자유롭게 컬러를 사용하는 편이다.

8월의 매직 쇼가 끝나고 나면 우리 중 대부분은 재빨리 유럽으로 날아가서 다음 시즌 디자인을 위한 시동을 거는데, 처음 두 시즌 동안에는 이 시스템에 적응을 못해 애를 먹기도 했다. 그 다음부터는 차츰 관록이 쌓여 우리가 유럽에서 다음 시즌 디자인 구상에 집중하는 동안 뉴욕에 있는 나머지 직원들은 매직 쇼에서 새로 받아온 주문에 맞춰 제품을 만드는 일을 책임져주었다. 우리는 돈을 벌기 위해 한 시즌을 뛰어넘어 살아야 하는 이상한 사람들이 되었지만, 좋게 생각하면 패션계의 선두 주자였다. 지난 시즌에 만들어놓은 제품이 매장에 걸리기도 전에 우리는 다음 히트 상품을 탄생시키기 위해 계절을 뛰어넘고 있다.

사람들은 당신의 돈을 노린다

　창업 후 처음 2년 동안은 모든 것이 가슴 설렐 정도로 활기차게 돌아갔다. 몇 달에 한 번씩 그 '크리스마스'가 돌아와 수익 배당금도 꼬박꼬박 추가로 들어왔다. 정당하고 깨끗하게 일한 것에 대한 대가라 생각하고 우리 모두는 기꺼이 그것을 받았다.

　그런데 얼마 후 나는 우리 돈을 노리고 우리보다 더 열심히 일하는 사람들이 주위에 있다는 걸 알게 되었다. 우리를 넘어뜨리고 우리 돈을 가져가겠다는 의지로 일하는 사람들이었다. 가장 대표적인 예는 꽤 유명한 인테리어 장식가였다. 그녀는 성공한 유명인들을 상당수 고객으로 확보해놓은 수완가였고 사람들 사이에서 명성이 높았다. 하지만 내가 5년에 걸쳐 20만 달러나 쏟아부으며 그녀를 통해 우리 집 여러 채의 인테리어 공사를 한 뒤 남은 건 법원에 제출한 고소장밖에 없다. 그녀는 그 많은 돈을 받고도 소파 의자 하나, 전등 하나 새로 사다 놓지 않았다.

　이 일로 나는 깨달은 바가 컸다. 그래, 이것이 인간의 본성이구나. 어떤 사람은 아무것도 없는 상태에서 뭔가를 만들어보려고 열심히 일하는 반면, 어떤 사람은 다른 이에게서 뭔가를 뜯어내려고 애쓴다. 그들은 나나 당신이 열심히 일해서 이뤄놓은 것을 깎아내리기 위해 분주하다. 매순간 당신을 넘어뜨리려고 호시탐탐 기회를 엿보는 사람들, 당신 것을 훔쳐가려고 하는 사람들, 천박한 법정 공방을 모색하는 사람들, 100만 달러어치가 넘는 옷을 합법적으로 갈취하려고 방법을 찾는 칼 없는 강도들…….

그런데 우리는 이 인간들을 어떻게 건드릴 수가 없다. 차라리 우리 매장에서 티셔츠 다섯 장 훔쳐가는 아이를 체포하긴 쉬워도, 물건을 뒤로 빼내는 직원을 검찰에 넘기거나 우리 옷을 여분으로 더 만들어서 뒷문으로 팔아넘기는 하청 공장 사장 뒤를 캐는 건 복잡한 일이다.

이런 일은 특히 같은 동네 안에서 더 자주 벌어진다. 원하는 게 많고 얻고 싶은 게 많은 사람들은 그들이 가질 수 없는 것을 갖게 된 이웃을 보며 시기하고 질투한다. 그리고 무지개 너머에 있는 금덩이를 손에 잡겠다며 지름길을 찾는다. 하지만 지름길은 그 어디에도 없다.

06

당신에게만 전수해주고 싶은
히트 마케팅 기술

CEO들이여, 회전의자에서 내려오라

스스로를 CEO라고 칭하면서도 회전의자에 올라앉아 돈이나 세고 있는 사람들을 간혹 보게
된다. 회사의 명성이 자신에게 얼마나 더 많은 부를 안겨줄지 궁리하는 모습들이다. 하지만
시간과 노력, 창조적인 에너지를 투자하지 않는 한 그들은 입 근처에 가보기도 전에 손에서
녹아버리는 초콜릿이 될 것이다.

지금은 모든 권력이 소비자 쪽으로 옮겨져 있다. '만들어 놓으면 알아서 사게 되어 있다'는 안일한 생각은 통하지 않는다. 소비자가 생산을 조종하는 이런 현상에 나는 두 손 들어 환영의 뜻을 표한다.

세계는 급변하고 있다. 세계 정상의 골퍼가 흑인이고 세계 최장신 농구 선수가 중국인이다. 최고의 래퍼 가운데는 백인도 있다. 그리고 정말 믿을 수 없는 사실은, 최근 랩 음악을 다운로드하고 CD를 구매하는 인구의 대다수가 16~25세 사이의 백인 여성이라는 것이다.

이 말을 하고 싶다. 세상은 우리의 상상보다도 훨씬 더 빠르게 변화하고 있고, 세계의 대중문화 곳곳에 흑인 문화가 자연스럽게 침투해 있다는 것. 크라이슬러 자동차 회장 리 아이아코카(Lee Iacocca)는 그동안 고자세로 일관해온 크라이슬러 광고 방송 시리즈에 흑인 힙합 가수 스눕 도기 독(Snoop Doggy Dog)을 출연시킨다. 유구한 전통을 자랑하는 웹스터 사전은 crunk, hoody, Benjamins* 같은 흑인들의 은어나 비

*각각 '완전히 취하다', '모자 달린 티셔츠', '100달러 지폐'를 가리키는 말.

속어를 사전에 싣는다. 아카데미 시상식에서는 랩 그룹 스리 식스 마피아(Three 6 Mafia)가 부른 '멋쟁이는 힘들어(It's Hard Out Here for a Pimp)'가 최고 음악상을 받았다. 그리고 블록버스터 영화〈매트릭스(Matrix)〉는 대부분의 배역을 흑인이 맡았는데도 흥행에 성공했고 어떤 이유에선지 흑인 영화라는 꼬리표가 붙지 않는다. 유사 이래 최초로 출신 성분과 상관없이 많은 사람들이 흑인의 외모를 좋아하고 흑인처럼 옷을 입고 흑인을 동경한다. 꼽자면 더 있다. 예를 들어 일본에서는 일부 아이들이 흑인에 대한 존경 또는 존중의 의미로 얼굴을 검게 칠하고 다니기도 한다.

광고비, 어떻게 쓸 것인가?

이런 게 맘에 들건 말건 요즘 세상에는 별별 사람이 다 있으니 뭐라 말할 것도 없다. 하지만 이렇게 세상이 변한 건 단지 개개인이 변화를 이뤄냈기 때문만은 아니다. 우리 흑인들이 좀 더 개방적이고 관대해졌기 때문만도 아니다. 백인 아이들이 흑인을 동경해서도 아니고, 또 흑인 아이들이 전형적인 백인 문화에 그 어느 때보다 맹렬하게 끼어들어서도 아니다. 그렇다고 예외가 반복되다가 규칙으로 굳어버린 거라고도 말할 수 없다. 그 규칙이 스스로 틀을 깬 것이다.

우리는 아무것도 일부러 변화시키려 하지 않는다. 3개밖에 없던 텔레비전 방송국이 300개로 늘어나고, 생명력을 갖춘 인쇄 광고 업체가 6개에서 24개 이상으로 늘어났을 뿐이다. 전국 방송이 가능한 뮤직비디오 채널이 한 개에서 수백 개로 늘어난 것뿐이다. 이 비디오들을 밤새도록 반복적으로 틀어주는 클럽들이 있다는 건 두말할 나위도 없다. 우리 흑인 사회에 최신 유행과 뉴스들을 끊임없이 전달해주는 틈새 케이블 방송국들이 얼마나 많은지 모른다. 10년 전에는 상상도 할 수 없었던 상호 교류가 이젠 인터넷을 통해 집 안에서 즉각적으로 이루어지고 있다. 음악, 비디오, 영화, 텔레비전 드라마, 책, 심지어 광고가 소비자에게 전달되는 방식도 근본부터 변화했다.

매체들과의 이해관계도 바뀌었다. 1998년에는 BET 방송에 30초 광고를 내는 데 드는 비용이 약 1,500달러였다. 그때는 미국에 사는 흑인 청소년들이 거의 다 BET만 시청할 때였는데도 광고비는 턱없이 낮았다. 집에 닐슨 박스(Nielson box)*를 설치한 흑인 가정이 거의 없었기 때문에 실제 시청자 수는 적었으니까. 실제로 후부가 그 방송국을 일 년 동안 쥐락펴락하는 데는 100만 달러 정도면 충분했다.

그 돈으로 우리는 뉴욕, 로스앤젤레스, 디트로이트, 시카고 등지에 맘껏 광고를 내보낼 수 있었다. BET 방송은 정치, 경제, 자동차, 패션 등 모든 분야를 아우르는 정보를 제공함으로써 식견을 키워주는 '흑인 커뮤니티의 CNN'이었기 때문에 우리로서는 크게 성공한 셈이었다. 우리는 하루에 열 번, 열다섯 번, 스무 번, 마음 내키는 대로 후부 광고를 내보냈다. 사실상 100만 달러에 BET의 소유권을 넘겨받은 것이나 마찬가지였다. 우리는 보통 세 편의 광고를 연달아 교대로 내보내며 보너스 효과를 충분히 누렸다. 우리 광고를 보지 않고는 절대 그 채널을 시청할

I *시청료를 따로 내는 케이블 장치.

수 없을 정도로 잦았다. 심지어 내가 외국 출장으로 바쁠 때면 아내는 "집에서 내 얼굴을 보는 횟수보다 BET 채널에 나오는 내 얼굴을 보는 횟수가 더 많은 것 같다"고 말하기도 했다. 아내는 과장해서 말하는 사람이 결코 아니다.

물론 현재 BET는 후부처럼 벼락출세한 회사가 범접할 수 없는 방송국으로 되돌아가 있다. 비아컴(Viacom)에서 BET를 인수하여 30초 광고비를 6,000달러 이상으로 인상했기 때문이다. 그 정도 액수면 광고주 입장에서는 여전히 횡재라고 여길 수도 있겠지만, 워낙 채널이 다양하고 그에 따른 채널 선택 범위가 넓어져서 실질적인 광고 효과는 예전보다 떨어진다. 우리 사업이 한창 진척되었을 때 내보냈던 공중파 광고는 이제 코카콜라나 애플 컴퓨터 또는 포드 자동차 정도나 되어야 그 비용을 감당할 수 있을 것이지만, 설령 우리가 그 비용을 감당할 수 있다 해도 시장 침투 효과는 예전 같지 않다는 걸 알 수 있을 것이다. TiVO*와 디지털 위성 방송이 일반화되면서 시청자들은 광고 장면을 빨리 지나가게 만들 수 있게 되었고, 시청자 둘 중 한 명은 아예 광고 자체를 안 보고 넘겨버린다. 게다가 위성 라디오 방송국들은 광고 자체를 전혀 내보내지 않기 때문에 매개물이 완전히 없어진 셈이다.

광고비를 쓰고 싶은데 어디에 써야 할지 도무지 알 수가 없다는 사람을 위해 조언 하나 하겠다. 만약 작은 회사를 가지고 있다면, 우리가 초창기에 그랬던 것처럼 다양한 가수들과 손잡고 당신 회사만의 프로그램을 만들어내야 한다. 그것만이 유일한 성공 방법이다. 요즘은 이런 방식

*생방송을 정지시키거나 반복 시청할 수 있는 등의 첨단 기술.

의 프로그램을 '상표 붙은 연예 프로그램' 이라고들 한다. 당신은 우리가 했던 방식대로 하되 우리보다 더 열심히 해야 할 것이다. 당신 회사 제품을 영화, DVD, 텔레비전 드라마, 뮤직비디오 등에 노출시켜야 한다. 책 속에, 노랫말 속에, 텔레비전 토크 쇼 출연자의 말 속에, 잡지 기사 속에 당신 제품에 대한 언급이 들어가도록 해야 한다. 하지만 꼭 당부하고 싶은 점이 있다. 이 모든 것들이 절대로 노골적으로 드러나지 않아야 한다는 거다. 다시 말해 미묘하게 대중의 뇌리에 스며들도록 만들어야 한다. 랩 그룹 더 팩(The Pack)이 부른 '밴즈(Vans)' 라는 노래가 있는데, 그 뮤직비디오를 보노라면 스케이트 보드 신발 및 의류 브랜드를 만드는 회사 '밴즈' 의 광고를 보는 건지 뮤직비디오를 보는 건지 알 수 없을 정도다. 실제로 MTV가 그 뮤직비디오의 방영을 거부했을 정도로 뻔뻔스런 끼워 팔기의 전형이었다.

아무리 마음이 다급해도 뮤직비디오에는 예술성과 멋을 담아야 한다. 우리가 LL 쿨 제이와 계약을 맺었던 것처럼 가수들과 정식으로 계약을 맺고 그들 스스로가 당신 브랜드를 홍보하고 광고하게 해야 한다. 당신 제품을 비디오 속에서 입고, 노래로 브랜드에 대한 얘기를 하고, 신제품 티셔츠가 나오는 즉시 멋진 클럽에 입고 가서 파파라치에게 사진도 찍히며, 일할 때와 마찬가지로 사생활에서도 당신의 브랜드를 진정으로 인정하도록 만들어야 하는 것이다. 요새 젊은이들은 눈치가 빠르기 때문에 자기가 좋아하는 가수가 정말 그 브랜드를 좋아하는 건지, 아니면 형식상 입어주는 건지를 다 알고 반응한다. 소비자들은 광고 제작의 모든 수순을 완전히 파악하고 있다. 그들은 당신이 스타를 기용하여 광고를 찍을 때 그들에게 돈을 지불한다는 걸 알고 있다. 하지만 그 스타가 쇼핑을 할 때나 클럽에 놀러 갈 때도 당신이 만든 옷을 입고 있으면 '어, 이 남자는 이 세상에 있는 그 많은 옷 중에서 뭐든 골라 입을 수 있는데 꼭 이 옷을 입는구나. 이 옷은 그가 직접 선택한 거야' 하고 감탄하게 된다. 어떤가? 이 방법은 그 어떤 광고보다 효과가 크다.

분명 당신은 전통적인 광고를 통해서도 경쟁의 장에 끼어들 기회를 여전히 갖고 있다. 하지만 대세는 점점 더 불안정한 쪽으로 흘러가고 있다. 우리는 더 열정적으로 소비자들에게 다가가야 한다. 늘 그래왔듯이, 아니 예전보다 훨씬 더 열정적으로.

타깃 시장의 힘

미국 흑인 인구의 연간 구매력은 6,800억 달러를 넘는다. 이 특화된 시장을 대충 지나치기에는 그 구매력이 엄청나다. 그 돈의 대부분은 주택(1,100억 달러), 음식(538억 달러), 자동차와 트럭(287억 달러), 의류(220억 달러), 건강관리(179억 달러) 순으로 지출된다. 장담하건대 기본적인 생필품 구매 면에서는 일반 인구와 거의 비슷한 소비 구조를 보이고 있다.

미국 흑인 사회에서 특히 불균형적인 소비를 기록하는 부문은 아마 가전제품과 보석일 듯하다(그리고 샴페인도 빼놓을 수 없다). 하지만 이들 대다수는 현금 거래로 이루어지기 때문에 정확한 금액을 추산하기가 어려워서 수치상으로 딱 집어 말할 순 없다. 그러나 내가 정말 흥미롭게 여기는 수치는, 우리가 소비하는 돈의 6퍼센트만이 흑인 커뮤니티 내에서 쓰인다는 것. 고작 6퍼센트라니! 이렇게 낮은 수치를 알고 나면 많은 사람들이 펄쩍 뛰지만, 가만히 분석해보면 놀랄 일도 아니다. 흑인 소유의 자동차 회사가 있는가? 물론 흑인이 소유한 자동차 딜러의 매장은 있다. 하지만 그 돈은 다시 포드나 폭스바겐 또는 도요타로 돌아가는 것이니까 그 총액을 이 계산에 포함시킬 순 없다. 흑인 의사가 많긴 하지만 흑인 소유의 병원은 없고, 흑인 소유의 건강보험 회사도 없다. 흑인 부동산 개발 업자? 아마 있긴 하겠지만, 사람들은 주위 환경과 교육 시설에 맞춰서 집을 사지 그 집을 지은 사람의 피부색을 보고 사지는 않는다. 우리가 흑인이라고 해서 흑인 건물주를 일부러 찾아가서 집을 사진 않는다는 말이다.

이런 현상에 대한 내 개인적인 입장을 말하라면, 나는 크게 신경 쓰지 않는다는 것. 가능하면 내 돈을 내가 속한 커뮤니티 안에서 쓰는 게 좋겠지만, 기본적으로 나는 내가 필요로 하는 물건을 합리적인 가격으로 구매할 수만 있다면 언제 어디서든 그것을 구입할 것이다. 흑인이라고 해서 꼭 흑인 커뮤니티 내에 돈을 가둬두려고 안달할 필요가 있을까? 그럼 그 사람은 지갑 속에 돈을 꽁꽁 숨겨두고 아무 데도 쓸 수 없게 될 것이다. 세차장에 가면 백인이 주인이고, 식료품점에 가면 한국 남자가 버티고 있다. 피자를 시키면 이탈리아 남자가 전화를 받는다. 뭔가 필요한 물건을 살 때마다 매번 흑인 주인만 찾으려다가는 머리가 터질지도 모른다.

연구 결과에 의하면 흑인들은 믿을 수 있는 제품, 공인된 제품을 구입하기를 즐긴다고 한다. 흑인뿐만 아니라 세상 모든 사람들이 물건을 살 때면 해당 품목 중에서 가장 유명하고 인정받는 제품을 사고 싶어한다. 정말 좋은 수트 한 벌을 구입하고 싶다면 당신은 분명히 이탈리아 제품을 선택할 것이다. 최고급 가전제품을 사고 싶다면 아마 일본 제품을 선택할 것이고, 자동차는 독일제로 고르게 될 것이다. 흑인이라고 해서 과연 흑인 제조업체에서 만든 MP3 플레이어를 사겠는가? 그래서 나한테 이익이 되는 게 뭐가 있다고. 나는 흑인이 만드는 피자를 원하지 않는다. 흑인이 만드는 중국 음식도 싫다. 나는 중국 요리사가 만들어 파는 중국 음식을 먹고 싶다.

의류 시장에도 이런 단절 현상이 있다. 수백 개의 각기 다른 브랜드를 운영하는 그 사람들에게 좀 더 넓은 안목으로 생각하라는 충고를 해주고 싶을 때가 많다. 흑인 커뮤니티가 가진 구매력을 인정하고 그 시장을 파고들기 위한 새로운 방법들을 모색하기 위해서는 통찰력과 직감과 믿음이 필요하다. 그리고 당신을 도와줄, 자금력과 인맥을 갖춘 동업자가 있어야 한다. 뜬구름 잡는 소리로 들린다면 우리 후부를 생각해보라. 삼성은 세계에서 여덟 번째로 큰 회사였다. 연간 매출액이 800억 달러를 훌쩍 넘긴다. 그런 그들이 보잘것없는 퀸스 출신의 흑인 청년 네 명을 발굴해냈고, 우리는 지금까지 모 회사를 위해 50억 달러 이상의 매출을 올렸다. 그것이 바로 구매의 힘이다. 그리고 판매의 힘이다.

우리 흑인들은 의미 있고 소중한 물건을 구매할 일이 있을 때마다 우리가 가진 돈으로 살 수 있는 최고의 제품을 사기를 원한다. 소위 부티가 나는 제품, 있어 보이는 제품을 원한다는 것이다. 생필품을 제외하고는 모든 구매가 다 그런 목적으로 이루어진다. 사람들은 흑인들이 돈 많은 티를 내는 걸 좋아한다고들 하는데, 맞는 말이다. 우린 정말 그렇다. 그래야 사회생활을 할 때 존경도 받고 대우도 받을 수 있다고 생각한다. 하지만 흑인 커뮤니티를 살려야겠다는 의무감이 우리의 소비 생활을 좌우하지는 않는다. 오히려 자존심 때문에 최고급 제품을 선택한다는 말이 옳다. 나를 포함한 일부 몇몇에 국한된 얘기인지도 모르지만 우리는 그저 좋은 게 좋을 뿐이다.

우리를 짜릿하게 하는 소비자들의 시대

제조업자들과 유통업자들이 포주처럼 시장 주위를 돌면서 대중들에게 구매를 강요할 수 있던 시대는 이미 오래 전에 지나가버렸다. 지금은 모든 권력이 소비자 쪽으로 옮겨져 있다. 이제 대중이 제조 업자들에게 자신들의 요구 사항을 지시한다. '만들어놓으면 알아서 사게 되어 있다'는 안일한 생각은 통하지 않는다. 소비자가 생산을 조종하는 이런 현상에 나는 두 손 들어 환영의 뜻을 표한다. 이렇게 적극적이고 주도적인 소비자들을 위해 상품을 준비하는 일은 언제나 짜릿한 흥분을 자아내기 때문이다.

  나는 후부가 소비자들의 주장을 수용하는 데 선구적인 역할을 해왔다고 생각한다. 우리가 시장을 비현실적으로 보고 있다고? 전혀 그렇지 않다. 우리가 하는 일이 매번 옳다고? 그렇지도 않다. 내가 기억하는 것 이상으로 일을 망친 적도 많았고, 시장 동향을 잘못 파악해서 큰 손해를 보기도 했다. 하지만 대부분의 경우 우리는 고객들과 눈높이를 같이 하려고 애썼다.

고객의 의견을 반영하는 경영을 시도해온 것은 우리가 매장을 처음 오픈할 때부터 지켜온 고객과의 약속이었다. 고객들이 후부로부터 단순히 모자나 티셔츠만을 원하는 게 아니라는 걸 알게 된 뒤, 우리는 모든 종류의 패션 아이템을 만들어 공급하기 위해 일부는 자체 생산으로 일부는 라이선스 생산으로 그 범위를 넓혔다. 다양한 라이선스 계약으로 브랜드 파워를 확장한 덕분에 우리는 운동화, 부츠, 가방, 속옷, 모발 관리 제품, 정장, 손목시계, 향수, 안경, 아동복, 여성복 등을 다양하게 고객들에게 공급하게 되었다.

솔직히 터놓자면, 후부를 막 런칭할 때는 라이선스 계약에 대해 아무 생각도 없었다. 심지어 그런 기회가 있는지조차 모르고 있었다. 하지만 라이선스야말로 힘들이지 않고 우리 브랜드를 키울 수 있는 훌륭한 방법이라는 것을 깨닫게 되었다. 어떤 회사가 우리와 손잡고 일하기 원하거나, 그들이 우리의 성공한 브랜드와 그에 수반되는 시장에서의 영향력에 투자하기 원하면, 우리는 기꺼이 그들을 받아들였다. 그들이 합리적인 기획을 가지고 찾아오면, 그것이 우리의 중심 사업을 가로채거나 후부의 이미지를 깎아내리는 것만 아니라면, 그리고 우리가 보기에 그들이 약속을 이행할 능력을 충분히 갖고 있다고 판단되면, 우리는 계약서에 서명을 하고 긍정적으로 지켜보았다. 우리로선 잃을 것이 별로 없었다. 우리는 미국을 비롯하여 해외에 독립 매장을 내는 과정에서도 똑같은 태도로 임했다. 될 만한 장소다 싶으면 우리는 흔쾌히 일을 진행시

컸다.

물론 가끔은 예기치 않은 사건으로 손해를 입은 때도 있다. 예를 들어 우리와 손목시계 라이선스 계약을 맺은 회사가 우리의 시계 라인을 런칭한 직후 부도를 내기도 했고, 새로운 향수 라인을 홍보하기 위해 근사한 광고를 기획하고 R&B 가수 R. 켈리(R. Kelly)와 모델 계약을 맺었는데 그만 그가 범죄 사건에 연루되어 조사를 받게 되었다는 말을 듣고는 모든 일정을 취소한 일도 있다. 가끔은 우리와 함께 일하는 회사들이 우리에게 줘야 할 돈을 제대로 주지 않아서 정당한 우리 몫을 챙기기 위해 법적 조치를 취해야 했던 적도 있다. 어떤 때는 그쪽에서 제품 수요를 과소평가하는 바람에 주문에 맞게 제품을 만들지 못해서 후부의 이름에 오점을 남기기도 했다.

업계 최초로 '디자이너 청바지'를 만들었던 회사인 죠다쉬(Jordache)와 손잡고 일할 때는 일종의 성장통을 겪기도 했다. 죠다쉬는 우리의 여성복 라인을 맡았는데, 후부 특유의 딱딱한 면을 완화시켜 여성스럽게 바꾸는 과정에서 우리는 그들에게 정말 많이 배우지 않으면 안 되었다. 죠다쉬 측은 경험도 많고 일에 능숙해서 결국 우리에게 업계에서 알아야 할 것들을 처음부터 끝까지 일일이 가르쳐주다시피 했다. 그때 배운 것 중 지금 떠오르는 것은, 모든 걸 다 안다고 생각하고 절대로 자신만만해하거나 거드름 피우지 말라는 것. 특히 가장 높은 곳에 올랐을 때조차도 겸손해야 한다는 것이었다.

라이선스 진행으로 우리는 부정적인 것보다 긍정적인 것을 더 많이 얻었다. 우리 브랜드의 독립 매장들이 워낙 일을 잘해주어서 후부는 한국과 프랑스에서 최고로 잘 팔리는 브랜드가 되었다. 이제 우리는 사우디아라비아에도 매장을 갖고 있다. 미국에서 제일 잘 팔리는 턱시도 브랜드 가운데 후부가 포함된다면 믿겠는가? 침구 매출도 만만치 않다. 수많은 라이선스 라인 중 어떤 것이 다음에 인기몰이를 할지는 아무도 모른다. 그렇게 된다면 라이선스를 가진 쪽이나 라이선스를 이용하는 쪽이나 양쪽 모두에게 큰 이익이 될 것이다. 그리고 또 기뻐해야 할 사람이 있다면 우리의 가장 중요한 소비자들이다. 라이선스로 인해 회사의 수익이 높아지면 우리는 다른 제품들을 좀 더 저렴한 가격으로 그들에게 공급할 수 있기 때문이다.

유행 바이러스 찾기

아쉽게 막을 내린 우리의 향수 사업에 대해 몇 마디 하려고 한다. 이 얘기를 하려면 먼저 유명 프로듀서 러셀 시몬스를 언급하지 않을 수 없다. 의류 브랜드 팟팜(Phat Farm)의 대표이기도 한 러셀 시몬스는 우리보다 1년 먼저 향수 시장 진출을 시도했는데, 힙합 향수는 팔지 않겠다는 소매상들의 거센 반발에 부딪히고 말았다. 대체 어떤 냄새가 힙합 냄새인지는 모르겠지만, 어쨌든 그에게 쏟아진 반응이 그랬다. 그래도 그는 향수 사업을 강행하여 아름다운 병에 담긴 근사한 향수를 만들어냈다. 단 하나의 문제가 있었다면 그것은 패키지 디자인이었는데, 향수병이 운반 과정에서 자꾸 깨졌다. 새로운 라인을 런칭할 때는 절대 범하지 말아야 할 뼈아픈 실수였다. 그는 이렇게 여러 반대들을 경험했고 포장 과정에서의 실패도 경험했다.

우리 회사는 그 이듬해에 플러시(Plush)라는 이름의 향수로 조심스레 시장의 문을 두드렸다. 차가운 반응은 여전했다. 우리는 나름대로 안정된 향수 회사와 함께 일하고 있었지만 아직도 사람들이 이렇게 말하는 소리가 들렸다. "우리는 너희들을 향수 시장에 받아들이지 않겠어." 그들은 러셀과의 좋지 않았던 경험을 이유로 내세웠다. 하지만 소매상인들이 우리의 향수 시장 진출을 반대한 진짜 이유는, 만약 힙합 향수 하나에 문제가 생기면 자기들이 파는 다른 제품들도 덩달아 같은 취급을 받게 될지 모르기 때문이었다.

하지만 우리는 우리 계획대로 밀어붙여서 정말 훌륭한 향수를 개발했고, 칭찬하지 않으려야 않을 수 없는 멋진 포장도 고안해냈다. 우리의 의욕은 그 어느 때보다도 충만했다. R. 켈리를 데리고 근사한 광고도 찍었다. 물론 R. 켈리가 갑작스레 법적 공방에 휘말리게 되면서 그 광고는 세상의 빛을 보지 못하고 말았지만.

예기치 못한 악재가 있기는 했지만 우리는 향수를 두 군데 매장에 풀었고, 광고의 도움 없이도 향수는 정말 잘나가기 시작했다. 하지만 얼마 후부터 매출은 다시 초기 수준으로 돌아가버렸는데, 그 이유는 소매상인들 대부분이 우리 향수가 자기들이 판매하기에 적합하지 못하다고 외면했기 때문이다. 플러시는 높은 수준의 성공과 성취, 그에 따르는 마음의 평안을 재현한다는 콘셉트의 향수였고 한 번도 내보내지는 못했지만 광고에도 그런 의미를 담았다. 그래도 바깥에서 갖는 선입견은 흑인 향수 혹은 힙합 향수는 절대 성공할 수 없다는 것이었다. 결과적으로 우리는 향수 프로젝트에서 손을 떼고 말았다. 가져다 팔겠다는 곳이 없으니 어쩔 도리가 없었다.

하지만 시장의 흐름이란 알다가도 모를 일이라서 언제 어디서 어떤 유행이 조류독감처럼 번질지 예측할 수 없다. 디자이너들이나 제조 업자들은 모두가 그 바이러스를 찾으려고 전전긍긍하는데, 이런 노력들이 헛되지 않는다면 얼마 뒤 누군가는 그 바이러스의 임자가 되는 것이다. 내가 퍼피(Puffy)라는 애칭으로 부르는 퍼프 대디가 이런 케이스였다. 그는 언포기븐(Unforgiven)이라는 이름의 향수를 선보였는데 역대 최고 판매 기록을 세운 향수가 될 정도로 대성공을 거두었다. 이것은 힙합 향수를 사고 싶어하지 않는 사람들로부터 러셀 시몬스가 온갖 혹평을 당한 지 겨우 3년 뒤의 일이다. 러셀도 시도했고, 우리도 시도했다. 그러다가 마침내 퍼피가 해냈다. 이제 향수 시장의 문은 힙합 브랜드를 향해서도 활짝 열려 있다.

나와 후부가 주목받은 이유

우리가 후부로 이뤄낸 성공, 그 성공이 가져다준 제일 큰 성과 중 하나는 사람들이 우리를 주목했다는 것이다. 단지 우리의 라이선스 파트너들만 우리를 주목한 게 아니었다. 이번 시즌에 우리가 물건을 잘 팔았고 다음 시즌에도 훌륭하게 매출을 올릴 거라는 식의 주목도 아니었다. 또한 우리가 어떤 방법으로든 후부를 잘 운영해서 최고의 라이프스타일 브랜드를 탄생시켰다는 데 대한 주목도 아니었다. 게다가 우리는 이 시대 최초의 흑인 디자이너도 아니었다. 간혹 나도 이런 말을 쓰긴 하지만 내심 한편으로는 '흑인 브랜드'란 표현 자체에 염증이 나 있었다. 하지만 사람들은 바로 그것 때문에 우리 브랜드를 주목했다. 후부를 떠올리면 제일 먼저 흑인 문화가 떠오른다는 것이다. 정확히 우리 옷의 어느 부분에서 흑인 브랜드의 느낌이 난다는 것일까? 흑인들이 주로 입어서 그런 것일까? 흑인들 대다수가 팀버랜드와 르 코크 스포르티브를 즐겨 입었지만 아무도 그들 브랜드를 흑인 브랜드라고 부르지 않았다. 그렇다면 흑인인 우리들이 디자인한 옷이라서? 아디다스나 폴로의 디자인실에도 흑인 디자이너들이 있었다. 그럼 회사 주인이 흑인이라서? 내 추측에는 아마도 이것이 정답인 듯하다. 의류 분야가 아닌 다른 업종에도 흑인이 소유한 회사들은 많이 있었지만 굳이 그 사실을 홍보해야 할 필요를 느끼지 못하기 때문에 밝히지 않고들 있었다. 그래서 우리 회사는 더욱 눈에 띄었다.

사람들이 우리를 뭐라고 부르건 우리는 패션 산업의 한 획을 그었고 우리의 매출 곡선은 하늘 높은 줄 모르고 치솟았다. 물론 돈도 많이 벌었지만, 우리의 경영 노하우를 이용하고 싶어하는 사람들 때문에 너무 바빴다. 처음에는 내가 모든 전화를 다 받았다. 이곳저곳의 회사 중역들이 전화를 걸어와서는 어떻게 하면 젊은 흑인들을 타깃으로 하는 시장을 뚫고 들어갈 수 있는지 그 노하우를 알려달라고 했다. 내 자랑을 하려는 게 아니라, 정말 흑인 시장에 대해 나만큼 잘 아는 사람은 거의 없었기 때문이다. 흑인 회사, 백인 회사, 다른 인종이 운영하는 회사를 모두 통틀어서 나만큼 그들에게 도움을 줄 수 있는 사람은 없었다. 이윽고 그들은 우리가 전혀 상상하지 못했던 방식으로 소비자들에게 어필했다는 사실을 알게 되었고, 앞 다투어 우리를 따라 했다. 나는 심지어 대학 강단에까지 올라가서 강연회를 가졌고, 투자 자본가 협회나 대기업 세미나에서도 흑인 시장의 힘에 대해 강의했다.

새로운 사람들을 접할 수 있는 기회를 제공한다는 면에서 이 초청 강사 일은 아주 흥미로운 부업이었다. 그러다 언젠가 나처럼 여러 곳의 강연회에 초빙되고 있는 래리 밀러(Larry Miller)를 만났다. 그는 나이키를 거쳐 '조던' 브랜드의 최고 책임자로 일하는 실력자였다. 우리는 좋은 친구 사이가 되었지만, 보는 사람들은 우리가 일종의 파워 게임을 펼치고 있다고 생각했을 것 같다. 우리는 많은 사람들을 대상으로 사업을 운영할 때 필요한 각종 협상과 제휴에 관한 강의를 펼쳤다. 그 와중에 나는 나이키에 우리 후부의 마케팅 방식을 전수해주면 어떨까 하는 생각을 곰곰이 하게 되었다. 이런 내 뜻을 래리에게 슬쩍 비쳤더니, 자신의 뉴욕 사무실에서 열리는 간부 회의에 나를 초대해주었다. 이 회사의 최고 간부 20여 명이 참석한 자리에서 나는 나이키가 시장에서 잘하고 있는 부분과 조금 아쉬운 부분에 대해 내 견해를 거침없이 피력했다.

나이키와 리복의 차이점

지금 생각해보면, 나이키 같은 회사에 대고 이래라 저래라 했으니 나란 사람은 참 자만심이 대단했던 것 같다. 나이키는 그야말로 누구도 범접할 수 없는 철옹성이 아닌가. 의심할 여지없이 그들은 브랜드를 만들고 이미지를 구축하는 데 있어서 우주를 통틀어 가장 뛰어난 회사다. 하지만 내 눈에는 그들이 지나치게 한 분야에만 집중적으로 관심을 기울이는 듯 보였고 그래서 아쉬웠다. 그들이 스포츠에만 집중하는 데 대한 내 생각은 이렇다. 만일 그들이 운동선수들과 브랜드를 만들어서 150억 달러를 벌 수 있다면 엄선된 영화배우나 가수, 디자이너 또는 사업가들과도 같은 계약을 맺어서, 180억 내지 190억 달러 이상의 수익을 올릴 수 있을 것이다. 운동선수에 관심이 없는 잠재 고객들에게 뭔가 의미 있는 역할 모델을 제시한다면 그들까지도 고정 고객으로 끌어들일 수 있을 테니 말이다. 나이키는 고등학교 졸업 이후 땀이란 걸 흘려본 적이 없는 사람들에게도 엄청난 양의 스포츠 용품을 판매한다. 일상에서 산책할 때 신을 수 있는 운동화, 편안하게 입을 수 있는 운동복 등이 일반 소비자들에게 많이 팔리고 있다. 라이프스타일 의류, 아니면 프리스타일 의류, 아니면 편한 대로 다른 이름을 붙여도 좋다. 아무튼 이 시장은 그들이 진행하는 전문 스포츠 의류와는 다른 시장이다. 달라도 아주 다르다. 나이키 광고에 가수를 쓰지 말라는 법은 없다. 그들의 스타 파워를 이용해서 나이키에 힘을 실어준다면, 운동선수에 관심 없는 다른 모든 사람들은 그동안 기다려온 역할 모델을 갖게 되는 것이다.

래리와 그쪽 그룹 간부들과 함께한 미팅은 좋은 분위기 속에서 끝이 났고, 나는 나이키 단지 전체를 돌아보는 기회를 얻었다. 어마어마한 예산을 들여 마련해놓은 그들의 본거지는 정말 놀라웠다. 수영장, 테니스 코트, 육상 트랙, 제대로 시설을 갖춰놓은 헬스클럽 등은 거의 대학 캠퍼스를 옮겨다놓은 것 같은 느낌을 주었다. 단지 대학 캠퍼스보다 두 배 정도 넓다는 차이가 있을 뿐……. 나이키 직원들은 언제든지 책상을 박차고 나와서 근무 시간 중에도 운동을 할 수 있다는 말을 듣고 나는 '회사를 이렇게 운영할 수도 있구나' 하는 감탄이 절로 나왔다. 하지만 좋은 근무 환경은 좋은 근무 환경이고, 내 입장에서야 할 수 있는 한 최선의 조언을 해주기 위해 나이키를 방문한 것이므로 몇 마디 쓴소리를 하지 않을 수 없었다.

나는 그들에게 다시 한 번 스포츠라는 울타리에서 벗어나 바깥을 내다보라고 말해주었다. 그리고 경쟁사들, 예를 들어 리복 사람들이 어떻게 일하고 있는지에 관심을 기울이라고 조언했다. 리복은 2년 전만 해도 물에 빠져 죽어가는 회사였지만, '제이 지'와 '50센트'를 비롯한 힙합 가수들과 계약을 체결한 다음부터 시장 점유율이 상승하기 시작했다. 이 가수들은 단지 리복이라는 브랜드를 추천하는 수동적인 위치에 머문 것이 아니라 자기 이름이 붙은 신발이나 의류 등을 갖게 되었다. 리복의 매출 상승은 말할 것도 없었다. 나이키는 마이클 조던과 타이거 우즈(Tiger Woods)에게만 너무 몰두했다. 스포츠계에서 이런 막강한 스타가 탄생하기란 쉬운 일이 아니다. 이런 사람들은 한 세대에 겨우 한 번이나 나올까 말까 한 사람들이다. 하지만 연예계에는 자신의 팬들로부터 스포츠 스타 못지않은 사랑과 관심을 받는 수많은 가수들이 있으며, 그들의 인기가 유지되는 한 매출은 탄탄대로를 달릴 수 있다.

나는 이렇게 말했다. "마이클 조던은 선수 한 명에 지나지 않습니다. 그가 경기에 출전할 때면 엄청나게 집중적인 관심을 받겠지만, 그렇다고 사람들이 오로지 그만 바라보는 건 아니죠. 코트 안에는 일 년에 약 80일, 하루에 약 2시간씩 그와 함께 뛰는 9명의 나머지 선수들도 있으니까요. 그가 뛰는 게임은 특정 스포츠 채널에서만 방송되고, 그에 대한 기사 역시 신문의 '스포츠면'에서만 읽을 수 있습니다. 게다가 일 년 중 절반은 그를 아예 볼 수도 없어요. 그리고 농구를 좋아하지 않는 사람은 그가 나오는지 들어가는지도 알지 못합니다."

그러고 나서 나는 조던 같은 사람과 제이 지 같은 사람이 영향력을 미치는 범위를 비교해주었다. "제이 지의 콘서트 무대를 농구 코트에 비유하면 코트에 서는 선수는 오직 그뿐이라고 보면 됩니다. 모두가 그만을 바라보죠. 그의 뮤직비디오는 3분 30초 길이밖에 안 되는 대신 MTV, BET, VH1, 머치뮤직(MuchMucic)을 비롯한 수십 개의 방송 채널에서 동시 다발적으로 틀어댑니다. 집뿐만 아니라 클럽에 가서도 또 그를 만나게 되고요. 라디오에서 그의 노래가 나올 때마다 우리는 그의 비디오에서 봤던 이미지들을 다시 연상하게 됩니다. 그의 앨범을 사지 않아도, 굳이 클럽에 가지 않아도, 뮤직비디오 채널을 시청하지 않아도, 그의 음악으로부터 완전히 벗어나기란 힘들죠. 마치 공기처럼 계속 우리 주변을 감싸고 있는 겁니다. 그리고 그는 농구처럼 한 가지 틀에 갇혀 있지 않아요. 그는 다방면에서 젊은이들에게 영향을 끼칩니다. 그들이 추구해야 할 라이프스타일, 그들이 입어야 할 옷, 마셔야 할 술, 몰아야 할 차… 무엇이든 그가 하는 것은 유행이 되죠. 그가 만약 그의 노래 속에 새로운 스타일이나 새로 나온 제품 얘기를 담으면, 그의 수백만 팬들의 머릿속에 즉시 각인됩니다. 그가 새롭게 뜨는 브랜드 옷을 비디오 속에서 입으면 그야말로 더는 좋을 수 없는 PPL 효과를 맛보게 될 겁니다."

경쟁자들이 성공하는 걸 막지 마!

　나에게는 우리 브랜드를 키우려고 할 때부터 기본으로 삼아온 나만의 지론이 있다. 말하자면 이런 것이다. 나 같은 흑인 남자에게 단번에 많은 것을 얻을 수 있는 기회는 그리 많지 않다. 이런 기회는 돈을 주고 구할 수도 없고, 단언컨대 나는 그런 식의 기회에 그다지 연연하지도 않는다. 하지만 사실상 여태까지는 그런 식으로 일이 돌아갔다. 적어도 패션 사업을 하는 흑인들은 내 말에 공감할 것이다. 어느 정도 출세란 걸 하게 되면 당신에게도 기회가 생길 것이다. 당신만의 영역이 생기고 물건도 잘 팔리게 된다. 당신은 잠시 동안 사람들의 관심을 끄는 흑인 남자가 된다. 하지만 당신이 유행에 뒤떨어지기 시작하면 사람들은 다음 사람에게로 그 관심을 돌릴 것이다. 그게 이 바닥의 수순이며 우리는 또 언젠가 돌아올, 아니 영영 돌아오지 않을지도 모르는 차례를 기다려야 한다.

　내 친구 키이스 클링스케일(Keith Clinkscale)은 한때 흑인 잡지 〈바이브(Vibe)〉의 사장이기도 했는데, 그 시절에 우리를 미워하는 사람들로부터 적어도 일주일에 한 번 꼴로 전화를 받았다고 한다. 우리 회사가 흑인 소유 회사가 아니라는 소문이 있으니 진상을 밝혀달라는 전화였다고. 우리의 경쟁사에서 어떤 건수로든 우리 사업에 초를 치려고 전화를 걸었을 확률도 크다. 키이스같이 언론계에 종사하는 사람들 말을 들어보면 정말 웃기는 얘기도 있다. 우리가 유태인 가족과 동업한다는 말에 사람들이 후부라는 이름 대신 쥬부(JEW-BU)*라는 이름으로 우리 브랜드를 희화화하기도 했다는 것.

　우리를 깎아내리려는 사람은 한둘이 아니었다. 다른 업계에서는 볼 수 없는, 오로지 패션 업계에서만 볼 수 있는 웃지 못할 진풍경이었다. 47번 가에 있는 귀금속 지구에 가보면 업자들끼리 똘똘 뭉쳐 서로 도우며 일하는 모습을 볼 수 있다. 그중 한 업체가 잘되면 그 여파에 힘입어 모두 잘된다. 하지만 만약 내가 A라는 백화점에 입점하는 유일한 흑인 브랜드가 되면, 힙합 캐주얼 분야를 뒷받침해줄 다른 브랜드들을 갖고 있지 않는 한 다음 시즌이면 그 백화점에서 여지없이 밀려난다. 그래서 나는 후부의 뒤를 이어 생겨난 후발 브랜드들이 내 편이 되도록, 나 역시 그들 편이 되고자 노력해왔다. 제이 지가 만드는 로카 웨어(Roca Wear), 퍼피가 만드는 션 존(Sean John), 러셀 시몬스가 만드는 팻 팜 등은 모두 후부의 조력자들이다. 한쪽이 잘되면 모두가 전반적으로 잘된다. 경쟁자들을 돕고 지원해주는 나를 보고 사람들은 미쳤다고들 한다. 하지만 나는 그래야 우리 모두가 앞서 갈 수 있다고 믿는다. 그들이 성공하는 걸 막으면 안 된다. 그들을 돕든 돕지 않든 자유지만, 적어도 그들을 방해해선 안 된다.

　나이키 방문 때로 돌아가서, 일부 가수들이 브랜드 매출에 끼치는 엄청난 영향력에 관해 좀 더 얘기해볼까 한다. 그들은 셀 수 없이 많은 신

*유태인의 영문 표기인 Jewish와 FUBU를 합친 말.

문과 잡지와 인터넷 매체를 통해 기사화되며 그 출현 범위도 스포츠 섹션처럼 딱 한 섹션에만 한정되지 않는다. 그들은 일 년 내내 매일매일 일한다. 농구 선수들처럼 6개월만 반짝 일하고 말지 않는다. 래퍼로 나타났다가 어느 순간 영화배우로 변신하고, 프로듀서가 되었다가 뮤직비디오 감독으로 나타나기도 한다. 어딜 가든 그들의 모습을 볼 수 있다. 새 앨범과 새 뮤직비디오, 새로운 콘서트 현장에 모습을 드러내는 건 말할 것도 없고 그 앨범, 그 뮤직비디오, 그 콘서트를 홍보하기 위한 자리에도 그들은 어김없이 등장한다. '그들'은 마이클 조던 한 사람으로는 도저히 불가능한 엄청난 노출 효과를 창출한다. 새로운 인기 싱글을 들고 나오는 래퍼 하나가 전국 라디오 방송국을 통해 대중에 노출되는 횟수는 매주 6,000번에서 7,000번이나 된다. 그럭저럭 인기가 있는 노래라 해도 3,000번 내지 4,000번은 족히 넘는다. 제이 지의 인기는 앞으로 5년은 지속될 것이고 젊은이들은 그와 연관된 브랜드라면 뭐든 응원할 것이다. 그리고 그는 앨범 하나당 서너 곡의 싱글을 넣는다. 절대 무시 못할 숫자가 나온다.

나이키 간부들에게 나는 이렇게 말했다. "수퍼볼 MVP랑 광고를 찍는 것도 훌륭하지만, 풋볼 시즌이 돌아오면 누가 그 사람을 기억이나 하겠어요? 게다가 수퍼볼 MVP는 한 시즌에 한 명뿐입니다. 매 시즌 새로 등장하는 인기 가수들은 수십 명이 넘고요. 같은 값으로 누굴 섭외하기가 더 쉬울까요?"

우리가 나이키에서 이런 대화를 나누고 있을 때 리복은 한창 상승 가도를 달리고 있었다. 나는 나이키 사람들에게 리복을 예의주시하라고 당부했다. 아디다스 역시 리복을 눈여겨보고 있었는지 마침내 그 이듬해, 38억 달러를 주고 리복을 인수했다(세계에서 두 번째로 큰 스포츠 슈즈 업체가 된 리복은 이제 슬슬 나이키의 목을 조이고 있다). 나는 나이키 사람들에게 기존의 틀을 깨라고 종용하거나 경쟁사를 따라 하라고 말하진 않았다. 그들은 원래 그들이 하고 있는 방식만으로도 대단한 성공을 거두어왔고, 앞으로도 그 성공을 계속 이어갈 거라는 사실에 추호의 의심도 없다. 다만 그들이 조금만 더 사고의 틀을 넓혔으면 하는 바람이었다. 그들이 매년 1,000가지 스타일의 운동화를 출시한다고 치자. 그중에 특정 가수들과 손잡은 '라이프스타일' 슈즈가 50가지만 들어 있어도 얼마나 좋을까. 성공 여부는 일단 시도해보면 알게 되지 않을까.

우리 후부와 제휴하여 우리가 가진 인프라를 이용한다면 힙합계에 줄을 댈 수도 있었을 텐데…, 아마도 그들은 내 말에 귀를 기울이지 않은 듯하다. 아니면 귀는 기울였지만 우리 도움 없이 자력으로 길을 찾을 수 있다고 판단했는지도 모른다. 어쨌든 나는 내 견해를 충분히 그들에게 전달했다. 장담컨대 앞으로는 힙합 아티스트들과 손잡고 일하는 회사들을 점점 더 많이 보게 될 것이다.

그렇다고 해서 그들이 운동선수들과의 인연을 완전히 끊을 거라는 뜻은 아니다. 하지만 이제 그들은 스포츠 스타들에게 들어가는 광고 예산을 대중문화 스타에게 분산하기 시작할 것이다. 인기 래퍼를 이용한 다양한 방식의 마케팅이 얼마나 많은 잠재 수요를 움직일 것인가는 말할 필요가 없다. 라디오에서, 뮤직비디오에서, 클럽에서, 컴퓨터 음원 사이트에서 일주일에 수천 번씩 사람들은 누군가가 S 카터(S. Carter) 슈즈*

▌ *리복의 운동화 이름 중 하나.

를 노래하는 걸 접하게 된다. 아무리 훌륭하고 전설적인 스포츠 영웅이라 해도 이렇게 대중 앞에서 특정 브랜드 제품을 홍보할 수는 없을 것이다. 가수들은 부상을 입어서 시즌을 놓칠 일도 거의 없다. 그들은 가장 안전하고 확실한 홍보 수단이다. 물론 힙합 가수도 총에 맞아 숨질 수 있다. 하지만 그들은 죽어서도 일을 한다. 25세의 나이로 총격을 받아 요절한 전설의 힙합 가수 투팍(Tupac)은 살아 있을 때보다 사후에 더 많은 앨범을 팔았다. 무려 5,000만 장이나! 사후의 앨범 판매 순위로는 엘비스 프레슬리에 이어 2위를 기록하고 있다.

내 꿈에 동참해줘서 고맙다

앞서 말한 라이선스 얘기를 다시 해보자. 라이선스 계약이 보통 어떻게 이루어지는가에 대한 정보도 제공하고 싶거니와, 사업에선 주는 게 있으면 반드시 얻는 게 있어야 한다는 내 신조를 확실히 밝혀두고 싶어서다. 1990년대 말로 돌아가보면 고급 니트 스웨터와 팬츠, 셔츠 등을 만드는 이탈리아의 명품 브랜드 아이스버그(Iceberg)가 있었다. 고가 브랜드답지 않게 스누피나 바트 심슨 같은 캐릭터 라이선스를 다 갖고 있는 브랜드였다. 이들 캐릭터가 들어간 스웨터 중 일부는 600달러나 되는 비싼 값에 팔렸는데, 그걸 보니 우리도 이런 콘셉트에다 좀 더 가격을 합리적으로 맞추면 성공하겠다는 생각이 들었다.

그래서 1980년대 NBC의 간판 시리즈였던 〈코스비 가족(The Cosby Show)〉에 출연했던 빌 코스비(Bill Cosby) 쪽에 선을 대서,

그가 1972년부터 1984년까지 제작했던 인기 만화 영화 〈팻 알버트와 코스비 키즈 (Fat Albert & Cosby Kids)〉의 캐릭터 라이선스 계약을 의뢰했다. 당시에는 잠자고 있는 캐릭터들이었지만, 우리는 이 캐릭터들과 친숙하게 접하면서 자란 기억이 있기 때문에 우리 세대 사람들에게 향수를 불러일으킬 수 있겠다고 판단했다.

전략은 유효했다. 나중에 묘기 농구단인 할렘 글로브트로터스 (Harlem Globetrotters) 같은 캐릭터와도 라이선스 계약을 맺고 제품을 생산해봤지만 역시 팻 알버트가 가장 성공적이었다. 우리는 팻 알버트 캐릭터를 사용한 스웨터를 플래티넘 후부 라인에 포진시켰다. 결과는 우리가 예상했던 것보다 훨씬 좋았다. 가격을 40퍼센트나 낮춘 플래티넘 후부 제품은 결국 아이스버그를 눌러버렸다. 팻 알버트의 인기로 인해 계획에 없던 영화까지 제작했을 정도다.

이 모든 일이 3년 내지 4년 정도의 장기간에 걸쳐 벌어졌는데, 유감스럽게도 나는 이 사업을 진행하는 동안 한 번도 빌 코스비와 만나지 못했다. 양쪽 변호사끼리 만나서 모든 협상을 진행했고 우리는 그에게 1,000만 달러나 되는 큰돈을 라이선스 사용료로 지불했다. 그런데도 그에게서 고맙다는 말 한마디조차 전해 듣지 못한 건 조금 놀라운 일이었다. 내가 바란 건 거창하게 만나서 식사를 하는 것도 아니고 그냥 고맙다는 말 한마디 정도였는데 말이다. 잠자고 있던 캐릭터를 깨워내서 그렇게 성공하게 해주고 돈까지 줬는데, 고맙다는 인사 정도는 기대해도 되는 것 아닐까? 내 입장에선 사실 팻 알버트와 라이선스 관계를 계속 유지하지 않아도 되었는데 말이다.

반면 글로브트로터스의 소유권자 매니 잭슨(Manny Jackson)은 업계에서 존경받는 성공한 사업가로서, 우리와의 라이선스 계약으로 돈을 벌게 되자 즉시 우리 사무실에 찾아와서 자신에게 기회를 주어 감사하다는 말을 했다. 또한 우리가 일부 아이템에 초상화를 넣은 무하마드 알리(Muhammed Ali)는 상당액의 초상권 사용 사례비를 받고서는, 건강이 좋지 않은데도 감사의 뜻을 표하러 직접 회사로 찾아오기까지 했다. 한때 세 번이나 헤비급 챔피언 자리에 앉아본 사람이 그렇게 겸손할 수 있다는 것에 나는 큰 감동을 받았다. 그가 우리 사무실에 와 있다는 말을 듣고 몰려든 수백 명의 인파가 엠파이어 스테이트 빌딩 앞에서 그가 나

최고의 순간! 살아 있는 세계의 신화 무하마드 알리와 내가 함께 있다. 그는 자신의 캐릭터를 후부 제품에 사용한 데 대한 감사를 표하기 위해 직접 우리 사무실을 찾아주었다. 이 사진은 내가 그에게 후부 손목시계를 증정하는 장면이다. 나는 이 사진을 액자에 넣어서 내 책상 뒤 벽에 걸어놓고 있다. 내 인생에서 가장 뿌듯하고 귀중한 순간 중 하나였다.

오기를 기다리던 모습도 잊을 수가 없다. 그리고 그 미팅을 계기로 나는 알리의 매니저 버니 유만(Bernie Yuman)과 친구가 되었고, 버니는 현재 내 매니저로도 활동하고 있다.

사업의 대부분은 인간관계를 기반으로 이루어진다. 고로 사업하는 사람은 사람을 중요하게 대해야 한다. 물론 사업은 어디까지나 사업이기 때문에 빌 코스비의 이해할 수 없는 행동에 대해서도 개인적인 불만은 없다. 다만 분명히 말하고 싶은 것은, 정해진 계약 기간이 만료된 뒤 내가 굳이 나서서 팻 알버트 라인을 계속 진행시키진 않았다는 사실이다. 잘되고 있던 라인이었지만 내 마음은 이미 끝내기로 결정되어 있었고, 시간이 좀 흐르자 이런 상황에서 상대방에게 약간의 예의나마 보여주는 일이 얼마나 중요한지를 다시금 깨달았다.

그래서 그 후로 나는 누군가에게 후부라는 이름으로 라이선스를 줄 때마다 항상 상대 회사에 전화를 걸어 우리와 사업을 함께 해줘서 고맙다고 말해왔다. 나는 진심으로 그들에게 감사한다. 가만히 앉아서 이름만 빌려준 내 주머니에 돈을 넣어주니 당연히 감사하게 생각해야 한다. 내가 이미 재산이 많건 성공을 했건 관계없이 돈이라는 건 언제나 좋은 것 아닌가.

이 험한 세상에서 혼자 고군분투하는 것도 보람이겠지만 누군가가 자신의 돈을 당신에게 투자해주거나, 자기 경험과 땀을 쏟아서 당신의 꿈에 동참한다면, 그 역시 크나큰 명예이자 영광일 것이다.

대박을 예감하는 방법

예전에 내가 레드 로브스터에서 종업원으로 일하면서 배운 가장 중요한 교훈은, 큰 성공은 아주 작은 변화에서 시작된다는 것이었다. 얼마 전에 꽤 잘 팔린 책 중에 《사소한 것에 목숨 걸지 마라》라는 게 있었지만, 내 생각에 남들보다 앞서고 싶으면 반드시 작은 일에서부터 땀을 흘려야 한다.* 하나의 브랜드를 성공시키는 가장 큰 원동력은 바로 작은 일에서 비롯된다. 하나하나의 세부 사항들이 잘 색칠된 뒤에야 커다란 그림 하나가 완성되는 것이다.

후부 일을 할 때 우리는 제품을 돋보이게 하는 디테일에 신경을 많이 썼다. 그렇다고 셔츠 하나에 소매 세 개를 달 수는 없는 노릇이었지만 가장 좋은 재료, 가장 좋은 원단, 가장 좋은 지퍼와 단추를 고르느라 밤을 새웠다. 경쟁 브랜드에서는 여전히 실크 스크린이나 열도장 기법으로 프린트를 했지만 우리는 자수에 공을 많이 들였고, 중요한 부분에선 꼭 손바느질을 고집했다. 이런 작은 노력들이 있었기 때문에 우리 브랜드가 품질로 인정받을 수 있었다.

사실 작은 실수 하나가 회사에 커다란 금전적인 손실을 끼치는 걸 보면, 우리 사업에서는 커다란 한 방보다는 작은 연타가 더 중요하다고 느낀다. 그래서 나는 항상 이 느낌을 가슴 속에 담아두고 일을 진행해왔다. 예컨대 후부는 절대로 모든 계란을 한 바구니에 담지 않았다. 즉,

---

*《사소한 것에 목숨 걸지 마라》의 원제는 〈사소한 일에 땀 흘리지 마라(Don't Sweat The Small Stuff... And It's All Stuff)〉이다.

광고를 할 때도 절대로 광고 한 편에 목숨을 걸고 엄청난 예산을 쏟아붓지 않는 대신 그 광고 예산을 여러 곳으로 분산시켜 사용했다. 일단 우리는 광고를 아웃소싱하지 않고 사내에서 자체적으로 제작, 진행했다. 비용을 절감하기 위한 차원도 물론 있었고, 한편으론 우리 회사에 대해서는 우리가 가장 잘 알고 있으니 광고도 우리가 만들어야 가장 우리 브랜드다울 수 있다고 생각했다. 그리고 우리 브랜드를 홍보할 수 있는 예산이 100만 달러라고 치면 한 방에 터뜨리는 광고보다는 열 번에 나누어 터뜨리는 광고 쪽에 그 돈을 사용했다. 비디오에 한 번, 노래에 한 번, 지면 광고에 한 번, 클럽 광고에 한 번… 이렇게 하면 같은 돈으로 훨씬 더 큰 효과를 볼 수 있었다.

광고뿐만 아니라 마케팅에서도 우리는 한 곳에 큰돈을 투입하는 대신 가장 쉽고 확실한 루트를 찾아 단순하게 접근하는 방법을 택했다. 마케팅에 대해 나는 '무조건 심플한 게 최고'라는 생각을 갖고 있다. 포커스 그룹 테스트(focus group testing)* 때도 우리는 음료 회사인 애리조나 아이스 티(Arizona Iced Tea) 사장이 썼던 방식을 차용했다. 그가 생각했던 포커스 그룹 테스트 방식이란 바로 자기 집 냉장고 안에 자기 회사 신제품을 넣어두는 게 전부였다. 그는 자기 아이들이 그중에서 제일 자주 꺼내 먹는 음료를 주력 상품으로 밀었다. 우리도 같은 방식으로 접근하여 할 수 있는 만큼 많은 수의 샘플을 우리 스스로 제작했다. 그리고 그 샘플들을 우리 회사 전시실에 진열해놓고 우리 직원들이 어떤 아이템을 가져가고 싶어하는지 지켜보곤 했다. 늘 우리 옷만 입는 직원들

*소비자들을 모아놓고 제품에 관해 토의하는 일종의 마케팅 방식.

의 입에서 "사장님, 나 저 옷이 탐나요"라는 말이 계속 나온다면 그건 대박 예감인 것이었다.

하지만 요즘의 CEO들은 이런 식으로 직접 실무에 참여하지 않는다. 그들은 스스로 아이디어를 짜내지도 않는다. 각각의 팀이나 부서에서 제각기 할 일을 분담하는 커다란 회사로 키워놓고 나면, 경영자인 그들은 정작 회사가 어떻게 돌아가는지 세세한 부분까지는 일일이 알 수 없게 된다. 아니, 그런 기회가 오는 것 자체를 두려워하는지도 모르겠다. 하지만 큰 회사의 대표가 되었다고 해서 회사 실무에 너무 무관심하거나 사람들과의 공감대에서 멀어져서는 안 된다. 루퍼트 머독(Rupert Murdoch) 같은 사람을 잘 봐두자. 그는 최근 미국 청소년들에게 가장 인기 있는 포털 사이트인 '마이 스페이스(My Space)'의 지분을 대량 인수했다. 후부 초창기에 내게 하키 저지를 넘겨줬던 크리스 래티머는 또 어떤가. 그는 이벤트 기획자와 이미지 컨설턴트로서 막대한 영향을 끼쳐온 사람이다. 그는 요즘도 두 달에 한 번 우리 사무실에 들러 이렇게 말한다. "좋아, 데이몬드. 이제 그 비현실적인 세계를 탈출해서 클럽에 가서 실컷 마시고 놀자구. 현실을 느껴봐야지."

클럽에 갈 때마다 느끼는 거지만, 그곳에 가면 소중한 것들을 체험으로 배우게 된다. 앞으로의 사업 방향을 잡는 데 도움이 되고, 우리가 원하는 쪽으로 우리의 메시지가 전달되는지 아닌지도 파악할 수 있다. 클럽에 내가 들어서면 누군가 내가 후부 사람인 걸 알고 다가와서 말을 건다. "작년에 당신이 만든 이 원피스는 정말 맘에 들었어요. 이런 옷을 좀 더 만들어주면 안 되나요?" 또는 이런 말도 듣는다. "당신네들 대체 일을 하는 거야, 안 하는 거야? 작년 옷들은 그렇게 멋있더니 올해는 건

질 게 하나도 없더군. 뭐가 문제지?"

칭찬도 질책도 나는 전부 기분 좋게 받아들인다. 그들과 내가 소통하는 것 자체가 기쁘기 때문이다. 우리가 잘하고 있는 점, 우리가 못하고 있는 점, 우리가 고쳐야 할 점, 모두 듣고 싶다. 우리가 몸담은 커뮤니티에서 우리가 여전히 한 부분을 차지하고 있다는 걸 느끼고 싶다. 우리는 고객들과 미팅도 갖지 못할 정도로 그렇게 거대한 기업이 아니다. 우리 회사의 문은 언제나 열려 있다.

너무나 간단한 성공 비결

나는 자기 고객들과 돈독한 관계를 유지할 줄 하는 경영자를, 아주 많이 좋아한다. 또, 그 경영자를 솔선해서 돕는 임원들도 좋아한다. 이런 일이 있었다. 얼마 전 젯블루(JetBlue)의 CEO인 데이비드 닐먼(David Neeleman)과 함께 어느 시상식 행사에 참석했다. 내가 알기로 젯블루는 요즘 흑자를 내는 몇 안 되는 항공사 가운데 하나다. 이 회사 비행기를 타보면 다른 비행기들과의 차별성을 느낄 수 있다. 젯블루는 승객들이 피곤하고 지루한 비행이지만 그래도 비행 자체를 즐길 수 있도록 배려하고, 가격도 비싸지 않다. 그것이 바로 이 회사를 성공으로 이끈 정석으로서, 냉정하고 인간미 없는 주류 항공사들과는 다른 그들만의 장점이다.

그건 그렇고, 젯블루가 매년 선정하는 '올해의 젊고 정직한 기업'에 뽑혔기 때문에 나는 그날 데이비드 닐먼과 그의 동업자인

데이비드 바거(David Barger)와 함께 시상식 행사장에서 술을 마시고 있었다. 그 전에 나도 뉴욕 지역의 시상식에서 그 비슷한 이름의 상을 탄 적이 있기 때문에, 이번에 젯블루가 전국 시상식에서 상을 타게 된 것에 전혀 질투가 나지는 않았다. 오히려 젯블루처럼 정말 비집고 들어가기 힘든 업종에서 그렇게 좋은 평가를 얻으며 발전하고 있는 회사야말로 그 상을 받아 마땅하다고 생각하고 있었다.

그렇다면 닐먼과 바거가 사업을 잘 이끌어가는 비결은 무엇일까? 닐먼은 바거와 함께 매주 적어도 한 번씩 자기 비행기에 직접 타는 것을 자신의 성공 비결로 꼽는다. 너무 간단하지 않은가? 그런데 그는 그냥 자리에 깊숙이 들어앉아서 편하게 비행을 즐기진 않는다. 그는 항공권 카운터에도 앉아서 일해보고, 수하물도 나르고, 간식도 나눠주고, 베개도 부풀리고, 복도 사이로 걸어다니며 승객들과 이야기도 나눈다. 이 방법을 통해 두 사람은 그들의 사업을 하나에서 열까지 구석구석 샅샅이 파악할 수 있는 것이다. 그들은 직접 실무에 뛰어들고, 실제로 손을 더럽히며 일을 한다. 이것이 젯블루가 아메리칸 항공, 델타 항공, 컨티넨탈 항공 등 쟁쟁한 경쟁자들 사이를 비집고 들어가 불과 몇 해만에 그렇게 훌륭한 성적을 거둘 수 있었던 이유 중 하나다. 거대 항공사들에 비하자면 아직은 배고프고 가난하지만, 그들은 다른 누구보다 현명하다.

큰 회사가 작은 회사에 덜미를 잡히는 이유

작다는 것, 그 작음을 유지하는 것에는 엄청난 장점이 있다고 나는 늘 생각했다. 작은 회사, 눈에 안 띄는 회사는 언제든 어느 시장이든 파고들기가 쉽다. 일단 회사가 덩치를 너무 키우면 변화를 꾀하기도, 순식간에 스쳐가는 기회를 잡기도 힘들어진다. 거대하고 육중한 회사는 시장에서 일어나는 갑작스런 변화에 신속하게 대처할 수도 없고 그때그때의 트렌드에 따라 새로운 의류 라인을 만들기도 힘들다. 새로운 방향을 잡거나, 갑작스런 변화에 대처하거나, 어떤 식으로든 의미 있는 발전을 이루는 데도 상대적으로 훨씬 더 많은 에너지가 소모된다. 내 친구 키이스 클링스케일은(이 친구로 말하자면 앞에서 밝힌 바 있는 〈바이브〉 지의 CEO였던 그 친구다) 그래서 이 거대 기업들이 신생 경쟁사들에게 덜미를 잡히는 거라고 말한다. 반스 앤 노블(Barnes & Noble)은 아마존(Amazon)이 뒤쫓아오는 걸 못 봤고, 제록스(Xerox)는 캐논(Canon)이 뒤쫓아오는 걸 못 봤다. IBM은 마이크로소프트가 뒤쫓아오는 걸 못 봤고, ABC와 CBS와 NBC는 FOX가 뒤쫓아오는 걸 못 봤다. 어떤 면에서 보면 나이키도 리복에게 덜미를 잡힌 셈이다.

작은 놈들은 언제나 이길 방법을 죽어라 모색한다. 그들은 작기 때문에 잽싸고 날렵하다. 육중한 덤프트럭을 운전할 때는 앞과 뒤, 양쪽 옆으로 엄청난 사각지대가 생긴다. 그 옆으로 날쌘 소형 스포츠카가 당신을 앞질러가지 않는지 늘 주의해야 하는 것이다. 민첩함, 그것이 가장 중요한 해답이다. 대기업들은 상대적으로 작은 규모를 가진 그들의 경쟁사들보다 동작이 느릴 수밖에 없다. 일 하나를 처리하는 데도 이 사람저 사람 결재를 받는 등 절차가 복잡하기 때문이다. 빠르게 왔다가 사라지는 기회를 잡으려면 그만큼 민첩해져야 한다. 캘리포니아의 뮤직비디오 촬영장에 다음 날 아침 7시까지 사람을 보내야 하는 급박한 상황이 생길 때가 있다. 잡지사에서 저렴한 값에 남겨놓은 지면이 있다고 하면 인쇄 들어가기 전에 무조건 달려들어 잡아야 한다. 또는 어떤 매장 주인은 한 달 내로 티셔츠 만 장을 보내달라고 전화를 걸어오기도 한다.

예상치 못한 돌발 상황을 처리하려면 기본적인 하부 조직이 잘 갖춰져 있어야 한다. 하지만 그것보다 더 필요한 건 실제로 그 일을 맡아 재빠르게 처리할 사람이다. 후부에서는 종종 그 사람이 내가 될 때도 있다. 내가 비행기를 타고 캘리포니아로 날아가기도 하고, 내가 촬영장에 새벽같이 출동하기도 하며, 필요한 경우에는 내가 직접 어딘가에서 민짜 티셔츠를 한 보따리 주문해서 변두리 자수 업자에게 보내 제품을 완성시키기도 한다. '나'는 그렇게 민첩해야 한다. 나는 심지어 뮤직비디오와 상업용 광고 촬영이 어떻게 돌아가는 것인지를 배우려고 영화 학교에 등록한 적도 있다. 회사가 커질수록, 성가신 일이 많을수록, 당신은 그런 일을 하기가 힘들어질 것이다. 대기업은 그렇게 하지 못한다. 후부이기 때문에 할 수 있는 거다.

특히 패션 업계에서는 소규모 기업으로 남는 게 새로운 강자로 떠오르는 길이다. 내 말을 오해하지는 말기를. 매출 많은 회사, 좋다. 여러 각도에서 볼 때 한 기업의 성공을 가늠하는 잣대는 역시 그 수익성이다. 하지만 매출과는 별개로 규모만을 놓고 볼 때 대규모 매장만 고집하는 건 바보짓이다. 만약 당신이 대형 백화점에만 매장을 열어놓는다면 회사와 고객 사이의 상호 작용을 찾기 힘들 것이다. 그뿐 아니라 회사와 고객들 사이에 거대한 방해꾼이 비집고 들어서는 걸 목격해야 한다. 바로 백화점이라는 중매쟁이다. 이런 모양새에선 인간적인 면을 찾기 힘들다. 백화점에서 일하는 아이들은 당신 제품에 그 어떤 유대감도 갖고 있지 않으며, 심지어 같은 층에서 일하는 사람들끼리도 아무런 연대의식을 느끼지 않는다. 그는 자기가 파는 아이템의 콘셉트가 뭔지, 왜 고객들이 그 아이템을 찾는지에 관심이 없다. 그저 팔리면 좋은 것이다.

이와 달리 부티크 형식의 매장을 함께 운영한다면 당신은 당신을 위해 열심히 일하는 사람들을 주위에 두게 되는데 그것은 지극히 인간적인 모습이다. 어떤 제품이 인기가 좋고 어떤 트렌드가 새로운지에 대해 관심도 많고 아는 것도 많은 소형 매장 업주를 얻게 되는 셈이니까 말이다. 그는 자기의 단골 고객들과 신뢰를 쌓으며 판매를 하고, 그래서 손님들은 그의 가게를 다시 찾아 뭘 입어야 좋을지 조언을 구한다. 그리고 커다란 백화점 매장 대신 그의 가게에 가서 옷을 구입할 것이다. 사실 그는 당신 브랜드의 생명을 좌지우지할 만한 위력을 가지고 있다. "요즘 애네들 옷이 형편없어졌어요. 품질이 자꾸 떨어져요." 이런 말이 손님 응대시 그의 입에서 나오기 시작하면 당신 브랜드는 머지 않아 사람들 눈 밖에 날 수 있다. 그들 비위를 잘 맞춰서 그들이 당신 브랜드를 좋게 띄워주도록 해야 한다. 당신이 성공하면 그들도 이득을 본다는, 일종의 이해관계를 성립시키는 게 중요하다. 물론 그들 대부분은 당신에게 우호적일 수밖에 없다. 당신 옷을 많이 팔아야 다음 주문 때 당신이 더 좋은 가격으로 물건을 내줄 것이고, 그 말은 곧 그들이 이익을 더 많이 낼 수 있다는 뜻이니까.

윈도쇼퍼를 잡아라

플로리다에 '아우라(Aura)'라는 영업이 꽤 잘되는 패션 매장이 하나 있는데 모녀가 함께 운영하는 곳이다. 그들이 항상 나한테 강조하기를, 자기네 가게 물건을 살 형편이 못 되거나 혹은 당장 물건을 살 생각이 없는 '윈도쇼퍼(window-shopper)'를 가게 안으로 끌어들이는 게 정말 중요하더라는 것이다. 오랜 판매 경험으로 인해 누가 윈도쇼퍼이고 누가 실수요자인지 몸짓만 봐도 알 수 있지만, 그들은 다른 매장 주인들과 달리 이 윈도쇼퍼들을 무시하지 않는다. 그들을 편안하게 해주고, 입어보고 싶은 걸 맘껏 입어보라고 기운을 북돋워주고, 돈을 모아 다음에 다시 와서 사야겠다는 생각이 들도록 만든다. 모녀가 요즘 인기 있는 신상품 라인이 뭔지 친절하게 설명하면, 그들은 집이나 직장 또는 학교에 가서 이 새로운 정보를 누구에겐가 알릴 것이다. 그게 바로 홍보이고 사업이다. 지금은 하찮아 보이는 것이 먼 훗날에 큰 이익이 될 것임을 아는 안목이 사업에서는 큰 힘이 된다.

소위 '쇼핑의 명수' 또는 '쇼핑의 달인' 소리를 듣는 사람이 모든 업계에는 꼭 있다. 자기 스스로를 쇼핑의 협력자라고 칭하는 사람들인데, 말하자면 이런 사람이다. 최신 트렌드를 줄줄 꿰고 있으며, 가장 좋은 가격에 가장 좋은 옷을 살 수 있는 가장 좋은 장소가 어디인지 통달하고 있는 사람. 뭐 굳이 옷에만 국한된 것이 아니라, 주방용품이든 골동품이든 가전제품이든 마찬가지다. 하지만 나는 알고 있는 분야가 옷밖에 없으니까 의류 시장을 꼭 집어 얘기해야겠다. 이 사람들은 자기 옷을 살 돈은 없지만 다른 사람들에게 자기가 알고 있는 패션 지식을 설파하여

자기가 조언한 대로 쇼핑하도록 만든다. 이들은 자신의 통찰력과 감각이 설득력을 가진다는 것에 보람과 우쭐함을 느낀다. 이들은 자기 친구들이 쇼핑하기 전에 어떤 옷을 사야 할지 조언해달라고 찾아오는 걸 즐긴다.

이런 얘기를 책으로 엮은 말콤 글래드웰(Malcolm Gladwell)은 저서 《티핑 포인트(The Tipping Point)》를 통해 이런 타입의 소비자들을 매장에 오래 잡아두라고 제안한다. 나는 여기서 한 단계 더 나아가, 만일 당신이 잘나가는 의류 브랜드를 만들 생각이라면 당신의 브랜드를 신봉하는 윈도쇼퍼를 최대한 많이 필요로 하게 될 거라고 말하고 싶다. 굳이 취향이 뛰어나고 센스가 넘치는 쇼핑의 명수가 아니어도 된다. 그저 당장은 돈이 없어서 당신의 옷을 살 수 없지만 앞으로 당신의 고객이 될만한 사람이면 충분하다. 그들은 가까이하기엔 너무 멀리 있는 당신의 브랜드를 꿈처럼 동경하게 될 것이고, 친구들과 동료들에게 당신의 브랜드를 칭찬하느라 열을 올릴 것이다.

이와 반대로, 원한다면 언제 어디서나 옷을 살 수 있는 고급 쇼퍼들은 자기가 어디서 그렇게 근사한 새 옷을 샀는지 친구들에게 쉽게 그 정보를 제공하지 않는다. 주위 사람들이 자기와 똑같은 스타일을 입는 게 싫기 때문이다. 그들은 돋보이고 싶어한다. 아니 남과 같아 보이는 것 자체를 싫어한다. 그렇지만 '쇼핑의 달인'이나 '윈도쇼퍼'는 좋은 브랜드가 있으면 다른 사람에게 정보를 주고 싶어 안달이 난다. 그들은 여윳돈이 생기기 무섭게, 지난번 입어만 보고 아쉽게 돌아섰던 그 옷을 사러 당신 매장으로 달려갈 것이다.

스도쿠 효과

우리 후부도 시장의 흐름에 맞게 변화하지 않으면 도태되고 말 것이다. 다행히 우리는 중심 고객층의 변화를 예상할 수 있었기 때문에 그에 따라 브랜드를 일부 수정할 수 있었다. 이렇게 시장의 분위기에 맞춰 브랜드를 빨리 변화시키는 것은 성공한 브랜드라면 어디나 한두 번쯤 경험해본 일일 듯하다.

리스터라인(Listerine)과 같은 브랜드를 보자. 이 브랜드는 가정용 청소 제품으로 출발했다. 그러다가 갑자기 그들은 자사 제품을 희석시키면 입 속 세균을 없애는 효과를 낸다는 사실을 알아냈고, 즉각 '어떻게 리스터라인이 만성 구취를 없앨 수 있을까' 라는 내용의 광고 슬로건을 내걸었다. 그 당시에는 미국에 사는 그 누구도 그 말이 무슨 뜻인지 몰랐다. 그로부터 100년이 지난 지금, 그 회사는 혀 위에 놓고 녹이는 제품, 구강 스프레이 등 각종 구강 약품을 판매하고 있다. 그들은 지치지 않고 계속 연구해왔으며 지금도 활기차게 성장하는 회사로 손꼽힌다. 마룻바닥을 닦는 제품을 만들던 회사가 구강청정제의 황제로 등극한 걸 보면 브랜드 확장은 모든 회사가 한번쯤 꿈꿔볼 일이 아닐까? 친구 하나가 언젠가 내게 이런 말을 했다. "시장도 필요 없고 브랜드 재정비도 필요 없는 유일한 회사는 미국 재무부 하나뿐이다." 나는 그 말에 전적으로 공감한다.

슈퍼마켓 진열대 사이로 걸어다니며 이리저리 둘러보면 정말 다양한 방법으로 리스터라인처럼 변신에 성공한 회사들을 만나게 된다. 케첩, 치약, 간식용 과자 등 모든 제품의 제조사들은 소비자들이 자기 브랜드를 외면하지 않을 거라는 확신으로 새로운 분야를 개척하고 또 개척하는 것이다. 2차 대전 때 생겨나 지금까지도 큰 사랑을 받고 있는 엠앤엠즈는 똑같은 초콜릿을 파는데도 갖가지 방법을 동원한다. 초콜릿 크기를 조그맣고 귀엽게 바꾸기도 하고, 특별한 컬러를 입히기도 하고, 쿠키에 박아넣기도 하고, 막대 모양으로 만들어내기도 한다. 심지어는 M&M 인형도 만들었다. 입에서는 녹고 손에서는 녹지 않는 초콜릿을 만드는 경지에 이른 그들이 앞으로 어떤 제품을 만들어낼지 궁금해진다.

스스로를 CEO라고 칭하면서 회전의자에 올라앉아 돈이나 세고 있는 사람들을 간혹 보게 된다. 회사의 명성이 자신에게 얼마나 더 많은 부를 안겨줄지 궁리하는 모습들이다. 하지만 그들이 시간과 노력과 창조적인 에너지를 투자하지 않는 한, 즉 자신의 브랜드를 시대에 맞게 발전시키지 않는 한, 그들은 입 근처에 가보기도 전에 손에서 녹아버리는 초콜릿이 될 것이다. 스스로 시간과 노력을 투자하기 힘들다면 이런 경험을 가진 전문가를 외부에서 영입하기라도 해야 한다.

나 역시 나 자신과 내가 경영하는 의류 브랜드들을 그때그때 흐름에 맞춰 변화시키려고 애써왔다. 예전에 나는 우리 회사의 자체 광고나 비디오를 많이 감독했지만 최근에는 팻 조(Fat Joe) 같은 가수들의 뮤직비디오 감독을 자청하기도 했다. 나는 진정한 학생의 자세로 돌아가서 될 수 있는 한 많이 비디오 촬영장에서 시간을 보내며 여러 감독들의 노하우를 전수받았다. 그리고 나의 첫 비디오를 감독하게 되었을 때에는 최고의 실력자들로부터 많은 도움을 받았다. 에릭 화이트(Eric White), 제시 테레로(Jesse Terrero), 닥터 티스(Dr. Teeth), 베니 붐(Benny Boom), 크리스 로빈슨(Chris Robinson), 그리고 나의 배꼽 친구인 하이프 윌리엄스까지 말할 것도 없이 모두가 확실한 실력을 갖춘 이 시대 최고의 감독들이었다.

'다른 분야로 방향을 전환하면 혹시 기존에 갖춰놓았던 틀이 흔들리지 않을까' 하는 염려로 경직될 필요는 없다. 기존의 틀을 그대로 유지하면서 다른 쪽으로도 재미를 볼 수 있다. 우리는 그 것을 스도쿠 효과(Sudoku Effect)라고 부른다.

스도쿠라는 이름의 숫자 퍼즐을 본 일이 있을 것이다. 이 퍼즐은 전국의 모든 신문에 실려서 각 가정에 배포되고 있고, 책과 온라인 게임으로도 나와 있다. 하지만 2005년 스도쿠 열풍이 전국을 휩쓸던 해에 2번 연필*매출액이 700퍼센트 이상 뛰어올랐다는 사실을 알고 있는지? 스도쿠 여파로 가장 재미를 본 사람은 바로 연필 공장 사장이었던 거다. 모든 스도쿠 중독자들이 퍼즐을 하기 위해서 연필을 필요로 한다는 사실을 눈치 챈 이 CEO는 갑작스레 늘어나는 수요에 대비해서 공장을 열심히 돌려 충분한 물량을 맞춰놓았다.

---

*2번 연필은 미국에서 시험 답안을 작성할 때를 비롯해서 가장 흔하게 쓰는 짙은 노랑색 연필로 우리나라의 HB 연필과 비슷하다.

회사를 계속 성장시키는 힘

회사를 계속 성장시키기 위해 우리가 선택한 방법은 후부의 핵심 사업을 잠식하지 않을, 즉 제 살 깎아먹기가 되지 않을 다른 브랜드를 인수하는 것이었다. 여러 곳에 각기 다른 성격의 매장을 열어 모든 타입의 소비자들을 끌어들이자는 생각이었다. NFL 코치가 팀플레이 북에 수백 가지의 다양한 작전을 그리면서 경기를 운용하는 것처럼, 우리의 자산을 여러 가지 다양한 라인으로 분산 투자하여 비용 손실과 위험 부담을 최소화하려는 방법이었다.

우리의 대표 브랜드가 정상 궤도에 오르자 우리는 윌리 에스코(Willie Wsco), 카파(Kappa), 드렁큰몽키(Drunken Munky) 같은 브랜드와 인수 협상에 들어갔다. 이들 브랜드의 단골 고객층은 라틴 계열 사람들, 운동선수들, 스케이트 보더들이었기 때문에 우리가 기존에 확보해놓은 흑인 고객들과 중복될 일이 없었다. 고로 우리가 원하는 사업 파트너의 조건으로는 최상이었다.

인수에 성공한 우리는 이들 브랜드를 잘 경영했고 얼마 안 가서 또 다른 브랜드를 인수할 계획을 세웠다. 특별히 우리가 눈독을 들인 회사는 쿠기(Coogi)라는 이름의 호주 회사였는데 1969년에 태어나 꽤 관록이 붙은 회사였다. 이 회사는 빌 코스비가 입고 나와 크게 히트를 친 컬러풀한 스웨터로 엄청난 매출을 기록하기도 했다. 쿠기 제품은 대부분 700달러 선이었는데, 그 당시에 나는 그렇게 많은 돈을 옷 하나에 쓸 정도로 여유로운 사람이 있나 의심했지만 한때는 잘 팔려나갔다고 한다. 그러다가 브랜드가 활력을 잃고 정체되기 시작한 것이 1990년대 중반

쯤이었다. 나는 우리의 간판 브랜드인 후부 위에 포지셔닝할 값비싼 고급 상표를 만들 좋은 기회라 생각해서 그 회사를 인수했다. 일하러 가거나 패셔너블한 클럽에 갈 때 알맞은 옷을 원하는, 조금 돈 있는 사람들을 겨냥한 것이다.

우리는 또한 기존의 고객과 절대 겹치지 않는 백인 소비자를 중심 고객층으로 삼는 화려하고 현란한 감각의 여성복 브랜드인 헤더렛(Heatherette)과도 동업 협상을 맺었다. 헤더렛의 두 디자이너 리치에 리치(Richie Rich)와 트래버 레인스(Traver Rains)는 클럽 문화를 즐기는 화려한 남자들이라서 클럽에서 만난 인맥을 동원하는 홍보에는 일가견이 있었다. 패리스 힐튼, 코트니 러브, 파멜라 앤더슨, 나오미 캠벨 등 쟁쟁한 여자 연예인들이 오가며 옷을 사고 협찬을 받아가고 아우성들이었다. 데이비드 라샤펠르(David LaChapelle) 같은 사진작가들이 광고를 공짜로 찍어주겠다고 덤빌 정도로 리치에와 트래버는 매력과 재치가 넘치는 사람들이었다. 짙은 화장과 기발한 헤어스타일 등 누가 봐도 남다른 외모에, 연예인 못지않은 끼와 개성으로 방송 출연도 잦다.

그들이 만드는 옷은 그냥 인기 있는 게 아니라 문자 그대로 '인기 폭발' 수준이었다. 그 두 사람을 보고 있으면 나 자신과 너무 비슷해서 깜짝 놀라곤 했다. 힘차게 일하는 모습, 기자들 비위를 맞추는 방식, 자기 세계에 몰두할 때의 집중력, 디자인에 대한 자신감, 남보다 튀기 위해 뭐든 불사하는 모습이 마치 거울을 보는 듯해서 그들과 손잡지 않을 수 없었다. 합병을 생각하던 당시 우리는 서로에게 필요한 존재였고, 양쪽 모두 협상이 순조롭게 진행되리라 예감했다. 그리고 현재 우리는 후부 가족의 일원으로 헤더렛을 받아들인 것을 무척 자랑스러워하고 있다.

첨단을 달리는 유행은 더욱 빠르게 변화한다. 이번 시즌에 인기 절정인 트렌드가 다음 시즌에는 차갑게 식어버린다. 올해 사랑을 듬뿍 받은 아이템이 열두 달 뒤에는 맥이 빠진 채 옷장 구석에 처박히게 된다. 우리는 이런 유행의 돌고 도는 속성을 이용하여 우리가 가진 여러 브랜드들이 서로를 도와줄 수 있도록 했다. 한 브랜드가 약간 정체된 채 다음 시즌을 기약하는 동안 다른 한 브랜드가 나서서 유행을 이끄는 방식이었다. 다른 디자이너들은 자기 이름을 건 브랜드에 목을 매고 시즌마다 외줄타기를 했지만 우리는 앞으로 너무 나서지 않고 관망했다.

내가 가장 좋아하는 일과 중 하나가 클럽에 가서 우리 옷을 입은 애들이 노는 걸 지켜보는 건데, 예를 들어 쿠기 옷을 입은 애가 내게 다가와서 "후부는 후져요" 또는 "후부는 이제 한물갔어요"라고 말하면 보통은 화가 나야 하는데 난 그냥 웃음만 나온다. 어차피 그 애가 입고 있는 옷도 우리 옷이긴 마찬가지니까. 그 점은 늘 우리에게 활력을 주고 새로움을 준다. 브랜드라는 것이 어차피 시간이 지나면 어느 정도 진부해지기 마련이기 때문에 이런 식의 보강은 꼭 필요하다.

우리는 각각의 신규 브랜드에 조금씩 더 첨단의 힘을 실어야 했다. 후부는 처음 시작할 때의 생기가 그대로 남아 있었지만 브랜드가 더욱 잘나가고 유명해질수록 차츰 그 첨단의 느낌을 잃어갔다. 코미디언 레드 폭스(Redd Foxx)가 전성기에는 대단했지만 리처드 프라이어(Richard Pryor)가 나오자 시들해졌고, 리처드 역시 에디 머피(Eddie Murphy)의 등장으로 인해 뒷방으로 밀려나지 않았는가. 에디는 1973년생 데이브 샤펠(Dave Chappelle)에 의해 무기력해졌고……

우리도 세월의 흐름에 맞춰 새롭게 업그레이드해야 한다. 과거에 집착할 순 없다. 자전거 페달을 뒤로 밟을 수는 없는 것 아닌가. 일단 후부가 중산층 대상의 미국 백화점에 안정적으로 자리를 잡았으니 그 자리를 빼앗길 수는 없다. 하지만 그와 동시에 우리는 좀 더 강하고 자극적인 첨단 디자인으로 새로운 단골 고객층을 다시 구성하는 데 역점을 두고 있다. 가장 최근에는 의류 시장에서 그 어떤 브랜드보다 첨단을 달리는 브랜드 에더(Ether)를 밀고 있는데 후부 때와는 달리 대중적인 백화점 입점은 아예 염두에도 두지 않고 있다.

이제 우리는 소비자들에게 끌려다닐 게 아니라 소비자의 수요를 이끌어야 하고, 새로운 수요를 창출해내야 한다. 무엇이 새로 유행할지를 미리 알려주고, 뭘 사야 할지도 골라주기를 바라는 우리 고정 고객들의 요구를 정성스럽게 들어줘야 한다. 메르세데스 벤츠 직원들은 기존의 벤츠 소유주들조차 감히 살 엄두를 내지 못하는 최고급 럭셔리 시리즈인 마이바흐(maybach)와 S500, S600 시리즈를 소개할 때 정성스럽고 섬세한 마케팅으로 고객들의 마음을 움직였다. 미국의 대표적인 패션 브랜드인 랄프 로렌 역시 맞춤복 라인과 특별한 고급 옷 라인을 출시하여 새로운 수요를 창출할 수 있었고…….

절반의 실패는 절반의 성공

우리도 후부에 변화를 주기 위해 노력했다. 후부 플래티넘 라인을 런칭하거나, 쿠기의 시장 전략을 바꾸거나, 또는 대중들이 우리 회사에 대해 갖고 있는 이미지에 색다른 에너지를 주입하는 등 계속해서 신선한 시도를 해왔다. 그 가운데는 이런 것도 있었다. 우리의 초창기 광고가 슬슬 사람들에게 지겨움을 줄 때쯤 타이슨 벡포드(Tyson Beckford)라는 모델을 기용해서 새 광고를 찍었다. 그는 당시 폴로와의 독점 계약 기간이 막 끝난 상태였다. 다들 그의 얼굴을 보면 '아, 이 남자 어디서 봤는데'라고 생각할 정도로 그는 수 년 동안 어딜 가나 볼 수 있는 폴로의 광고 모델이었다. 그런 그가 폴로와의 계약 기간이 만료되자마자 우리와 계약했다. 광고 대행사 사람들은 그에게 폴로 이미지가 너무 강하게 남아 있어서 후부에 도움이 될지 걱정이라고들 했지만 나는 그들의 말을 한 귀로 듣고 흘려버렸다(그들은 내 사무실에 와서 내가 누군지도 못 알아봤던 그 두 바보들과 같은 수준이었다).

내가 왜 타이슨을 마음에 들어했을까? 그것은 그가 세계 최고 브랜드의 광고 모델로서 그에 걸맞은 고급스런 이미지를 갖고 있었기 때문이다. 게다가 우리는 그런 최고의 모델을 우리 쪽으로 포섭할 정도의 충분한 힘과 재력을 가지고 있었다. 그는 우리 브랜드를 마음에 들어했다. 그의 매니저 베스 앤 하디슨(Beth Ann Hardison) 역시 우리 브랜드를 좋아하고 있었다. 참고로 그녀는 영화배우 카딤(Kadeem Hardison)의 어머니이자 전성기 시절에는 최초의 수퍼모델 중 한 명이었다. 어쨌든 그 두 사람은 우리와 함께 일하는 것에 대해 무척 긍정적이고 의욕적인 태도를 보여주었다. 우리는 진부한 전문가들의 우려를 뒤집을 수 있다는 직감이 있었고, 타이슨을 새로운 후부의 얼굴로 기용하는 것에 대해 그 누구보다 낙관적이었다.

직감 내지는 본능을 따르는 것은 자기 분야에서 한발 앞서가는 데 아주 중요한 요소다. 물론 무조건 직감에만 의지해서 중요한 결정을 내려서는 안 된다. 고루하다, 진부하다 하는 이유만으로 외면해서는 안 될, 당신이 반드시 주목해야 할 확실한 진리도 많이 있다. 의류 업계에서 장기간 살아남기 위해서는 자기 소유의 매장들을 꼭 갖고 있어야 한다는 것이 그 한 예다.

다른 사람의 매장에 들어가서 장사할 경우에는 언젠가 새로운 브랜드가 나타나면 매장 주인이 당신의 브랜드를 밀쳐내 버릴 것이다. 하지만 아르마니(Armini)나 갭(GAP)처럼 자사 소유의 매장이 있을 때는 언제든지 고객들을 당신의 울타리 안에 가둬둘 수 있다. 아베크롬비 앤 피치가 최근 몇 년 사이 화려하게 부활한 이유도 여기에 있다. 그들은 자사 직영 매장 숫자를 계속 늘려온 덕분에 재기할 수 있었다. 그들의 매장에 한번 들어가보라. 어두운 조명에 시끄러운 음악이 마치 클럽에 가 있는 듯한 착각을 불러일으키는데 그것이 바로 그들이 추구하는 쇼핑 환경이며, 그 전략은 완벽하게 성공했다. 게다가 그들은 각양각색 고객들의 기호를 전부 충족시킬 수 있는 폭넓은 제품 구성을 자랑한다. 아베크롬비 앤 피치 매장에 들어가면 아주 저렴한 청바지 또는 세일이나 재고 정리 상품을 살 수 있지만, 500달러짜리 청바지나 고가 아이템을 살 여유가 있는 고객을 위한 제품도 만날 수 있다. 그들은 의류 업계에서 겪은 모든 경험을 바탕으로 가격대에 어울리는 고객층을 세분화했고, 각 계층마다 고른 수익을 올리고 있다.

그런데 후부는 유감스럽게도 미국 내 직영 매장 운영에 실패했다. 국제적으로야 사우디아라비아, 호주, 남아프리카 같은 곳에 한때 50개가 넘는 매장을 갖고 있었다. 일본에도 7개나 되는 후부 직매장이 있었다.

하지만 본고장인 미국에서는 직매장으로는 별 재미를 보지 못했다. 뉴욕 위쪽에 있는 우드버리 커먼스(Woodbury Commons) 같은 고급 아울렛 안에 6개의 매장을 직영해봤지만 수지가 맞지 않아 결국 포기하고 말았다(아직 다른 나라에 30여 개의 직매장을 계속 갖고 있기는 하다). 미국 내 직매장을 포기하면서 실패의 이유를 생각해보니 우리는 소매에 어울리는 사람도 아니고, 부동산에도 능하지 못하고, 그렇다고 디자이너나 마케팅 전문가나 트렌드세터도 아니기 때문이라는 결론이 나왔다. 이런 시행착오를 겪으면서 우리는 그저 우리가 잘 아는 것에 목숨을 걸어야 한다는 사실을 새삼 깨닫게 되었다. 나는 '실패는 성공의 어머니'라는 말에 지극히 공감한다. 그리고 내 경우에는 절반의 성공에 그쳤지만, 의류 업계에서 장수하기 위해 자사 직매장이 꼭 필요하다는 진리에 대해 나는 여전히 찬성표를 던진다.

브랜드 네이밍 법칙

브랜드 이름을 짓는 건 바위에 이름을 새기는 것과는 다르다. 브랜드는 그 제품이 가지고 있는 콘셉트나 이상(理想)을 담아내는 일종의 표식 또는 이미지다. 그렇지만 영원하진 않다. 다른 것들과 마찬가지로 브랜드 역시 영양분을 받아 자라지 않으면 시들기 시작한다. 사람이 만든 하찮은 이름일 뿐인데 그것을 지키기 위해 수백만 달러의 광고비와 홍보비와 마케팅비가 들어간다. 나에게는 그 귀한 브랜드들이 소중한 자산이다. 이미 문화의 일부로 자리 잡은 모든 성공한 브랜드들 중에도 미국의 소비자들을 완전히 파악하지 못한 수백 개의 브랜드가 있다. 그리고 얕은 물에서 물장구 한번 제대로 쳐보지 못하고 사라져가는 브랜드가 지금 이 순간에도 수백 개가 넘을 것이다.

브랜드 이름을 지어놓고 영원히 변화 없이 버티기란 힘들다. 같은 이름이 주는 이미지도 세대가 바뀌면 함께 바뀌어버리는데 무슨 수로 천년만년 한 가지 이름으로 버티겠는가. X라는 글자를 예로 들어보자. 이 글자가 포르노그라피를 상징하던 때가 불과 얼마 전이었다. 당연히 X라는 글자의 이미지는 모두에게 부정적일 수밖에 없었다. 추하고 노골적이고 파괴적인 뉘앙스의 글자였던 거다. XXX가 의미하는 건 더 추하고 더 노골적이고 더 파괴적인 의미였다. 그러나 1991년, 더글러스 쿠플랜드(Douglas Copeland)라는 소설가가 《X세대(Generation X)》라는 제목의 책을 선보였다. 고도로 발달한 문명의 혜택을 입게 된 1960~1970년대에 중산층 가정에서 태어난 세 명의 20대 청년들이 나이를 먹으면서 겪는 공허함과 암울함을 표현한 소설로 전 세계적으로 센세이션을 일으킨 작품이다. 이 소설에서의 X도 그다지 긍정적인 의미는 아니지만 적어도 예전처럼 완전히 부정적인 의미에서는 벗어나 있었다. 긍정과 부정의 딱 중간 위치였다는 말이 맞을 것 같다.

시간이 흘러 스포츠 중계 전문 방송국 ESPN이 1995년에 익스트림 게임즈(Extreme Games) 채널을 런칭하면서 X의 의미가 조금 더 변화했다. 얼마 안 가 X는 익스트림에서 E를 뺀 Xtreme이라는 말을 상징하게 되었고 향수나 간식용 과자 또는 비디오 게임 등의 제품명에 긍정적인 의미로 사용되기 시작했다. 심지어 화장품 중에도 속눈썹을 길어 보이게 해주는 마스카라 이름에 익스트림 래시(Xtreme Lash)가 있고, 로스앤젤레스 익스트림(Los Angeles Xtreme)이라는 프로 미식축구 팀이 있으며, 이들은 XFL 즉 익스트림 미식축구 리그(Xtreme Football League)에서 경기를 펼친다. 갑작스레 XXX 표시가 굉장히 좋은 의미를 갖게 되었고, 2002년 근육질 남자 배우 빈 디젤(Vin Diesel)이 출연한 액션 영화의 제목으로까지 쓰였다.*

한때 포르노를 제일 먼저 떠올리게 할 정도로 성인 영화와 불가분의 관계였던 이 글자는 시간이 흐르면서 포르노와도 멀어지게 되었다. 미국 영화 협회는 관람 연령 등급 표시에서 X자를 빼고 성인 영화에 NC-17이라는 새로운 표시를 붙였다. 17세 이하의 어린이는 볼 수 없다는 'No Children admitted under 17'의 약자다. 그렇다면 빈 디젤의 영화는? 예전 같으면 엄청나게 야한 내용의 영화를 상상하게 하는 제목 〈XXX〉와 전혀 동떨어진 PG-13 등급이 매겨졌다.** 글자 한 자의 의미가 20년 사이에 정말 엄청나게 바뀐 것이다.

여기서 얻을 수 있는 교훈은 뭘까? X자가 항상 같은 뜻으로 쓰이는 건 아니다? 그렇다면 당신의 제품 콘셉트나 브랜드가 지

* 이 액션 영화의 국내 개봉시 제목은 〈트리플엑스(XXX)〉이다.
**PG-13은 Parental Guidance-13, 즉 13세 이하의 어린이에겐 부적당한 내용이 있으므로 부모와의 동행이 요구되는 영화라는 뜻

향하는 이상을 언제나 한결같은 이미지로 유지하기 위해서도 정
말 신중하고 주의 깊은 브랜드 네이밍이 필요하다는 교훈을 얻을
수 있다.

새로운 강자의 출현

작은 것이 새로운 강자로 떠오른다면 우리 흑인이 백인들의 밥그릇을
차지할 가능성도 있다는 말이 된다. 전통을 중시해온 중간 노선의 보수
적인 회사들은 흑인 중심의 힙합 커뮤니티가 가진 막강한 구매력을 인
지하기에는 좀 둔감하고 더딘 면이 있었지만, 요즘은 그들도 많이 달라
지고 있다. 내가 어렸을 때는 상상도 하지 못했던 변화가 2년 전부터 벌
어지고 있다. 그 가운데 몇 가지 내가 메모해둔 사례들을 살펴볼까.

- BET 채널의 창립자 로버트 L. 존슨(Robert L. Johnson)은 자신의
  케이블 방송국을 비아컴에 매각하고 매각 차액의 일부를 가지고
  NBA의 30번째 농구팀 샬롯 밥캐츠(Charlotte Bobcats)의 지분을
  사들여 구단주 자리에 앉았다. 또한 흑인이 소유하고 흑인의 손으
  로 움직이는 최초의 주류 영화 스튜디오를 만들었다. '우리들의
  이야기(Our Stories Films)'라는 이름의 이 영화사는 흑인 관객 시
  장을 겨냥하여 주로 흑인 탤런트가 등장하는 가족적이고 친근한
  영화를 제작하겠다는 포부를 밝히고 있다.

- 전통을 자랑하는 자동차 회사 캐딜락은 1980년대와 1990년대에 래퍼들을 비롯한 기타 흑인 연예인들 사이에서 에스컬레이드(Escalade) SUV가 큰 인기를 모은 것에 비해 전체적인 매출이 부진을 면치 못하자 아예 전략적으로 흑인을 대상으로 하는 마케팅 쪽으로 방향을 급선회했다.

- 흑인 래퍼 '50센트'는 애플 컴퓨터에서 출시하는 보급형 가정용 컴퓨터의 흑인 시장 매출을 위해 전략적인 상호 협력 관계를 맺었다고 발표했다.

- 프랑스가 자랑하는 세계적인 명품 브랜드 루이뷔통(Louis Vuitton)과 프로듀서 겸 래퍼 파렐 윌리엄(Pharrell William)이 신규 귀금속 라인의 디자인을 위해 손을 잡았다.

- 힙합 가수 제이 지가 휴렛 패커드 사와 개인용 소형 컴퓨터 광고 계약을 체결했다.

- CNN의 모회사 TBS(Turner Broadcasting System)가 흑인 가수 아이스 큐브(Ice Cube), 리한나(Rihanna), 다 백우즈(Da backwudz) 등과 공동 제작하는 음악 프로그램을 방송하는 비디오 게임 겸용 광대역 오락 방송 '게임탭(GameTap)'을 개국했다.

- 흑인 여배우 퀸 라티파(Queen Latifah)가 피자헛 광고에 목소리 출

연을 했다. '한번 담그면 멈출 수 없어요' 라는 인상적인 대사와 함께……

- 몇 안 되는 흑인 자동차 디자이너 중 한 명인 랄프 길스(Ralph Gilles)가 크라이슬러의 박력 있는 중형 세단 300C를 디자인했다. 2005년 최고로 주목받은 이 차는 흑인들 사이에서 '아기 벤틀리' 라는 별명으로 더 유명해졌다.

어쨌거나 값비싼 고급품을 좋아하는 소비 취향은 소위 잘나간다는 흑인들 사이에 너무나 깊이 파고들어가 있다. 우리는 마치 돈을 쓰지 않으면 그 돈이 어딘가로 날아가버리기라도 할 것처럼, 지금 아니면 다시는 돈을 쓸 수 없을 것처럼 돈을 쓰는 편이다. 하지만 그렇게 미친 듯이 소비를 한다 해도 실제로 쓰는 돈은 밖에서 보는 것보다는 적다. 특히 흑인 사회에서 가장 화려한 생활을 한다는 랩과 힙합 아티스트들의 경우 실제 씀씀이는 그들의 평소 이미지에 비해 상대적으로 적다. 래퍼 자다키스(Jadakiss)의 말로는 래퍼들의 노래 가사 중 80퍼센트가 거짓말이라고 하는데, 그의 말이 뭘 뜻하는지 알 수 있다.

그들이 누리는 모든 사치와 허영, 고급 자동차, 비싼 옷, 으리으리한 집 모두가 합쳐져 대중에게 보여줘야 하는 이미지를 구성한다는 거다. 다시 말해 그들이 보여주는 엄청난 소비 생활은 실제라기보다는 일종의 눈속임에 가깝다는 말이다. 뮤직비디오에 등장하는, 그들이 사는 집의 절반은 사실 그들의 집이 아니다. 그들이 타는 자동차도 아마 자동차 회사에서 PPL 개념으로 빌려준 것일 확률이 높다. 옷은 우리 같은 사람들이 준 옷을 입으면 되고, 비싼 귀금속 액세서리도 어딘가 고급 보석상에서 빌린 게 대부분이다. 아카데미 시상식에서 레드 카펫에 서는 할리우드 스타들 또한 마찬가지다. 하나같이 절대 돈 주고 사지 않았을 것 같은 터무니없는 가격의 드레스를 걸치고 그날 밤에만 쓰고 반납할 수백만 달러짜리 목걸이를 한 모습이다. 할리우드 스타들보다 힙합 가수들의 사치가 조금 더 대중의 눈에 거슬리게 요란스럽고 노골적이라는 점 외에는 전혀 다를 게 없다.

물론 PPL이 힙합 커뮤니티에 부정적인 영향을 끼치기도 하는데, 이런저런 이유로 그 브랜드 제품에 실망한 사람들이 가수에게조차 등을 돌려버리는 경우가 왕왕 있는 것이다. 또한 흑인 스타들의 화려한 이미지가 '가식적'이라는 인상을 심어주어 인기에 걸림돌로 작용하는 경우도 있다. 이를테면 한 래퍼가 노래 속에서 자신의 벤츠를 자랑하고 전용 제트기를 타고 세계를 여행한다는 자랑을 늘어놓는다 치자. 그런데 그가 실제로는 브루클린의 지하 셋방에서 어머니와 함께 살고 있다면? 브루클린 지하 셋방에서 어머니에게 얹혀사는 것은 잘못이 아니다. 하지만 사치스런 생활을 노래하는 래퍼로서는 자기 랩에 대한 설득력을 얻을 수 없다. 요즘 아이들은 노래 가사가 거짓말이라는 걸 알고 나면 그 거짓말에 더는 귀 기울이지 않는다.

하지만 나는 최근 들어 흑인 커뮤니티의 이런 물질 지향적인 분위기가 달라지고 있다고 말하고 싶다. 둘러보면 이런 식으로 물질 예찬을 늘어놓지 않고도 얼마든지 인기를 끄는 래퍼들이 많다. 켄야 웨스트(Kanye West), 커먼(Common), 더 루츠(The Roots), 모스 데프(Mos Deff), 에미넴(Eminem) 같은 래퍼들은 물질이 아닌 문화를 노래한다.

그들도 가끔 브랜드 이름을 노래 속에 흘릴지는 모르지만, 보통 그 내용은 '그걸 가졌다'가 아닌 '그게 없다'일 때가 많다.

켄야 웨스트의 노래 '모두가 낙오자(All Falls Down)'가 재미있다. 그는 경제적으로 차를 살 여유가 없어서 자기 딸 이름을 알렉시스(Alexis, 즉 A Lexus, 고급 자동차 브랜드 렉서스를 말하는 거다)로 지은 여자 얘기를 노래 내용에 담았다. 그는 이렇게 노래한다. "제일 높은 데 사는 사람들이 자존심은 바닥/얼굴은 제일 예쁜 사람이 하는 짓은 제일 못 났네/벤츠를 타고 있어도 넌 여전히 깜둥이……."

지금 당신 곁에는 누가 있는가?

다른 회사 CEO들과 최고 경영진들을 상담할 때 나는 제일 먼저 그들에게 어디서 사업상의 중요한 조언을 얻느냐고 묻는다. 혹시 광고 대행사? 하지만 그들이 대규모 광고를 권유하는 건 광고 예산이 높을수록 자기들이 챙기는 수수료가 많아지기 때문이다(최고 20퍼센트까지도 수수료를 받을 수 있단다). 그렇다면 브랜드 매니저? 뉴욕 닉스(Knicks) 팀의 경기 입장권이나 고급 여행권을 뇌물로 주는 매장 주인들을 위해 당신의 소중한 예산을 펑펑 낭비하는 사람 아닌가. 마케팅 이사는 또 어떤가? 솔직히 모든 시장 구조를 환히 알고 있다고 자신 있게 말할 수 없는 사람이다(여담이지만 일반적으로 의류 회사 내에서 마케팅 이사의 평균 수명은 24개월이다). 사무실 밖에 나가면 시장에서 실무적으로 누굴 상대해야 하는지조차 모르는 마케팅 이사도 허다하다. 그런데도 사장은 뭘 믿고 그런 사람에게 회사 일로 조언을 구하는지…….
그럼 믿을 사람은 오직 사외 컨설턴트뿐? 그 역시 자기가 직접
해결해야 할 일이 아니기 때문에 부담 없이 이런저런 지적만 잔
뜩 늘어놓을 뿐이다.

이 질문을 한 나는 결국 아무 해답도 얻지 못했다. 내가 아는
CEO나 사장들 대부분은 주위에 예스맨과 아첨꾼만 잔뜩 데리고
일하는 듯 보였다. 그저 잘리지 않고 오래 회사에 붙어 있으면서
눈치 잘 보고 줄 잘 서서 출세하려는 사람들뿐이니 CEO들이 어
디서 맘 터놓고 회사 일을 의논할 수 있을까? 그래서 이번에는
회사 사람이 아닌 사생활에서 만나는 사람에 대해 물어봤다. 대
답은 아까와는 딴판이었다. 그들의 주변 사람들은 모두가 최고
중의 최고였다. 그들은 최고의 변호사, 최고의 회계사, 최고의
건축가, 최고의 안마사, 최고의 의사들이었다. 대체 무슨 조홧속
인지… 차라리 그들에게서 사업적인 조언을 얻는 게 낫지 않을
까 싶을 정도다.

대부분의 성공한 사업가들은 어떤 사람을 곁에 두어야 하는지
잘 알고 있다. 사업에 성공하고 싶다면 사생활에서 최고의 사람
들만을 곁에 두듯이 냉정하게 인간관계를 정리할 줄 알아야 한
다. 아무도 당신의 사업을 당신만큼 열심히 운영하지 않는다. 당
신만큼 회사 일에 열정적이었다면 벌써 그가 당신을 밀어내고 사
장 자리에 앉았을 것이다. 만일 당신이 일을 제대로 하지 못하는
오합지졸로 가득한 회사를 물려받았다면 당장 정리해고자 명단
을 짜야 한다. 회사 밖에 있는 누군가가 당신이 존경할 만한 통

찰력을 가졌다면 그 사람을 당장 영입해야 한다. 망설일 것 없다. 이보다 더 기본적인 회사 운영 방식은 없는 것이다. 지금 이 순간에도 약삭빠른 몇몇 직원들은 당신이 열심히 일해서 번 돈을 남 좋은 일에 쓰고 있는지도 모른다. 그것은 결과적으로 당신의 경쟁자들을 돕는 짓이다.

실제로 당신에게 직언을 할 수 있는 사람의 말에 귀를 기울여라. 그리고 쓸데없는 아첨꾼과 예스맨은 과감히 솎아내라.

불가항력의 사나이가 되는 법

어떤 분야의 사업을 하든 냉철한 결단력이 가장 중요하며, 이런 면에서는 내 친구 퍼피가 최고라는 말을 하고 싶다. 내가 지금 소개하는 이 일화는 퍼피에 관한 이야기지만, 후부를 도와준 이들 모두가 이런 비슷한 일화를 남겨주었다는 걸 미리 밝혀두겠다. 힙합 가수들은 항상 말썽만 일으킨다고 누가 얘기하고 다니는지 모르겠는데, 내가 아는 한 퍼피는 누구에게나 존경받아 마땅한 친구다.

퍼피가 나에게 오스카 시상식에 함께 가자며 로스앤젤레스로 초대한 때는 〈타이타닉(Titanic)〉이 각종 상을 휩쓴 1998년이었다. 그는 자기가 계획하고 있는 의류 브랜드에 관한 얘기를 나와 의논하고 싶어했다. 나야 항상 여행 떠날 준비가 되어 있고 의외로 좋은 시간을 보낼 수도 있겠다 싶어 흔쾌히 그에게 내가 가진 패션 업계에 대한 지식을 나눠주기로 결정했다. 그 당시만 해도 가수가 자기 이름으로 브랜드를 런칭해서 성공한 사례가 없었고, 그래서 나는 퍼피에게 그것은 위험한 생각이라고 조심스레 말을 꺼냈다. 그를 경쟁자로 대하기 싫어서가 아니라 그가 실패할까 봐 걱정스러워서 한 말이었다. 그는 나의 좋은 친구였으니까.

내 생각은, 주위를 둘러보면 다른 할 만한 사업이 많다는 것이었다. 경험자로서 말하자면 의류 업계는 시장 자체가 너무 거칠고, 게다가 사람들은 래퍼들이 패션에 조예가 깊지 않다는 사실을 이미 포착하고 있기 때문에 그들이 내놓은 옷에 대해 색안경부터 쓰고 본다는 문제도 있었다. 꽤 많은 가수들이 이미 자기 이름을 건 브랜드를 냈지만 아무도 거들떠보지 않았다. 약삭빠른 백인 패션 회사들 가운데는 대머리 흑인 하나를 데려다 자기네 옷을 입혀놓고 광고를 찍어서 마치 흑인이 만든 브랜드인 것처럼 행세를 하는 곳도 있었다. 물론 무시할 수 없는 고객인 흑인 청소년의 지갑을 열기 위해서다. 하지만 요즘 소비자들은 그 어느 때보다 영악해서 적당한 포장에는 속아넘어가지 않는다. 하지만 퍼피는 처음부터 강하게 나왔다. "걱정 마, 데이몬드. 나는 가수야. 그것도 아주 패셔너블한 가수야. 나는 가수로 유명해지기 전부터 패셔너블했으니까 잘할 수 있을 거야."

그와 이 문제로 그 이상의 논쟁을 벌이고 싶지는 않았다. 그의 전용기에는 우리 말고도 몇 명이 더 타고 있었고 우리는 높은 하늘 위에서 즐겁게 파티를 벌이며 더는 사업 얘기를 하지 않았다. 그냥 이런저런 지엽적인 얘기만 나누었을 뿐 깊은 대화는 없었다. 로스앤젤레스에 비행기가 착륙했고 우리는 곧장 아카데미 시상식장으로 향했다. 그 후에는 계속 이어지는 파티들로 정신이 없었다. 다시 말하지만 그때가 1998년이었다. 후부가 뜨기 시작한 것은 그 2년 전쯤의 일이고 덕분에 나는 어느 정도 얼굴이 알려져 있었다. 하지만 내가 로스엔젤레스에서 레오나르도 디카프리오와 아놀드 슈왈츠제네거, 클린트 이스트우드와 함께 파티장에 있다는 건 내가 봐도 어색한 광경이었다. 사람들이 나를 웨이터로 알고 먹던 술잔을 맡겨도 할 말 없었을 것이다. 나는 그 화려한 스타들 속에서 아무것도 아니었다.

아무도 아니건 특별한 누구건 크게 상관은 없었다. 우리는 열심히 놀고 밤새 즐겼다. 우리 패거리는 나와 퍼피, 배우인 제니퍼 로페즈(Jennifer Lofez), 업타운 레코드 사의 사장 안드레 하렐(Andre Harrell), 가수이자 영화배우인 헤비 디(Heavy D)와 나의 동료 키이스였다. 우리는 결국 다음날 아침 8시까지 술을 마시고 놀았다. 퍼피가 나를 불렀을 때 마침 나는 고개를 떨구며 졸고 있던 참이었다. "이봐, 데이몬드. 갈 준비 해야지. 10시면 비행기를 타고 있어야 해."

이 인간은 대체 뭘로 만들어진 걸까 하는 생각이 들었다. 정말 궁금했다. 우리는 밤새 술을 마시며 열심히 놀았다. 심지어 그 전날은 뉴욕에서 로스앤젤레스까지 대륙을 횡단하며 날아왔다. 그리고 아카데미 시상식에 갔고, 그 뒤에 이어진 개별적인 뒤풀이까지 모두 돌았다. 그리고 이제는 공항으로 서둘러 달려가야 했다. 우리는 비행기에 올라타서는 또 두 시간 넘게 수다를 떨었다. 그런 다음에서야 퍼피는 비행기 바닥 중간에 누워 가슴에 두 팔을 접어올리고 눈을 감는 것이었다. 곧 쌔근쌔근 고른 숨소리가 들렸다. 나는 의자에 앉아서 안절부절못하며 퍼피를 내려다보곤 했다. 그는 비행기 바닥에 죽은 사람처럼 꼼짝 않고 누워서 아무 생각도 없는 듯 태평하게 두 시간 정도를 잤다.

아무도 알려주지 않았기 때문에 나는 우리가 당연히 뉴욕으로 돌아가는 줄 알고 있었는데, 비행기가 뜬 지 네 시간 정도 지난 뒤 우리가 탄 비행기는 보스턴으로 향하고 있다는 게 밝혀졌다. 퍼피에게 콘서트 일정이 잡혀 있었기 때문이다. 그 전날 퍼피는 콘서트 일정이 있는 티를 전혀 내지 않았다. 적어도 나는 알고 있어야 했는데… 사실 그는 세계 순회공연 중이었던 것이다. 우리 일행이 보스턴에 도착하자 경찰들이 공항에 나와서 우리를 콘서트장까지 에스코트해주었다. 기운을 차리기 위해 호텔에 들른다거나 뭘 먹는다거나 하지도 못한 채 곧장 무대로 올라가야 했던 퍼피는 옷도 차 안에서 갈아입었다. 공연장은 사람들로 꽉 들어차 있었고 분위기는 완전히 고조되어 있었다. 퍼피는 그 뒤로 세 시간 동안 쉬지 않고 진지한 공연을 펼쳤다. 그의 에너지는 거의 바닥나고 있었지만 쇼가 끝나자마자 그는 몇 가지 미팅을 갖고 인사하느라 또 2시간 내내 쉬지 못했다. 그 다음에도 호텔로 가기는커녕 녹음실로 달려가 예약 스케줄에 맞춰 새 노래 몇 곡을 녹음했다. 이 모든 시간 동안 그의 전화기는 5분마다 한 번씩 울려댔고 인터뷰와 섭외, 그리고 자신의 음반사 소속 가수들 관리까지 하느라 눈코 뜰 새 없이 바쁘게 움직이고 있었다.

나는 몇 년이 지난 뒤인 지금 이 일에 대해 쓰는 것만으로도 벌써 지치려고 하는데, 그 당시 퍼피는 흡사 태엽 장난감 같았다. 그는 지칠 줄 모르고 앞으로 전진했고, 나는 그가 왜 "우리는 멈추지 않아!"라고 말하는지 드디어 이해할 수 있게 되었다(이 말은 그의 노래 가사 속에 있다). 사흘 동안 두 시간밖에 자지 않는 녀석이라니! 그것도 침대가 아닌 비행기 바닥에서! 나는 피곤해서 죽는 줄 알았는데 이 친구는 열정적인 공연까지 펼쳤고 그런 후에도 다시 튕겨 일어나 또 앞으로 전진한다. 그리고 그건 그에게는 평범한 일상이다. 더 기가 막힌 일은, 어느 해인가 그가 뉴욕 마라톤에 출전하기 위해 훈련 스케줄을 잡는 모습을 봤을 때였다. 나는 그때 솔직히 그가 어디가 어떻게 된 줄 알았다. 대견하긴 했지만 좀 심하다는 생각이 들었던 것이다.

끈기, 그것이 열쇠다. 퍼피 같은 남자는 자기가 원하는 게 뭔지 확실히 알고 있으며 그것을 향해 열심히 전진하는 스타일이다. 그는 일이건 사생활이건 뭐든지 열심히 한다. 그는 끈기 있고 지칠 줄 모르는 인간이다. 그에겐 배울 점이 정말 많다. 〈타임〉지는 세계에서 가장 영향력 있는 인물 중 하나로 그의 이름을 거론하며 "불가항력의 사나이"로 묘사했다. 하지만 그가 가진 에너지, 집중력, 결단력은 자연히 얻어진 게 아니다. 그가 쉼 없이 노력하지 않았다면 지금의 그는 없었을 것이다.

퍼피는 나와 동업으로 의류 브랜드를 만들고 싶어했다. 하지만 당시 나는 다른 브랜드를 별도로 맡을 여력이 없어서 대신에 제프 트위디(Jeff Tweedy)라는 친구를 소개해주었다. 그는 이 분야에서 경력이 많았기 때문에 잘해낼 수 있을 거라 생각했다. 결국 제프는 이후 6년 동안 퍼피의 새로운 브랜드 션 존을 맡아서 남성복 업계에서 가장 유력한 브랜드의 하나로 만들어주었다. 런칭하자마자 션 존은 우리가 유일하게 심각한 경쟁자로 여길 정도로 영향력이 커졌다. 그들은 우리의 매출을 크게 잠식했지만 매너리즘에 빠질 뻔한 우리에게 신선한 자극제가 되어주었으니 한편으로는 고마운 일이기도 했다.

퍼피의 션 존에 이어 잠시 후에는 제이 지의 로카 웨어가 등장했다. 이 두 개의 브랜드는 가수를 얼굴 마담으로 내세운 기존의 브랜드들과는 다르게 큰 성공을 거두었다. 두 사람 모두 패셔너블한 트렌드세터로 유명했기 때문이다. 그들에게는 스타일이 있었다.

모두가 래퍼들은 파티광에 술고래라는 선입견을 갖고 있기 때문에 나는 더더욱 이 책에 퍼피의 이야기를 쓰고 싶었다. 많은 래퍼들이 정말 술과 파티와 여자를 즐기며, 퍼피 역시 예전에는 그들과 마찬가지였다. 하지만 그와 동시에 그는 지칠 줄 모르는 끈기와 자제력과 집중력을 갖춘 진정한 프로였다. 그는 그 어떤 혼돈의 중심에서도 차분했다. 그는 자기 자신을 위한 목표를 정하고 그 목표만을 향해 달렸다.

나오며

진정한 힘이란 무엇인가

이 책 첫머리의 그 장면으로 다시 돌아가본다. 롱아일랜드의 우리 집 잔디밭에 엎드린 채 머리에는 총부리가 겨눠져 있던 그날, 내 짧지 않은 일생이 주마등처럼 눈앞을 스쳐지나가면서 '나는 이제 죽었다' 는 생각뿐이었다. 모든 사람은 그 사용 방법이 다를 뿐 저마다의 힘을 가지고 있다. 하지만 그날 강도가 내게 행사했던 힘과 내가 이 책 전반에서 강조한 힘은 전혀 다른 종류의 힘이다.

우리 집 잔디밭에서의 그 순간, 겉보기에 상황을 지배한 쪽은 내가 아니라 총을 가진 그 남자였다. 그러나 실질적으로는 그가 나보다 힘이 센 것이 아니었다는 걸 나는 안다. 그렇다, 그는 내 머리에 총을 쏘고 내 목숨과 내 차를 가져갈 수는 있었겠지만 그건 나보다 힘이 세서가 아니었다. 그가 가지고 있던 것은 진정한 힘이 아닌 것이다. 그런 힘에 대해서는 굳이 책으로 쓸 가치가 없다. 그건 그저 겁 많은 강도가 무기로 자신의 약점을 덮은 일종의 위장이었을 뿐이다. 그는 진정한 힘이 무엇인지 전혀 알지 못했고, 자신의 어쩔 수 없는 환경을 극복하고 어떻게든 출세해야겠다는 생각을 포기해버린 나약하고 힘없는 인생 낙오자에 불과했다.

나는 모든 사람이 이 험한 세상을 잘 견디고 어려움을 헤쳐나갈 힘을 가지고 태어난다고 확실히 믿는다. 단지 그 모든 사람들 중 일부는 어떻게 그 힘을 사용해야 하는지 방법을 모를 뿐이다. 나에게 총을 겨누었던 그 남자는 자기가 가진 힘을 어떻게 사용해야 하는지를 아예 몰랐던 것 같다. 라스베이거스의 차도에서 가속 페달을 살살 밟아서 같은 차종을 모는 젊은 남자에게 추월당했던 그 작은 할머니는 자기의 오래된 차에 그런 힘이 숨어 있으리라곤 생각조차 못했던 것이다. 뭐, 그녀라면 차의 힘을 알았다 해도 크게 과속할 타입은 아니었지만 말이다.

중요한 건 우리 모두 똑같은 엔진을 갖고 있다는 것이다. 우리는 같은 부품을 갖고 있고, 같은 성공 가능성을 가지고 있다. 다만 이 세상에서 가진 자와 갖지 못한 자를 결정짓는 것은, 내재된 힘을 밖으로 표출하느냐 그냥 갖고만 있느냐에 달려 있다. 힘을 표출하느냐 마느냐에 따라 내가 세상을 바라보는 방식이 바뀌고 세상이 나를 보는 방식이 바뀐다. 그러니 내 힘을 확인하고 그 힘으로 무슨 일을 해야 할지 알아내야 한다. 일단 내 안의 힘, 그 힘을 원해야 하고 간절히 필요로 해야 한다.

이 책의 화두는 힘이다. 후부의 성공이나 힙합 문화의 발전은 우리 흑인들 안에 내재된 힘이 밖으로 드러난 결과였다. 크게 보자면 인간은 남을 속이기 위해서도 힘을 드러낼 수 있고, 남보다 빨리 움직여야 할 때도 그것을 드러낼 수 있으며, 남을 위해 헌신해야 할 때도 드러낼 수 있다. 대화할 때 힘이 필요한 경우도 있고, 목적을 달성하기 위해 힘을 표현해야 할 때도 있으며, 남을 이끌어야 할 때 역시 힘을 보여줘야 한다. 그것은 다른 모두가 방향을 꺾을 때 나도 같이 방향을 꺾는 것이며, 열 걸음 앞의 일을 내다보고 실패하기 전에 미리 대비하는 능력이기도 하다. 당신 주위에 좋은 사람들을 두는 것이며, 그중에서 최고의 친구를 찾는 것이다. 포기하기를 거부하거나 해답을 얻기 위해 '아니요'라는 말을 받아들일 줄 아는 것이다. 정글 안에서 언제 어떻게 당신의 역할을 정해야 할지 아는 것 역시 힘이다. 사자가 될 것인지, 하이에나가 될 것인지…….

지금까지 이 책을 읽은 사람이라면 내가 허풍을 떨거나 과장하는 타입의 인간이 아니라는 걸 알 것이다. 나는 이 책을 쓰면서 후부의 런칭에서 내가 맡은 역할, 힙합 문화 속에서의 후부의 위치에 대해 최대한 솔직하고 객관적으로 쓰려고 애썼다.

내 인생을 비롯하여 후부의 모든 성공은 '힘'에서 비롯되었다. 그 힘은 모든 것을 긍정적으로 받아들인 내 어머니의 힘으로부터 나왔다. 비뚤어질 수도 있는 환경에서 옳은 길을 택한 내 친구들로부터 나온 힘이기도 하다.

나에게선 어떤 힘이 나왔을까? 우리 모두가 똑같은 인생을 살아야 한다는 생각은 없지만 감옥에서 시간을 보내거나 남이 꿈을 이루는 동안 옆에서 뒤치다꺼리나 하며 희망 없는 일로 돈을 벌고 싶지는 않았던 마음, 거기서 창출된 의지가 바로 나의 힘이었을 것이다.

내 평생의 파트너 키이스 페린, 제이 알렉산더, 칼 브라운 같은 능력 있는 사람들을 옆에 둔 것도 힘이 되었다. 그들은 기회를 기회로 이용할 줄 알았으며 그들이 가진 모든 것을 올인하려는 의지를 가지고 있었다. 내 새로운 파트너 브루스와 노만 웨이스필드의 역할도 크다. 그들은 빈민가 출신의 흑인 청년 네 명을 믿고 그들이 사업을 키울 수 있도록 용기와 힘을 보여주었다.

우리의 꿈에 투자하고 후부의 배급을 맡아준 삼성의 힘도 위대하다. 그 꿈을 현실화하는 데 도움을 준 우리 직원들의 힘, 우리 브랜드를 사랑해준 고객들의 힘도 크다. 흑인들은 의미 있는 일에 돈을 쓰지 않는다는 고정관념에도 불구하고 그 흑인 커뮤니티를 위해 여지를 남겨준 문화계도 큰 힘이다.

어느 곳을 봐도 나름의 힘이 있다. 힘은 누구에게나 내재되어 있다. 예컨대 내가 디자이너가 된 것도 내 속에 잠재된 힘 덕분이었다. 내가 디자이너가 되고 싶어할 줄은 나도 몰랐다. 어릴 때 내가 살던 곳에서 볼 수 있는 디자이너들 대부분은 잘 생긴 백인 동성애자였다. 홀리스 출신의 어린 흑인 남자(그것도 이성애자)가 먹고살기 위해 모자를 만들더니 나중에는 디자이너가 되었다. 쉽게 상상할 수 없는 일이었다. 나는 그저 동네에서 흔히 볼 수 있는 가난한 청춘이었다. 내가 이렇게 성공하기까지는 온갖 설움도 꿋꿋이 견뎌낸 세월이 있었다. 하지만 나는 내 어린 시절이 부끄럽지 않다. 나는 내 주제 파악을 잘했고 내가 뭘 원하는지 잘 알고 있었기 때문에 주위 환경이 주는 압박에 굴하지 않고 내 목표를 향해 달릴 수 있었다. 그 무엇도 나를 꺾을 수 없었다.

힘은 우리 주변 어디에나 존재한다. 내 주위에도, 내 동료들의 주위에도, 내 경쟁자의 주위에도, 당신의 주위에도, 정지 신호에 걸려 멈춰 있는 당신의 옆 차 안에 앉은 남자 주위에도 존재하는 게 힘이다. 앞서 말했듯이 우리 모두는 똑같은 엔진을 가졌다. 그 옛날 내 차와 지갑을 훔쳐갔던 못된 강도의 엔진조차 실은 우리 것과 같다. 록빌 센터에서의 강도 사건에 대해서는 보충 설명이 필요하다. 힘이란 것이 그것을 행사하는 사람에 따라 어떻게 변할 수 있는지 강조하기 위해서는 그 사건 얘기를 몇 번이라도 반복할 가치가 있을 것 같다.

이 사내는 결국 내 차를 몰고 도망쳤고, 그 뒤 나는 혼란스러웠던 머리를 식히고 사건의 발단부터 찬찬히 추리해보기 시작했다. 우발적인 강도가 아니라면 대체 누가 이 사건에 연루된 건지 용의자들을 유추하는 게 우선이었다. 내 짐작으로는 고속도로 주유소에 있던 사람들 중 나를 아는 사람이 있었고, 그가 자기 부하 중 한 명을 보내 내 뒤를 밟게 한 뒤 차를 훔쳐간 것 같았다. 강도는 나를 다치게 하지 말라는 명령을 받았기 때문에 내 뒤통수에 총을 겨누어 위협만 했을 뿐 정말로 쏘지는 않은 것이다. 강도는 단지 내 차와, 무리하지 않는 선에서 빼앗을 수 있는 현금만을 가져갔다. 왜냐면 자동차는 어차피 보험에 들어 있을 테고 그 정도의 현금은 나에게 별 손해가 되지 않는다는 걸 알고 있었기 때문이다. 하지만 강도를 보낸 주유소의 그 사람은 내가 자기 얼굴을 알고 있기 때문에 직접 오지 못하고 다른 사람을 시켜 범행을 저질렀다.

그 다음에 재미있는 일이 벌어졌다. 알고 보니 주유소의 그 남자는 내가 옛날에 자동차 부품 밀거래를 할 때 관계를 맺었던 사람들과 동업자였다. 그는 자기가 과거에 무슨 짓을 했는지 여러 사람들에게 떠벌리고 다니다가 심지어 얼마 전 내 친구 하이프 윌리엄스에게까지 우리 집 마당 사건의 전말을 고백한 것이다. 내가 생각하기에 그때 아마 하이프는 나한테 가서 사과하고 용서를 빌라며 그에게 용기를 주었던 것 같다. 얼마 뒤에 그 남자에게서 전화가 온 걸 보면 말이다. 그는 그동안 감옥에 있었다고 털어놓으며 나와의 사건 말고도 여러 가지 사고를 많이 쳤다고 했다. 장황하게 자기 얘기를 늘어놓는 통화 끝에 그가 말했다. "데이몬드, 내 인생은 완전히 꼬였어요. 그날 이후 잘 풀린 일이 하나도 없어요."

나는 이렇게 말했다. "그럼 왜 나한테 전화를 했소? 내가 당신 잘못되라고 무슨 저주라도 퍼부었다고 생각해요?"

수화기 너머의 남자가 무슨 말을 해야 할지 몰라 약간 민망해하는 듯해서 나는 이렇게 덧붙여주었다. "나 당신한테 아무 원한 없소. 지나간 일은 어차피 지나간 일이니까 괜찮아요. 나도 이제 애들이 있는 아버지고 내 생활에 만족하면서 행복하게 살고 있소. 양아치도 아니고 이제 와서 당신한테 뭘 어쩔 생각도 없어요."

그가 물었다. "그럼 우리 이제 홀가분하게 정리된 거죠? 아무 문제없이 끝난 거죠?"

그의 말을 들으며 생각했다. 힘의 이동이란 게 이토록 우스운 것이구나. 그날 한순간 이 남자는 총 한 자루에 의지하여 내게 힘을 행사했다. 자기 졸개를 시켜서 나를 힘으로 제압했던 남자다. 하지만 그 다음 순간 힘은 내 쪽으로 넘어왔다. 그 다음 순간이 오기까지 몇 년이라는 시간이 걸리긴 했지만, 시간이란 것은 흐르기 마련이고 결국 힘은 이동했다. 절망하고 괴로워하다가 결국 자기 죄를 용서해달라고 빌기까지 그에게는 오랜 시간이 걸렸다. 그리고 나는 그에게 모든 게 정리되었다고 말하고 그를 홀가분하게 놓아주었다.

사실 나 자신은 이 문제에서 이미 해방되어 있었다. 이 남자는 이제

나를 어떻게도 건드릴 수 없고, 나 역시 그가 두렵지 않았다. 나는 지난 몇 년 동안 이 남자를 떠올린 적도 없고, 록빌 센터에서의 강도 사건도 이미 잊고 살았다. 마치 아무 일도 일어나지 않은 것처럼 깡그리 잊고 살았던 것이다.

그가 전화하지 않았다면 나는 영원히 잊어버렸을지도 모른다. 그의 전화로 인해 그때를 회상하며 나는 확신했다. 이 전과자가 자기 부하를 시켜서 내 뒤통수에 총을 겨눌 일은 다시 없을 거라고. 나는 총보다 강한 파워를 가지게 되었고 그 힘을 쓰는 방법을 알고 있기 때문이다. 이 남자는 이제 함부로 나에게 힘을 행사할 수 없다. 비록 예전에는 우리가 같은 장소에서 시동을 걸었을지 모르지만, 나는 가속 페달을 열심히 밟아 이미 오래 전에 저만치 뒤로 이 남자를 따돌렸기 때문에.

너무 일찍 성공해버린 이 남자의 벼락출세담!

번역을 의뢰받아 미국에서 막 출간된 따끈따끈한 책의 첫 페이지를 들추며 나는 기대감에 가슴이 두근거리는 걸 느꼈다. 내 최대 관심 분야이자 현재 내가 종사하고 있는 업종이기도 한 '패션' 비즈니스의 세계에서 엄청난 성공을 거둔 CEO의 이야기였기 때문이다.

대학에서 의류학을 전공한 나는 패션 디자인 공부를 더 해보겠다고 어린 나이에 미국 유학을 떠났다. 그곳에서 밤새워 드로잉을 하고 재봉틀을 돌리다가 귀국한 후 현재는 작은 규모의 의류 사업을 하고 있기도 하다. 그러니 당연히 내 입장에서야 세계적으로 공전의 히트를 친 브랜드인 '후부'의 창업주가 직접 쓴 성공 지침서라는 말에 귀가 솔깃하지 않을 수 없었다. 게다가 알고 보니 그는 적당히 벗겨진 머리에 넉넉하게 배가 나온 중년의 백인 아저씨가 아니라 화려한 외모에 나와 동갑내기인 흑인 남성이었다.

이 흑인은 대체 뭘 해서 30대에 벌써 백만장자가 된 것인가? 뉴욕 빈민가에서 태어나 마약밀매와 도둑질이 횡행하는 분위기 속에서 청소년기를 보낸 탓에 배경도 없고 학벌도 없다는데 무슨 재주로 그 큰 사업을 일궈냈는가? 이참에 나도 그의 열정과 능력을 배워 나의 비즈니스에 응용해보고 싶었다.

나 역시 미국에서 지낼 때 백인들 사이에서 짧게나마 직장 생활을 해본 적이 있다. 하지만 그 사회에 백 퍼센트 동화되어 살았다곤 볼 수 없기 때문에 흑인 사회에 깊숙이 배어 있는 한이랄까, 피해의식에 대해서는 관심을 가진 적도 없었고 가질 필요를 느끼지도 않았다. 하지만 이 책을 번역하면서 데이몬드 존의 타고난 사업가 기질에 감탄하는 한편, 빈민가에서 자란 별 볼일 없는 흑인 청년이 자수성가한다는 것은 역시나 말처럼 쉬운 일은 아니라는 걸 깨달을 수 있었다. 데이몬드 존은 그래서 더 대단한 사업가다. 세상에 성공한 패션 사업가는 한둘이 아니겠지만, 그처럼 어느 것 하나 제대로 갖추지 못한 암담한 환경 속에서 철저히 자기만의 아이디어와 패기로 도전한 배짱 두둑한 승부사는 그리 많지 않을 것이다.

이 책을 번역하는 동안, 데이몬드 존이 책 속에서 말한 내용들이 마치 예언이라도 하고 쓴 듯이 실제 상황으로 벌어지는 재미있는 경험도 했다. 이전 세대와는 달리 미국 사회에서 흑인의 사회적 위상이 차츰 높아지고 있는 것이다. 올해 오스카 시상식에서는 연기파 흑인 배우 포레스트 휘태커가 남우 주연상을 거머쥐었다. 또한 월트 디즈니 사의 새 애니메이션 〈개구리 공주〉의 여주인공이 디즈니 만화 사상 최초로 흑인으로 묘사될 것이라는 뉴스도 들려온다.

데이몬드 존 역시 미국에서 흑인의 위상을 높인 훌륭한 기업가 중 한 사람이다. 그는 그러한 자기 정체성을 분명히 인식하고 있으며, 그래서 자신이 겪은 다양한 인종적 이슈들을 책 속에서도 부르짖고 있다. 하지만 그가 이 책을 쓰면서 가장 강조하고 싶어했던 것은 '성공을 향해 돌진하는 순수와 열정, 그리고 힘' 이다. 그것이 우리네 인생을 업그레이드하는 가장 정직한 비결이라는 얘기다.

그래서 나는 많은 젊은이들이 이 책을 읽기를 바란다. 특히 패션 비즈니스에 관심을 가진 학생이나 새로운 사업을 시작하려는 사람, 어려운 환경이나 편견 때문에 자신감을 잃은 사람, 자신이 몸담고 있는 분야에서 최고가 되기를 원하는 사람 들에게 권하고 싶다. 그들에게 적절한 답이 되어줄 퍽 신선하고 진실한 성공 지침서니까 말이다. 게다가 (약간 샘을 내서 말하자면) 너무 일찍 성공해서 조금은 얄밉기도 한 젊은 CEO의 끼와 위트가 넘치는 벼락출세담이란 점에서 읽는 재미도 쏠쏠하다.

배영

2007. 7.